2023年

第1辑

(总第3辑)

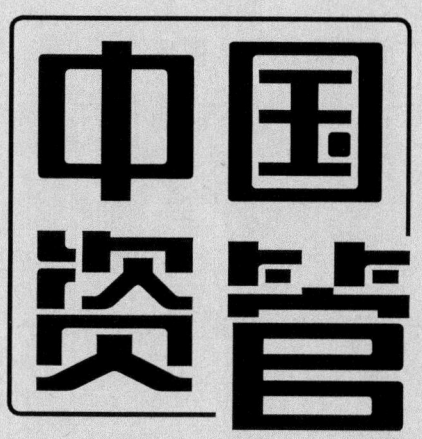

中国资管

中国投资协会金融业资产管理专业委员会 出品

主编 杜金富 李礼辉 王忠民

中国金融出版社

责任编辑：吕　楠
责任校对：孙　蕊
责任印制：程　颖

图书在版编目（CIP）数据

中国资管 . 2023 年 . 第 1 辑：总第 3 辑 / 杜金富，李礼辉，王忠民主编 . —北京：中国金融出版社，2023.9

ISBN 978-7-5220-2165-2

Ⅰ．①中⋯　Ⅱ．①杜⋯　②李⋯　③王⋯　Ⅲ．①资产管理—中国—2023　Ⅳ．① F832

中国国家版本馆 CIP 数据核字（2023）第 174885 号

中国资管 . 2023 年 . 第 1 辑：总第 3 辑
ZHONGGUO ZIGUAN. 2023 NIAN. DI-1 JI: ZONG DI-3 JI

出版
发行　中国金融出版社
社址　北京市丰台区益泽路 2 号
市场开发部　（010）66024766，63805472，63439533（传真）
网上书店　www.cfph.cn
　　　　　（010）66024766，63372837（传真）
读者服务部　（010）66070833，62568380
邮编　100071
经销　新华书店
印刷　北京九州迅驰传媒文化有限公司
尺寸　210 毫米 ×285 毫米
印张　9.5
字数　193 千
版次　2023 年 9 月第 1 版
印次　2023 年 9 月第 1 次印刷
定价　58.00 元
ISBN 978-7-5220-2165-2
如出现印装错误本社负责调换　联系电话（010）63263947

中国资管

顾　　问：周延礼（原中国保监会副主席）
　　　　　屠光绍（中国证监会原副主席）
　　　　　李　扬（中国社会科学院原副院长）

专家委员会

主　　任：杜金富（中国人民银行原副行长）
副 主 任：李礼辉（中国银行原行长）
　　　　　王忠民（全国社保基金理事会原副理事长）
委　　员（按照姓氏笔画排序）
　　马庆泉　王　和　吕仲涛　孙持平　李仁杰　李晓文　李晓林　李晓枫
　　连　平　肖　风　何大勇　张　旻　张　越　张永贵　张旭阳　陈卫东
　　陈兴动　陈顺殷　邵　平　胡志浩　侯维栋　钱学宁　高　皓　曹德云
　　鄂志寰　梁大伟　彭文生　傅安平　鲁政委　魏革军

编辑委员会

主　　任：梅世云
委　　员（按照姓氏笔画排序）
　　王　政　王永利　贝多广　史小凤　白　虹　吕海燕　朱太辉　孙祁祥
　　杨　东　杨　涛　肖　耿　闵　成　宋　科　张红地　张承惠　陆岷峰
　　邵　山　范　华　林长华
主　　编：杜金富　李礼辉　王忠民
执行主编：刘　钊　孙芙蓉　李　振
编 辑 部：张熠婧　乔嘉男　李万林　刘　姝　王　健　吴浩铭

联系我们

电话：010-63909881
邮箱：3521902379@qq.com
地址：北京市西城区木樨地北里甲11号国宏大厦A座
邮编：100038

中国投资协会金融业资产管理专业委员会简介

中国投资协会（The Investment Association of China，IAC）是由国家发展改革委发起、批准并经民政部登记注册，具有社团法人资格的全国性社会团体，是中国投资领域权威性、综合性的社团组织。

目前协会党组织关系在中央国家机关工作委员会。

经过近40年的发展，中国投资协会现有会员1000余家，几乎涵盖各个行业，也有大批专家学者。协会下设17个专业委员会、6个中心、4个职能部门和1个组织工作委员会。

中国投资协会金融业资产管理专业委员会（以下简称资管委）是经民政部同意、中国投资协会批准成立的全国性金融资产管理行业组织。资管委依据中国投资协会《章程》和资管委条例，团结和组织会员开展工作，接受协会的领导和监督。

资管委的会员是由经过国家和地方金融管理部门同意从事资产管理的银行、保险、信托、各类基金、证券、资管、投资、交易平台、融资租赁等金融类机构以及资管中介、投资咨询顾问、家族财富管理办公室等服务机构和相关社团与教育、研究、新闻等机构以及行业专家组成。

资管委的突出特点：

一是唯一的全国性的跨产业的资产管理行业组织；

二是唯一的跨金融行业的综合性资产管理组织，团结和组织会员开展工作；

三是政府、产业、金融三方大型对接合作平台；

四是全国资管市场中监管者与金融机构连接沟通平台；

五是全国资管市场"官产学"共同合作、共谋发展、共同促进的研究、发展平台；

六是中外资管机构对接、交流、合作平台。

让资产管理业务插上金融科技的翅膀

在这个数字化、智能化的时代，金融科技正在重塑资产管理业务。《中国资管》本期的主题是"资产管理业务与金融科技"，我们集中探讨金融科技如何驱动资产管理业务的创新和发展。

金融科技正在重构资产管理业务的经营模式。人工智能、大数据、云计算、区块链等数字化技术的应用，引导资产管理业务向智能化转型。可以提升数据处理能力，精准把握市场的变化趋势和客户的多元化需求；可以为客户提供定制化的投资策略，提供高匹配的资产配置方案；可以运用智能投顾、智能投研等工具，提高投资决策水平；可以降低信息不对称程度，提高资产交易的透明度和安全性。

金融科技正在改造资产管理业务的风险管理模式。可以实现对市场动态的实时监控，准确评估投资组合的风险和收益，提升风险管理效率；可以实现业务流程的规范化和可追溯性，有效管控人工干预，全面降低操作风险；可以实现资产管理监管信息高透明、低时滞，实现监管部门对资产管理业务的实时监控，管控资产管理机构的合规风险，防范资产管理行业的系统性风险。

在再造发展模式的同时，金融科技创新也带来了新的挑战，特别是数据安全问题。我们必须提升数据安全技术，完善数据安全制度，有效防止数据泄露和滥用，切实保护个人信息隐私，切实保护客户的数据安全和金融资产安全。

让我们共同努力，一起书写资产管理行业新的华章。

中国银行原行长　中国互联网金融协会区块链工作组组长　李礼辉

目录

中国资管
2023 年第 1 辑
（总第 3 辑）

金融科技与资管业务专题研究

宏观数据建模应用研究
　　………… 宋唯实　周萧潇　刘均伟（01）

NLP 综述：勾勒 AI 语义理解的轨迹
　　………………………………… 林晓明（09）

人工智能助力监管科技：以上市公司年报审核为例
　　………………………………… 林得苗（54）

AI 基础设施链接大模型与应用，助力监管科技
　　………………………………… 雷　涛（60）

自然语言处理技术在资产管理与金融科技领域的应用研究
　　……………………………… 谌　明　王　强（66）

资管业务研究

将 ESG 融入资产配置框架：战略与战术
　　………………………… 王　开　占　易（78）

"固收 +" 理财产品管理模式的新探索
　　——基于动态资产配置模型的决策依据
　　………………………… 杨志伟　蒋亦炜（94）

新时代银行理财子公司发展 FOF 业务研究
　　……………………………… 姚逸彬（105）

国债期货市场发展及前景展望
　　………………… 李　杰　冯洁莹　黄诗婷（112）

资管机构研究

中国信托公司流动性管理体系建设初探
　　………………………… 张晓伟　李卓钰（122）

我国中小银行财富业务转型的挑战与机会
　　………………………… 王　剑　段卓懿（127）

中国资管

2023 年第 1 辑
（总第 3 辑）

目录 CONTENTS

地方城商行设立理财子公司对地方经济发展的意义
....李秀娟（133）

财富市场研究

关于商业银行如何搭建客户服务陪伴体系的思考
....庆晓铮（137）

宏观数据建模应用研究

宋唯实　周萧潇　刘均伟

摘　要：如何规避宏观数据建模时可能存在的错误、如何对宏观数据进行必要的清洗和处理、如何优化宏观数据的建模质量，以及宏观数据在投资决策中有哪些应用场景，是投资者在使用宏观数据时必须要考虑的问题。本文将针对以上问题进行探讨，以期让投资者在投资决策中能够更为有效地使用宏观数据。

关键词：宏观数据　经济数据　量化建模

一、引言

我们在进行投资决策时，经常会使用到各种宏观数据。针对使用宏观数据时所遇到的问题，学界目前已经有了一定研究成果。周雪梅（2014）[①]针对我国农林牧渔业的总产值数据，分析了其季节性特征，并探讨了剔除季节效应的方式；潘泽清（2013）[②]聚焦于国内经济指标的春节效应，讨论了春节效应的调整方法，并将其应用于中国火力发电量的春节效应的诊断和调整；刘树成等（1996）[③]关注折年环比价格指数中的翘尾因素，指出必须剔除年环比价格指数中的翘尾部分；邓创等（2018）[④]识别了金融周期与经济周期之间的领先滞后关系，发现金融波动对经济波动具有十分显著的冲击影响。

从已有研究来看，大多研究立足于解决单一的宏观建模问题，缺少系统性的宏观数据建模应用指引，特别地，少有研究聚焦于宏观数据的具体落地场景。出于此考虑，本文针对宏观数据建模时可能遇到的多种问题进行系统性分析，并展示了宏观数据在资本市场投资中的实践案例，以期让投资者在投资决策中能够更为有效地使用宏观数据（见图1）。

二、使用宏观数据时需要规避的问题

需要规避的问题是指：如果在使用宏观数据时出现了下述情况，则模型具有根本性错误，结论不具有任何参考意义。我们在本文中指出了三个方面需要规避的问题：①宏观数据发布的滞后性；②宏观数据可能存在的前修情况；③宏观数据建模时的虚假回归现象。

（1）滞后性。宏观数据的滞后性体现为：

[①] 周雪梅．对我国农林牧渔业总产值的季节效应分析[J]．农家科技（下旬刊），2014（4）．
[②] 潘泽清．时间序列季节调整的必要性、方法以及春节效应的调整[J]．财政研究，2013（5）：5．
[③] 刘树成，周方，赵京兴．折年环比价格指数中的翘尾因素[J]．经济研究，1996（4）：6．
[④] 邓创，徐曼．中国金融周期与经济周期的交互影响作用分析——基于动态溢出指数方法的实证研究[J]．上海财经大学学报：哲学社会科学版，2018，20（6）：14．

多数重要宏观指标均会在下月（下季）公布当月（当季）的指标值。因此在统计建模时，若在每月末使用宏观数据的当月值，如在10月末使用10月的CPI数据，则会在模型中引入未来数据，使结论无意义。处理宏观数据滞后性有两种方式：定期后移法与动态后移法（见表1）。

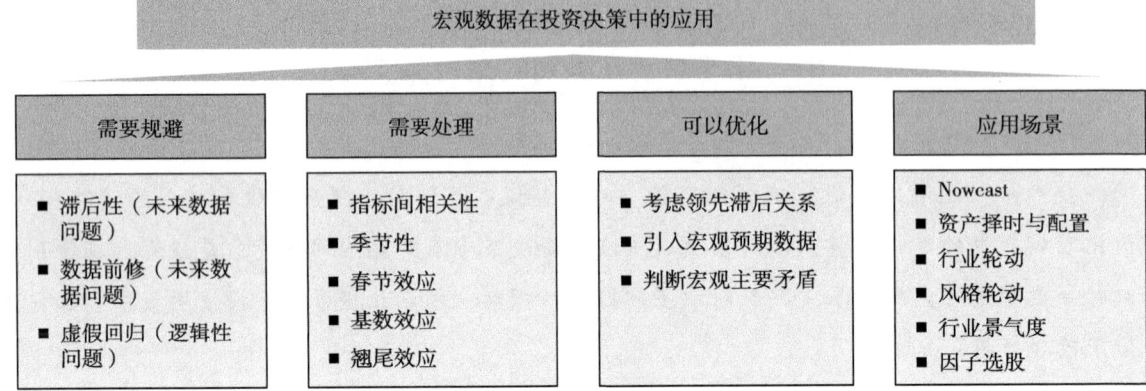

图1 本文所讨论内容

表1 两种滞后性处理方式对比

分类	方法	优点	缺点	适用场景
定期后移法	根据宏观数据的公布频率，在下一期末使用上一期的数据	操作简便，用到未来数据的概率较低	数据时效性差	相对次要的宏观指标
动态后移法	回溯宏观数据的历次发布日期来进行对应后置	数据时效性强	需要对每个指标确定其每一期后置窗口，工作量较大	重要与常用的宏观指标

（2）数据前修。宏观数据的前修体现为两个方面：初值修订与口径变化。初值修订是指部分宏观数据会先公布初值，一段时间之后再次发布数据的修订值；口径变化是指宏观数据的计算方式发生变化，使历史数据出现对应的调整。对于数据前修问题，并没有特别简便通行的处理方法，实践中需要我们针对每一个宏观指标，去确定其是否存在初值修订或口径变化问题。如果宏观指标存在初值修订，则使用该指标时需要精细化时间线，在初值发布后使用初值，修正值发布后使用修正值。如果宏观指标存在口径变化，最为审慎的做法是在口径变化后使用新口径数据，在口径变化前仍使用旧口径数据，即忽略口径变化对历史数据的调整。

（3）虚假回归。宏观数据的虚假回归体现为：由于样本点较少或传导关系较弱等原因，部分宏观数据与资产走势之间的数理相关性与其经济学逻辑相悖。此时若按照数理相关性去应用宏观数据，则会造成严重的过拟合现象与样本内问题，使模型结果无意义。对于虚假回归的问题，一个有效的解决方法是预先明确宏观指标与未来资产走势之间的逻辑方向。若回归系数方向或数理相关性与宏观指标的经济逻辑方向相反，则认为该指标存在过拟合风险，在最终模型中去除该指标或采取其他消除过拟合的行为。

三、使用宏观数据时需要处理的事项

需要处理的事项是指：如果在使用宏观数

据时没有处理以下事项,则宏观数据的质量相对较差,虽不会使模型结果完全无意义,但会影响结果的可信度。我们在本文中指出了五个方面需要处理的事项:①指标间相关性;②季节性;③春节效应;④基数效应;⑤翘尾效应。

(1)指标间相关性。指标间相关性体现为:宏观数据数量众多,难免会存在经济逻辑相似或历史取值接近的指标。若在模型中引入过多经济逻辑相似的指标,则会"超配"对应的经济维度,造成模型有效性下降;若在模型中引入过多历史取值接近的指标,则会使模型存在多重共线性问题,使模型结果稳定性与显著性下降。处理指标间相关性有两类方式:建模前降维以及建模中惩罚(见表2)。

表2 指标间相关性处理方式对比

分类	方法	优点	缺点	适用场景
建模前降维	动态因子模型	可处理混频数据、自带移动平均效果、可反映隐含变量的时变特征	模型复杂、参数估计量大、参数稳定性弱、隐含变量经济学含义难解释	指标数量较多
	主成分分析	逻辑清晰、操作简便	参数稳定性弱、主成分经济学含义难解释	指标数量较多
	因子分析	逻辑清晰、因子经济学含义相比动态因子模型和主成分分析更好解释	模型较复杂、参数稳定性弱	指标数量较多
	聚类分析	逻辑清晰、操作简便	类别数量主观性强、聚类后需辅助其他手段确定各类中指标数量较多核心指标	指标数量较多
	主观选择	经济学含义强、灵活性高	数理逻辑弱、工作量大	指标数量较少
建模中惩罚	LASSO回归	逻辑清晰、操作简便	对惩罚系数敏感性强	指标数量较多
	岭回归	逻辑清晰、操作简便	对惩罚系数敏感性强、无法实现降维(变量筛选)	指标数量较多
	逐步回归	逻辑清晰	变量较多时运行时间长、并非真正意义上消除多重共线性	指标数量较少

(2)季节性。宏观数据的季节性体现为:宏观数据受到天气季节变化、节假日分布、生产习俗与周期等因素的影响,在一年的不同月份表现出有一定规律的高低变化。若未去除宏观数据的季节性,则会使宏观数据难以正确反映经济状态的实际变化,造成模型结果有效性的降低。处理宏观数据季节性有两类方式:计算同比以及X-13-ARIMA[①]方法(见表3)。

表3 两种季节性处理方式对比

分类	方法	优点	缺点
计算同比	计算当期值相对去年同期值的变化率	操作简便	趋势变化的反映存在滞后性,可能会引入基数效应、翘尾因素等其他问题
X-13-ARIMA方法	ARIMA建模→季节调整→诊断	数理逻辑强	模型复杂、参数稳定性差、中国节日需手动调整

(3)春节效应。宏观数据的春节效应体现为:春节假期往往落在1、2月,从而干扰部分

---

① Findlay D F, Monsell B C, Bell W R, et al. New Capabilities and Methods of the X-12-ARIMA Seasonal-Adjustment Program[J]. Journal of Business and Economic Statistics, 1998, 16(2): 127-177.

宏观数据在前两个月的取值。春节效应使部分宏观数据每年前两个月的数据质量降低，进而影响建模效果。处理春节效应有三类方式：合并前两月、变更参照日、季节性调整（见表4）。

表4 春节效应处理方式对比

分类	方法	优点	缺点	适用场景
合并前两月	将1月、2月的数据合并为前两个月的数据	操作简便，稳定性高	损失1月底数据、无法直接应用于增速类数据	非增速类数据
变更参照日	将春节作为参照日（T=0），计算不同年份的宏观数据在春节前30个日历日的取值之和以及春节后30个日历日的取值之和，分别作为当年1月和2月的数据，再求同比以去除春节效应	数据损失量小	必须为高频数据、无法直接应用于增速类数据	高频且非增速类数据
季节性调整：计算同比	计算当期值相对去年同期值的变化率	操作简便	月频数据适用性差	季频数据
季节性调整：X-13-ARIMA方法	ARIMA建模→季节调整→诊断	数理逻辑强	模型复杂、参数稳定性差	各类数据

（4）基数效应。宏观数据的基数效应体现为：计算增速时，上一期的异常值会对本期增速有较大的影响。基数效应使同比或环比变化难以反映真正的经济运行状态，使模型结果有效性降低。基数效应较为典型的例子是2021年第一季度的GDP，受疫情冲击，2020年第一季度GDP处于较低状态，从而使2021年第一季度经济处于正常状态下，计算出的GDP同比增速处于历史最高水平。处理基数效应有三类方式：复合增长率、历史值填充、X-13-ARIMA方法（见表5）。

表5 基数效应处理方式对比

分类	方法	优点	缺点
复合增长率	将存在基数效应的数据计算n年复合增长率	操作简便，参数依赖少	一是钝化了宏观数据的短期变化；二是若n年前数据也是异常值，仍会存在基数效应问题
历史值填充	用宏观数据的历史平均值替代上期异常值	操作简便	一是钝化了宏观数据的短期变化，二是历史平均值随计算时间窗口的不同可能有较大差异
X-13-ARIMA方法	通过X-13模型识别出不规则项并将其去除，从而对基数进行调整	数理逻辑充分	参数敏感性强，结果随计算时间窗口的不同可能有较大差异

（5）翘尾效应。宏观数据的翘尾效应体现为：计算同比时，之前指标的变化会对当前同比产生延伸影响。翘尾效应在存量或状态类指标（如存货或物价）的同比数据中体现尤为明显。翘尾效应反映的是"正确数据"下的"延后状态"，如果想要去除翘尾效应，最好的方式是将同比数据转化为环比数据。但环比序列可能存在季节性问题，从历史取值看，受春节消费需求影响，1月和2月的CPI环比均值明显高于其他月份，因此通过环比的方式消除翘尾效应时，需要考虑环比序列的季节性问题。

四、使用宏观数据时可以优化的角度

可以优化的角度是指：如果在使用宏观数据时进行了对应的优化，则对模型具有锦上添花的效果。我们在本文中列举了三个可以优化的角度：①考虑宏观数据间的领先滞后关系；②建模时引入宏观预期数据；③判断当前宏观维度的主要矛盾。

（1）考虑领先滞后关系。宏观数据的领先滞后关系体现为：某些宏观数据的变化会领先于另一些宏观数据的变化[①②]。考虑宏观数据的领先滞后关系对于建模有两方面帮助，一是可以通过领先指标对滞后指标进行预测；二是可以在建模时优先纳入领先指标，谨慎使用滞后指标。但宏观数据数量庞大，难以通过主观分析的方式判断所有指标之间的领先滞后关系。本文介绍三种通过数量化方法判断领先滞后关系的方法：线性回归、格兰杰因果关系检验和脉冲响应分析（见表6）。

表6 领先滞后关系判断方法对比

分类	方法	实证：PMI生产对工业增加值领先性	实证：工业增加值对PMI生产领先性
线性回归	以指标Y作为因变量，指标X的滞后项作为自变量，进行一元线性回归	回归系数为0.083，P值小于0.01，即PMI生产对工业增加值具有显著领先性	回归系数为−0.10，P值大于0.1，经济学和统计学上有效性均较差，即工业增加值对下月PMI生产并不具有领先性
格兰杰因果关系检验	判断加入指标X的滞后性后，对指标Y建模的解释程度能否提高	各项P值均小于0.01，即PMI生产对工业增加值具有显著领先性	各项P值均大于0.3，即工业增加值对下月PMI生产并不具有领先性
脉冲响应分析	分析指标X受到外生冲击时，对指标Y下一期取值的动态影响，如果置信区间不包括0（0代表无脉冲），则可以认为X是Y的领先指标	置信区间均大于0，即PMI生产对工业增加值具有显著领先性	置信区间包括0，即工业增加值对下月PMI生产并不具有领先性

（2）引入宏观预期数据。一方面，宏观数据的实际值存在我们前文所分析的滞后性、季节性、基数效应等问题，需要进行相对复杂的处理才能在量化建模中有效应用；另一方面，资产价格体现的是对未来的预期，其变化往往领先于宏观数据的发布，因此只关注宏观数据的实际值会造成无法捕捉投资者预期的变化。出于这两个方面原因，投资者可以尝试在建模时引入宏观预期数据。宏观预期数据具有以下几方面优势：

• 与实际数据直接可比。分析师在对宏观数据进行预测时，会将宏观数据的季节性、基数效应、翘尾效应等考虑在内，因此宏观数据的预期值和实际值具有较高的可比性，将两者做差得到的超预期数据无须再考虑季节性、基数效应等因素，建模应用难度降低。

• 时效性强。资产价格体现的是对未来的预期，其变化往往领先于宏观数据的发布，因此观测宏观预期的动态变化可以及时对资产择时观点进行调整，相比宏观数据公布的实际值来说，具有更高的时效性。

• 具有瞬时信息增量。如果我们在经济数据公布前拥有其预期数据，则当实际值公布时，其超预期情况可以产生较大的瞬时信息增量，对于资产短期走势具有较强的指导意义。

（3）判断宏观主要矛盾。股票市场是多维度信息共同影响的复杂系统。经济增长、宏观流动性、通胀等因素，都会在特定情景下成为影响当

---

① 邓创，徐曼.中国金融周期与经济周期的交互影响作用分析——基于动态溢出指数方法的实证研究[J].上海财经大学学报：哲学社会科学版，2018，20（6）：14.
② 马勇，冯心悦，田拓.金融周期与经济周期——基于中国的实证研究[J].国际金融研究，2016（10）：12.

时股票市场走势的主要宏观矛盾。主要矛盾的动态变化给投资者的择时工作带来了更大挑战，其最直接的影响在于，我们很难从单一的宏观维度，构建出能够解释股市历次涨跌变化的指标。以股票市场为例，经济增长主要影响股市 EPS，宏观流动性主要影响股市估值，而股市在盈利和估值维度的主要矛盾在 2015 年至今具有阶段性的变化，且其切换频率不会过高，短约 6 个月，长可至近 2 年。也就是说，我们有可能会在 1~2 年的时间段内，即使准确地判断了盈利（估值）的变化，但由于错判或漏判了市场主要矛盾，整体作出错误的择时方向。我们在本文中介绍两种宏观主要矛盾的判断方法，分别为敏感型行业法和文本分析法（见图 2 和图 3）。

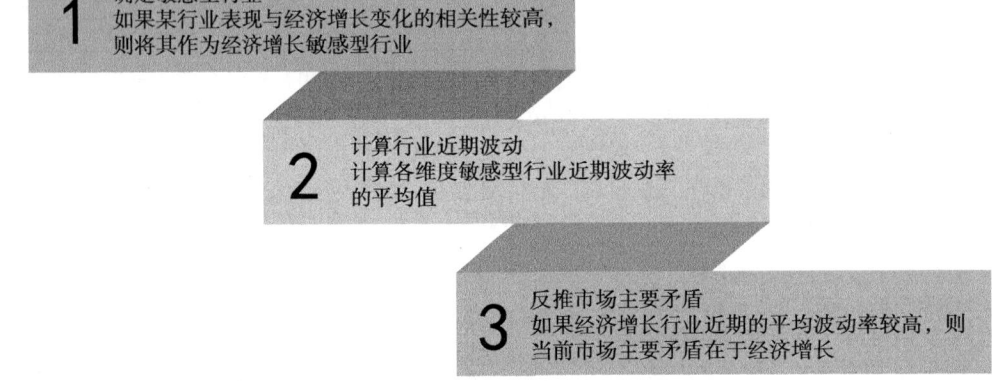

图 2　敏感型行业法判断宏观主要矛盾

图 3　文本分析法判断宏观主要矛盾

五、宏观数据的建模应用场景

宏观数据在实际投资中有着丰富的应用场景，本部分对学界与业界常用的应用方式进行归纳，以期为投资者应用宏观数据提供场景案例。

（1）Nowcast。宏观数据的 Nowcast 模型是基于动态更新的高频宏观数据，对低频宏观数据的预期值进行实时播报的模型。目前最为典型的 Nowcast 模型是美国亚特兰大联储所构建的 GDPNow 模型[①]。GDPNow 的总体逻辑是在 GDP 支出法核算框架下，将 GDP 组成部分分解后，利用季度和月度数据对每一个子部分值进行预测，再利用子部分预测值合成 GDP 预测值。GDPNow 使用的方法包括贝叶斯向量自回归模型（BVAR）、因子增强自回归模型、桥梁模型（Bridge Model）等（见图 4）。

（2）资产择时与配置。大类资产的走势一定程度受到宏观数据的影响，因此宏观数据在

---

① Higgins P. GDPNow: A model for GDP "nowcasting" [J]. Federal Reserve Bank of Atlanta, 2014.

资产择时与配置中有广泛应用。我们认为宏观数据在择时与配置中有"两条逻辑线"和"一个关键点",分别为:

● 逻辑线1:经济指标实际值。经济指标的实际值更重要的意义在于刻画当前经济的运行状态和变化方向,如当前的通胀水平以及当前宏观流动性的变化方向。考虑到经济指标实际值的低频性、滞后性和状态刻画性,我们认为经济指标实际值在战略资产配置中有更为重要的应用意义,海外成熟的案例包括美林证券的美林时钟模型以及桥水公司的全天候模型等。

● 逻辑线2:经济指标预期值。相比于经济指标实际值的低频性、滞后性和状态刻画性,经济指标预期值具有高频性、实时性和瞬时增量性。具体来说,经济指标预期值可以实现每天的实时动态更新,且经济指标实际值公布时的超预期情况是较大的瞬时信息增量。因此,我们认为经济指标预期值在战术资产配置中有更为重要的应用意义。

● 关键点:判断宏观主要矛盾。如我们在前文中所述,经济增长、宏观流动性、通胀等因素,都会在特定情景下成为影响当时股票市场走势的主要宏观矛盾。当不同宏观维度对资产未来走势的指示方向相反时,我们可以以主要矛盾维度的观点方向为准,从而提升资产择时准确率,对宏观数据在择时与配置中的应用效果起到"锦上添花"的作用。

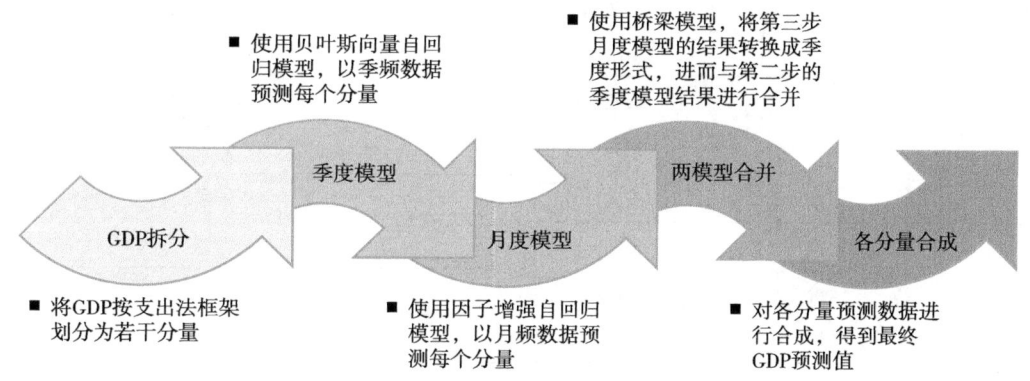

图4 GDPNow建模流程

(3)行业轮动。行业的表现与宏观经济息息相关,因此宏观数据在行业轮动中也有用武之地。我们可以分别将宏观数据的实际值和预期值应用在行业轮动框架内。

● 宏观数据实际值:在不同宏观状态下考虑更重要的行业打分指标。我们认为宏观状态会影响投资者判断行业未来表现时所考虑的信息维度,比如当前处于增长上行阶段,则投资者可能更关心产能利用率较高的行业,以在经济恢复过程中取得更高的营收弹性;而若当前是流动性上行阶段,则投资者可能更关心成长能力强的行业,因为更多的资金和投资利好高成长性公司的发展。换句话说,我们可以利用宏观数据判断当前经济变化状态,进而在行业打分时,对因子进行相应的超配与低配。

● 宏观数据预期值:选择当前超预期状态所利好的板块。我们认为近期公布宏观数据的超预期情况会影响投资者对于未来板块走势的观点,因此可以针对每个板块,量化筛选出对其未来走势有显著预测效果的宏观预期数据,并根据宏观数据近期的超预期情况来判断各板块未来的相对表现。

（4）风格轮动。宏观状态也会影响不同风格的表现。我们发现5个宏观指标对于成长与价值风格的判断具有显著效果，分别为社融同比、CPI-PPI、PMI、期限利差、M2-M1（见表7）。

表7 宏观状态影响成长/价值相对收益

指标代码	指标名	方向	Trend	Rolling	Extent	z	Correlation	Granger
TSF	社融规模同比增速	-1	✓	✓	✓			
CPI-PPI	CPI同比-PPI同比	1		✓		✓	✓	✓
PMI	PMI	-1	✓	✓		✓	✓	
Term-spread	期限利差	1		✓	✓	✓	✓	
M2-M1	M2增速-M1增速	-1				✓	✓	✓

（5）行业景气度。行业景气度与行业中观数据有一定关联，我们可以通过一些周期上游行业的原材料价格、产量、运输成本、销量等行业中观数据，构建对其盈利情况进行预测的景气度指标（见表8）。

表8 利用中观数据判断行业景气度

行业	景气打分维度	方向	行业	景气打分维度	方向
石油石化	烯	正向	有色金属	铜	正向
	苯	正向		铝	正向
	油	正向		锌	正向
煤炭	动力煤	正向		其他工业金属	正向
	焦煤	正向		黄金	正向
钢铁	运量	正向	汽车	销量	正向
	钢价	正向		产量	正向
	运价	正向	建材	玻璃	正向
	产量	正向		水泥	正向

（6）因子选股。因子的有效性会受到宏观状态的影响。举例来说，经济增长指标超预期相对利好"进攻型"因子，原因在于经济增长超预期意味着企业整体的生产经营状况超预期，即公司的成长性与综合质量之前被低估，在未来会产生基本面预期修复的Alpha；而通胀指标超预期相对利好"防守型"因子，原因在于通胀超预期意味着国家面临比预期更高的通胀压力，会提升市场对于滞胀与经济衰退的预期，同时也会提升市场对于加息以对抗通胀的预期，利好偏防御的"防守型"因子。

六、总结

宏观数据是投资决策过程中必不可少的工具，本文针对应用宏观数据时的4个问题进行讨论：①如何规避宏观数据建模时可能存在的错误；②如何对宏观数据进行必要的清洗和处理；③如何优化宏观数据的建模质量；④宏观数据在投资决策中有哪些应用场景，以期让投资者在投资决策中能够更为有效地使用宏观数据。

（作者单位：中国国际金融股份有限公司）

NLP 综述：勾勒 AI 语义理解的轨迹

林晓明

摘 要：本文重点对 NLP 发展历史上各阶段的代表模型进行理论介绍。近年来，金融文本类数据的结构化程度越来越高，这一印象中的"另类数据"已不再另类，想要更充分地利用这类数据的 Alpha，势必要求投资者对文本挖掘技术有更全面的理解。基于此，本文对 NLP 发展历史进行综述，帮助读者勾勒 NLP 的发展轨迹，以更好地识别契合量化交易需求的模型，达到知己知彼的效果。

关键词：NLP　统计语言模型　词向量　预训练模型　BERT

随着传统数据的 Alpha 竞争日益激烈，投资者开始寻求另类数据中的 Alpha，文本数据是大家常规印象中的重要另类数据源。但随着各家数据供应商的数据服务趋于成熟，文本数据的结构化程度堪比传统数据，挖掘文本数据中的 Alpha 开始逐渐成为标配，印象中的"另类数据"可能悄然间也已经不再另类，成为传统数据中的一员。如何充分利用现有的文本数据成为"时不我待"的需求。

部分金融机构已经尝试过使用自然语言处理（Natural Language Processing，NLP）模型来进行文本挖掘构建量化选股策略，不过 NLP 领域模型众多，并非所有模型都可以直接迁移到金融领域应用，理解各类模型的特性从而将逻辑更契合的模型进行迁移应用是更事半功倍的做法。

本文所梳理的 NLP 发展三阶段可以用图 1 来概括。

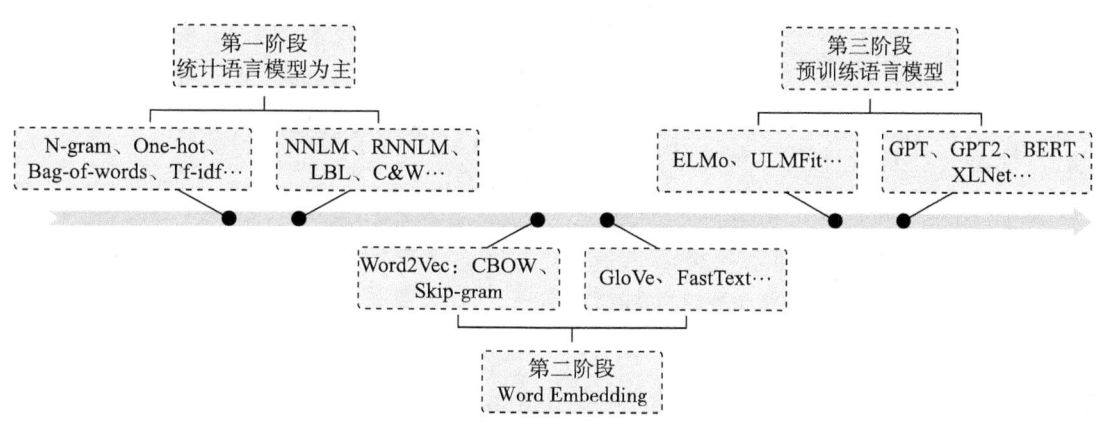

图 1　本文介绍的三阶段 NLP 模型

（资料来源：华泰研究）

第一阶段以传统统计语言模型为主，神经网络语言模型锋芒初露。

我们主要介绍了该阶段的两个模型，分别为 N-gram 和 NNLM。N-gram 是为了估计一段自然语言文本出现概率的大小而提出的模型，按链式法则将句子拆解为词语出现的条件概率，以较为简单的想法实现了较好的效果，但存在无法建模更长的上下文语义以及无法建模词语间相似性的缺点。NNLM 则首次将深度学习的思想引入语言模型中，不仅可以对更长的文本进行建模，而且产生了"词向量"这一副产物，影响深远。

第二阶段以 Word2Vec 为代表，Word Embedding 方法成为标配。

Word2Vec 包括 CBOW 和 Skip-gram 两组模型，任务分别为根据上下文预测中心词以及根据中心词来预测上下文，相比于第一阶段的 NNLM 简化了网络结构，同时使用了 Hierarchical Softmax 和 Negative Sampling 两种方法提高训练效率，使大规模语料训练成为现实。更重要的是，模型得到的词向量能够在语义上有非常好的表现。WordVec 之后一大批 Word Embedding 方法相继涌现，从不同的角度对词编码、句子 & 段落编码进行改进，Word Embedding 成为 NLP 研究的标配，迁移学习思想逐渐明朗。

第三阶段预训练语言模型大行其道，在巨人的肩膀上 BERT 模型诞生。

ELMo、GPT 及 BERT 模型是第三阶段预训练语言模型的代表。ELMo 的特点是可以根据上下文动态地生成词向量，具有学习不同语境下词汇多义性的能力，且使用双向语言模型使特征的提取更为准确。GPT 则首次将 Transformer 应用于语言模型，并且设计了一套高效的训练策略，证明了 Transformer 在 NLP 领域具有超强的能力和潜力。BERT 模型集前人模型之大成，利用 Transformer 实现了真正意义上的双向语义理解，并在预训练阶段使用 MLM 和 NSP 两个任务实现语义的更深层次理解，完善和扩展了 GPT 中设计的通用任务框架。

一、第一阶段：传统统计语言模型

（一）N-gram

语言模型的本质在于预测一段自然语言文本的概率大小，通俗来说，我们希望用概率来表示一段文本是人类语言的可能性。数学定义如下：如果某段文本表示为 $S_i = (w_1, w_2, w_3, \cdots, w_n)$，那么语言模型就是计算该序列的出现概率：

$$P(S_i) = P(w_1, w_2, w_3, \cdots, w_n)$$

最直观地根据大数定律里频率逼近概率的思想，当我们有人类历史上产生过的所有文本集合，可以将 $P(S_i)$ 表示为如下公式。但显然要获取全历史的文本集合是一件难以实现的事，因此下述公式在实践层面难以实现。

$$P(S_i) = \frac{f(S_i)}{\sum_{j=0}^{\infty} f(S_j)}$$

N-gram 模型正是为了解决上述估计所产生的方法。根据条件概率有如下表达式，其中 $P(w_1)$ 表示词语 w_1 出现在句子开头的概率；$P(w_2|w_1)$ 表示给定词语 w_1，下一个词语是 w_2 的概率，以此类推；某个词 w_n 出现的概率取决于前面出现的 $n-1$ 个词语，如图 2 所示。

$$P(w_1, w_2, w_3, \cdots, w_n) = P(w_1)P(w_2|w_1)\cdots P(w_n|w_1, w_2, \cdots, w_{n-1})$$

为更方便地计算上述概率，引入马尔可夫假设，即任意一个词语出现的概率只和它之前的 $n-1$ 个词语有关：$P(w_i|w_1, w_2, \cdots, w_{i-1}) = P(w_i|w_{i-n-1}, \cdots, w_{i-1})$，根据这个假设可以给出 N-gram 语言模型的定义：

$$P(w_1, w_2, w_3, \cdots, w_n) = \prod p(w_i|w_{i-1}, \cdots, w_1)$$
$$= \prod p(w_i|w_{i-1}, \cdots, w_{i-N+1})$$

当 N 取 1/2/3 时，我们分别得到 Unigram/Bigram/Trigram 模型：

Unigram $\quad P(w_1, w_2, w_3, \cdots, w_n) = \prod p(w_i)$

Bigram $\quad P(w_1, w_2, w_3, \cdots, w_n) = \prod p(w_i|w_{i-1})$

Trigram $\quad P(w_1, w_2, w_3, \cdots, w_n) = \prod p(w_i|w_{i-2}, w_{i-1})$

给定语料	<s> I am Sam <s>
 <s> Sam I am <s>
 <s> I do not like eggs and ham <s>
$P(am\|I)=\dfrac{2}{3}$ $\quad P(I\|<s>)=\dfrac{2}{3}$ $\quad P(Sam\|am)=\dfrac{1}{2}$ $\quad P(do\|I)=\dfrac{1}{3}$	

图 2 条件概率估计示例

（资料来源：华泰研究）

N-gram 模型中所做的马尔可夫假设忽略了语言中的长程依赖，例如文中某个代词可能指的是一两句话之前的名词，而不仅仅只和前几个词有关。实际情况中应用最多的是 $N=2$ 或 $N=3$ 的模型，当 N 的取值继续增加时，模型效果提升不再显著。

以 $N=2$ 为例，实际在计算等号右侧的条件概率时，会根据条件概率公式进行如下转化：

$$p(w_i|w_{i-1})=\frac{p(w_{i-1},w_i)}{p(w_{i-1})}$$

根据频率逼近概率的思想，在给定的语料库（Corpus）内来估计上述概率：

$$p(w_i|w_{i-1})\approx\frac{count(w_i|w_{i-1})}{count(*|w_{i-1})}=\frac{count(w_i|w_{i-1})}{count(w_{i-1})}$$

在语料库中计算时可能出现 $count(w_i|w_{i-1})$ 为零或者 $count(w_i|w_{i-1})$ 及 $count(w_{i-1})$ 均为 1 的情况，会导致估计出的 $p(w_i|w_{i-1})$ 明显有偏，常用拉普拉斯平滑、卡茨退避法及删除插值法等方法来缓解上述估计过程中的有偏问题。

N-gram 这种基于统计的语言模型存在两个比较大的问题：① N 无法取到很大的值，当 N 很大时会使计算复杂度指数上升，因此模型难以表征文本上下文较长的依赖关系；② 统计语言模型无法表征词语之间的相似性。

（二）NNLM：神经网络语言模型

如上所述，N-gram 主要存在无法建模更远的上下文依赖关系及无法建模出词语之间的相似度两个缺陷。Bengio 等（2003）在 NLP 的经典论文 *A Neural Probabilistic Language Model* 中首次将深度学习的思想引入语言模型中，提出 NNLM（Neural Net Language Model）的网络结构，并在得到语言模型的同时还产生了副产品——词向量。

1. 词向量

在继续介绍 NNLM 的原理之前，我们先对词向量的概念进行介绍。词向量的目标在于令计算机能够通过词向量获取的信息和人类通过文本看到的信息一致。最早的词向量表示方法为 One-hot 独热编码表示法，即将词表内每一个词语映射到一个稀疏向量，该向量在词语对应的索引位置为 1，其余均为 0。

例如，我们有一个词表 $V=\{自，然，语，言，处，理\}$，那么我们有对应的 One-hot 词向量如图 3 所示。

$V=\{自，然，语，言，处，理\}$
$C(自)=(1,0,0,0,0,0)$
$C(然)=(0,1,0,0,0,0)$
$C(语)=(0,0,1,0,0,0)$
$C(言)=(0,0,0,1,0,0)$
$C(处)=(0,0,0,0,1,0)$
$C(理)=(0,0,0,0,0,1)$

图 3 One-hot Encoding

（资料来源：华泰研究）

One-hot 表示方法十分直观且简单，但是存在维度灾难和语义鸿沟两个重要问题：

（1）维度灾难：通常我们使用的词表很大，此时 One-hot 的词向量维度也会很大，这会使数据样本很稀疏，计算十分困难，存储开销也很大；

（2）语义鸿沟：采用 One-hot 编码的方式，任意两个词语之间均正交（内积为零），无法表达出词语之间的相似性，因此实际上计算机获取的信息和人类看到的信息并不一致。

为弥补上述缺陷，分布式向量（Distributed Representation）于 1986 年被 Hinton 提出，核心思想在于使用更低维的连续实数向量来表示词语，所有的向量构成一个词向量空间，含义相近的词语对应的词向量距离也更近。关于分布式向量名称的由来，有一个形象的解释：One-hot 表示向量中只有一个非零向量，非常集中；而分布式向量中有大量非零分量，相对分散，将词语的信息分布到各个分量当中了。

2. NNLM 原理：三层全连接网络

NNLM 的目标及假设与 N-gram 模型类似，本质上就是一个 N-gram 语言模型。其目标为给定词语序列 w_1，w_2，$\cdots$，w_{t-1}，要预测出下一个词是 w_t 的概率 $P(w_t | w_1, w_2, \cdots, w_{t-1})$；假设为当前词仅依赖于前 $n-1$ 个词，因此

$$P(w_t | w_1, w_2, \cdots, w_{t-1}) = P(w_t | w_{t-n+1}, w_{t-n+2}, \cdots, w_{t-1})$$

NNLM 网络的结构如图 4 所示，在任务开始之前，首先我们会确定一个词表 V，记录了语料中出现的全部单词，其余各项参数解释如下：

（1）$|V|$ 表示词汇表的大小，即语料中去重后单词的个数；

（2）C 表示词向量矩阵，将词表 V 中每一个词表示为维度为 m 的向量，大小为 $|V| \times m$；

（3）$C(w_i)$ 是单词 w_i 对应的词向量，其中 i 为单词 w_i 在整个词表 V 中的索引；

（4）m 是词向量的维度。

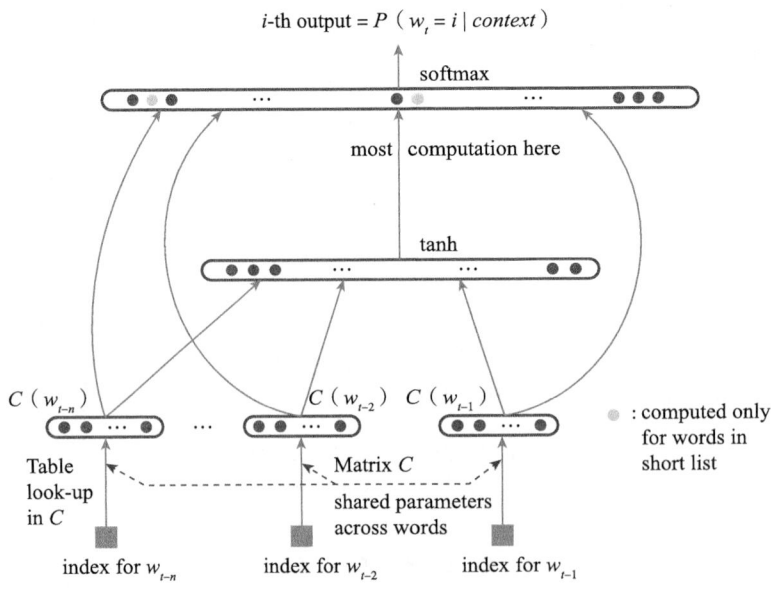

图 4　NNLM 网络结构

（资料来源：*A Neural Probabilistic Language Model*，华泰研究）

为了更好地理解 NNLM 的实际计算步骤，我们将前向传播的过程重新绘制，如图 5 所示。在输入层之前首先会将每个词语映射成词向量并拼接在一起，得到输入向量：

$$x = [C(w_{t-1}), C(w_{t-2}), \cdots, C(w_{t-n+1})]$$

在实际操作中,这一步我们通常通过 Embedding 层来完成,也即图 5 所示的输入层之前的结构。得到输入向量 x 后会继续经过一层隐藏层+一层输出层得到最后的输出,输出层为 $|V|$ 维度的向量,经过 Softmax 激活后表示预测出在每个词上的出现概率。整个前向传播过程表达式为:

$$y = b + Wx + U\tanh(d + Hx)$$

其中各矩阵的维度为:

$$\dim(b) = |V| \times 1$$
$$\dim(W) = |V| \times m(n-1)$$
$$\dim(U) = |V| \times |H|$$
$$\dim(d) = |H| \times 1$$
$$\dim(H) = |H| \times m(n-1)$$

损失函数为交叉熵损失函数:

$$Loss = Cross\ Entropy(y_{pred}, y_{real})$$

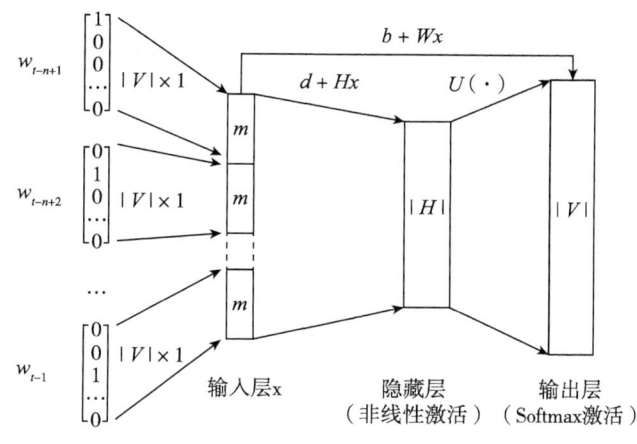

图 5 NNLM 前向传播示意图

(资料来源:华泰研究)

可以看到上述网络结构实际上已经有一些残差结构的思想。我们可以将上述过程拆分为三个步骤:①从词到词向量矩阵的映射,矩阵 C 中均为可训练参数,这部分参数量为 $|V| \times m$;②从输入层到隐藏层,这部分矩阵 d 及 H 为可训练参数,参数量为 $|H| + |H| \times m(n-1)$;③从隐藏层到输出层,这部分矩阵 b、W、U 均为可训练参数,参数量为 $|V| + |V| \times m(n-1) + |V| \times |H|$。所有可训练参数量为:

$$|V| \times (|H| + mn + 1) + |H| \times (mn - m + 1)$$

上述参数量是 n 的线性函数,因此 NNLM 模型可以对更长的文本上下文依赖进行建模,解决了 N-gram 难以处理长依赖的问题。此外 NNLM 的另一个重要贡献在于生成了副产物词向量,将模型的第一层特征映射矩阵当作词语的分布式表示(即矩阵 C),从而使刻画词语之间的相似性也成为可能,启发了后来第二阶段 Word2Vec 的工作。

(三)NNLM 之后及 Word2Vec 之前

NNLM 解决了 N-gram 中的部分问题,但也有其缺点需要改进。一方面,虽然 NNLM 提高了 N-gram 的阶数,相比于统计语言模型有很大提升,但对于更长的文本依赖关系仍然不能很好地解决;另一方面,NNLM 的训练时间开销太长,Bengio 等在论文中的数据实证使用了 40 块 CPU,在含有 1400 万词语的语料中即使仅保留了出现频率最高的 17964 个词语来作为词典、训练 5 个 Epoch,也耗时超过 3 周。

因此在 Word2Vec 问世前的接下来 10 年间，NLP 的一个重要研究方向是对 NNLM 进行改进及工程优化。按时间线我们列举其中一些相对比较重要的改进模型。

2007 年 Mnih 和 Hinton 提出的 LBL（Log-Bilinear Language Model）以及后续的一系列相关模型，省去了 NNLM 中的激活函数，直接把模型变成了一个线性变换，尤其是后来将 Hierarchical Softmax 引入 LBL 后，训练效率进一步增强，但是表达能力不如 NNLM 这种神经网络的结构。

2008 年 Collobert 和 Weston 提出的 C&W 模型不再利用语言模型的结构，而是将目标文本片段整体当作输入，然后预测这个片段是真实文本的概率，所以它的工作主要是改变了目标输出。由于输出只是一个概率大小，不再是词典大小，因此训练效率大大提升，但由于使用了这种比较"别致"的目标输出，它的词向量表征能力有限。

2010 年 Mikolov 提出 RNNLM（Recurrent Neural Network based Language Model）直接对 $P(w_t | w_1, w_2, \cdots, w_{t-1})$ 进行建模，而不使用 $P(w_t | w_{t-n+1}, w_{t-n+2}, \cdots, w_{t-1})$ 进行简化，目标是利用所有的上文信息来预测下一个词语（见图 6）。

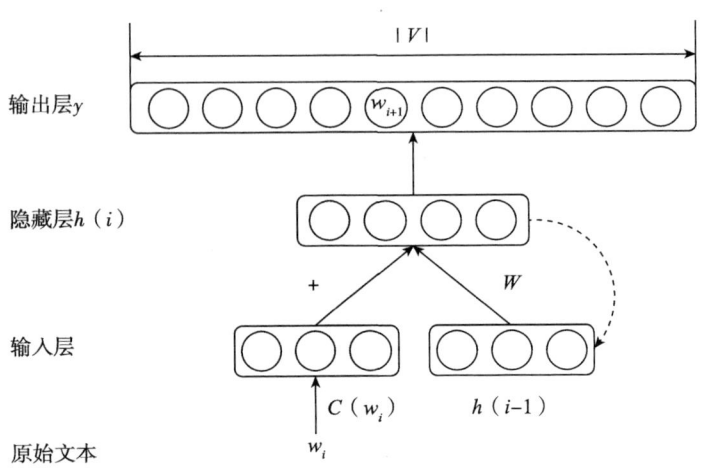

图 6 RNNLM 网络结构

（资料来源：*Recurrent neural network based language model*，华泰研究）

RNNLM 的核心在于其隐藏层的算法：

$$h(i) = \phi[C(w_i) + Wh(i-1)]$$

其中，ϕ 为非线性激活函数，$h(i)$ 表示文本中第 i 个词 w_i 所对应的隐藏层，该隐藏层由当前的词向量 $C(w_i)$ 及上一个词对应的隐藏层 $h(i-1)$ 结合得到，实际上为 RNN 的结构。

RNNLM 并不采用 n 元近似，而是使用迭代的方式直接对所有上文进行建模。通过这种迭代推进的方式，每个隐藏层实际上包含了此前所有上文的信息，相比 NNLM 只能采用上文 n 元短语作为近似，RNNLM 包含了更丰富的上文信息，也有潜力达到更好的效果。

（四）小结

NLP 发展早期实际上远不止 N-gram 和 NNLM 两组模型，还有的方法如：从 One-hot 表示一个词到用 Bag-of-words 表示一段文本；从 K-shingles 把一段文本切分成一些文字片段，到汉语中各种序列标注方法将文本按语义进行分割；从 Tf-idf 中用频率的手段来表征词语的重要性，到 Text-rank 中借鉴 Page-rank 的方法来表征词语的权重，在此我们不再详细展开。

二、第二阶段：Word2Vec 词向量时代

在前期传统统计模型发展到一定阶段以后，新的时代也随之来临，在这个新时代里 Word Embedding 方法逐渐成为标配。2013 年 Mikolov 连续发表了多篇在 NLP 历史上具有重要里程碑意义的论文，其中最著名的两篇分别为：*Efficient Estimation of Word Representation in Vector Space*、*Distributed Representations of Words and Phrases and Their Compositionality*。

前者首次提出 CBOW 和 Skip-gram 模型，简化了 NNLM 的网络结构及参数量；后者进一步提出多种优化训练算法，包括 Hierarchical Softmax、Negative Sampling 和 Subsampling 技术，极大地提升了训练效率。经过模型和训练技巧的双重优化，大规模语料训练成为现实，更为重要的是，模型得到的词向量能够在语义上有非常好的表现，能将语义关系通过向量空间关系表征出来（见图7）。

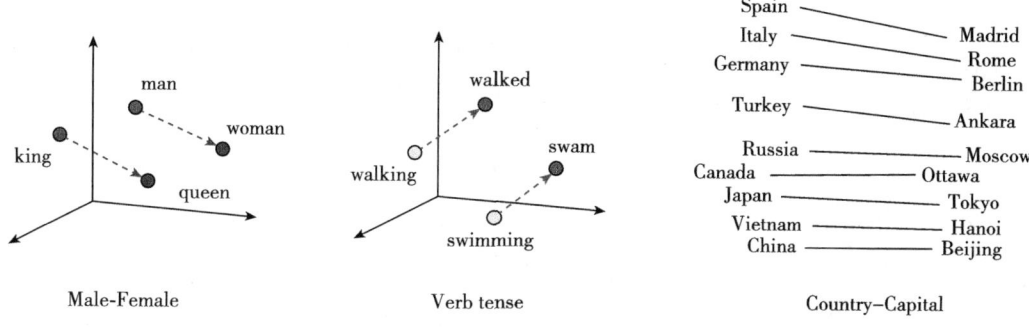

图 7　词向量空间表征语义关系

（资料来源：华泰研究）

Mikolov 在发表上述两篇论文之后，彼时仍在谷歌工作的他继续开源了 Word2Vec 方法。实际上 Word2Vec 只是一个工具，而非某种模型，其背后的模型是 CBOW 和 Skip-gram，并且使用了 Hierarchical Softmax 和 Negative Sampling 这些训练优化方法。但为叙述简便，我们也以 Word2Vec 来指代上述模型（见图8）。

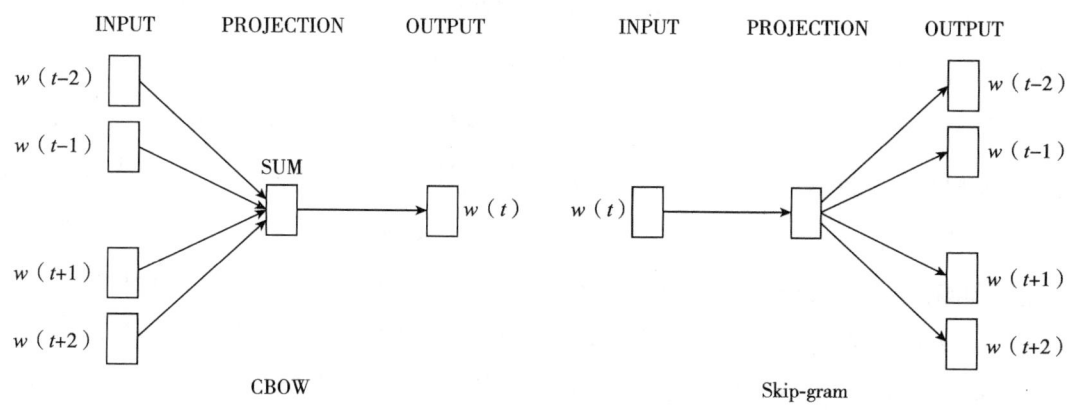

图 8　CBOW 和 Skip-gram

（资料来源：*Efficient Estimation of Word Representation in Vector Space*，华泰研究）

CBOW 和 Skip-gram 都是轻量级的神经网络，本质上只有输入层和输出层两层（相比于 NNLM，少了隐藏层），CBOW 是在知道词语 w_t 上下文 $\cdots, w_{t-2}, w_{t-1}, w_{t+1}, w_{t+2}, \cdots$ 的情况下预测当前词 w_t；而 Skip-gram 则正好相反，是在知道词 w_t 的情况下对其上下文 $\cdots, w_{t-2}, w_{t-1}, w_{t+1}, w_{t+2}, \cdots$ 进行预测，简化示意图如图8所示。

（一）CBOW: Continuous Bag-of-Words

CBOW 的任务是在知道词语 w_t 上下文 $\cdots, w_{t-2}, w_{t-1}, w_{t+1}, w_{t+2}, \cdots$ 的情况下预测当前词 w_t，其网络结构如图9所示。我们可以与 NNLM 进行对比，发现两者结构十分相似，但是 CBOW 没有中间隐藏层，输入层对 One-hot Representation 进行线性变换以后直接连接到输出层。

CBOW 将每个输入词语转换成词向量以后，也不再是 NNLM 中的拼接操作，而是将词向量进行求和（实际操作时也可以求平均），得到 h 向量。

通过上述求和的操作可以发现，CBOW 的一个特点是在求语境 Context 向量（h 向量）时，语境内词序已经丢弃，而这也是模型名称中 Continuous 的来源；另一个特点是 CBOW 最终的目标函数仍为语言模型的目标函数，需要顺序遍历语料中的每一个词，这是模型名称中 Bag-of-Words 的来源。

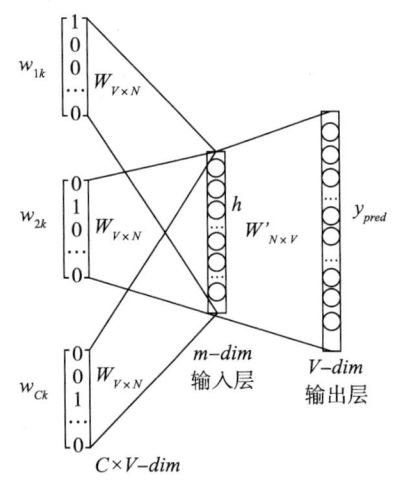

$$h = \frac{1}{C} W^T (w_{1k} + w_{2k} + \cdots + w_{Ck})$$
$$h = \frac{1}{C} (v_{w_{1k}} + v_{w_{2k}} + \cdots + v_{w_{Ck}})$$
$$y = W'h$$
$$E = CrossEntropy(y_{pred}, y_{real})$$

图9 CBOW 网络结构

（资料来源：华泰研究）

（二）Skip-gram

Skip-gram 模型与 CBOW 相反，是知道词 w_t 的情况下对其上下文 $\cdots, w_{t-2}, w_{t-1}, w_{t+1}, w_{t+2}, \cdots$ 进行预测，两组权重矩阵仍然共享，但损失函数是上下文 C 个损失函数之和（见图10）。

CBOW 和 Skip-gram 两个模型的参数量均为 $2m|V|$，与 NNLM 的参数量相比大大减少，且与上下文所选取的词数量无关，避免了 N-gram 中随着阶数 N 增大而使得计算复杂度急剧上升的问题。但是无论是 CBOW 还是 Skip-gram，如果没有训练优化算法，二者的输出层不可避免地要使用 Softmax 操作，当字典数量很大时求 Softmax 操作将带来很大的计算量。因此 Mikolov 在随后的论文中提到了 Hierarchical Softmax 和 Negative Sampling 这两种优化算法，下面我们分别进行介绍。

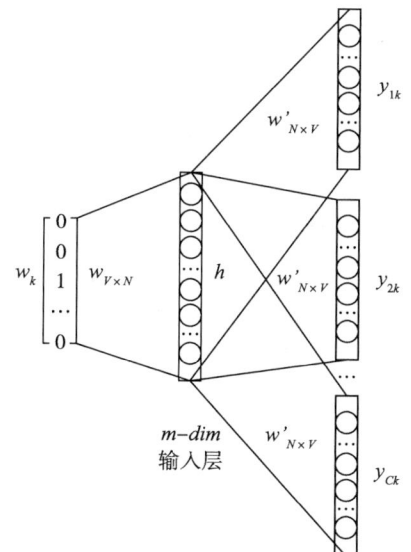

> $h = W^T w_k$
> $y_{jk} = W'^T h$
> 由于 $W'_{N \times V}$ 共享，实际上计算出来的 y_{jk} 是一样的，但是因为上下文真实的标签币一样，所以最终计算出来的损失函数不同。因为我们最终的目标是生成词向量，而不是真的对上下文进行预测，所以 $W'_{N \times V}$ 共享是合理的。

图 10 Skip-gram 网络结构

（资料来源：华泰研究）

（三）优化算法一：Hierarchical Softmax

Mikolov 首先提到了 Hierarchical Softmax，认为这是对 Full Softmax 的一种优化手段，前者将 Word2Vec 的输出层设计成一棵哈夫曼树（Huffman Tree）。

1. 哈夫曼树

哈夫曼树是一种带权路径长度最短的二叉树，也称为最优二叉树。图 11 展示了一个例子。

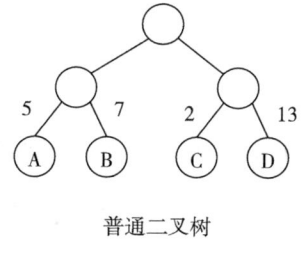
普通二叉树

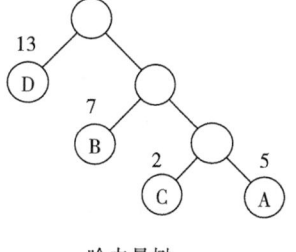
哈夫曼树

图 11 哈夫曼树示意图

（资料来源：华泰研究）

左侧普通二叉树的带权路径长度：$WPL = 5 \times 2 + 7 \times 2 + 2 \times 2 + 13 \times 2 = 54$

右侧最优二叉树的带权路径长度：$WPL = 5 \times 3 + 2 \times 3 + 7 \times 2 + 13 \times 1 = 48$

可以证明图 11 右侧即为一棵哈夫曼树。

2. 引入哈夫曼树的 CBOW

下面我们以 CBOW 为例展示如何引入哈夫曼树。首先我们根据词典中每个词的词频构建出一棵哈夫曼树，保证词频较高的词处于相对比较浅的层，词频较低的词处于相对比较深层的叶子结点上，每个词都处于该哈夫曼树的某个叶子结点上。

CBOW 的原始目标函数实际上如下，前文我们写成 CrossEntropy 的形式是因为如果不引入训练优化算法，则实际训练时损失函数会设置成 CrossEntropy。这里我们回到 CBOW 的原始目

标函数,是为了便于后文公式推导:

$$L = \sum_w \log p[w \mid Context(w)]$$

基于层次Softmax的CBOW网络结构如图12所示。

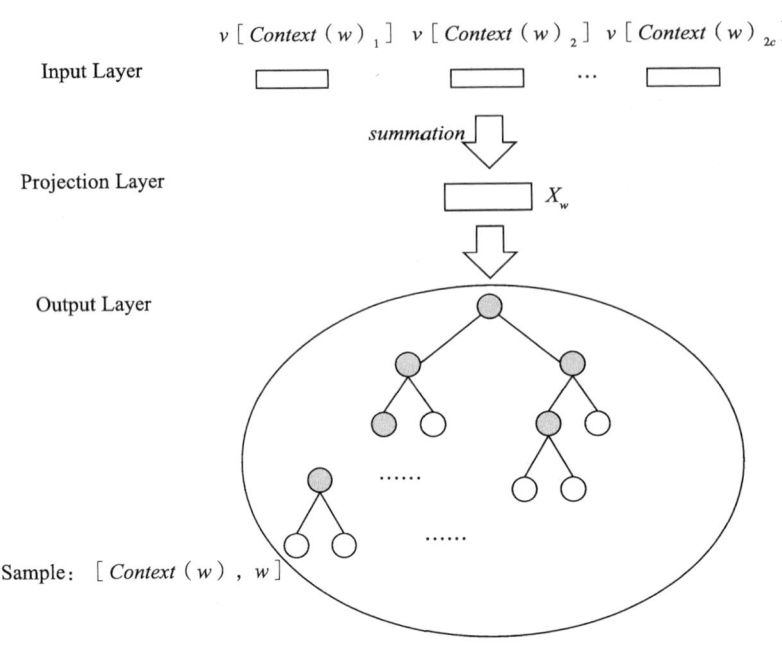

图12 基于Hierarchical Softmax的CBOW网络结构

(资料来源:华泰研究)

输入层是指$Context(w)$中所包含的$2c$个词的词向量:$v[Context(w)_1]$,$v[Context(w)_2]$,…,$v[Context(w)_{2c}]$,投影层指的是直接对$2c$个词向量进行累加,累加之后得到X_w:

$$X_w = \sum_{i=1}^{2c} v[Context(w)_i]$$

输出层是一棵哈夫曼树,其中叶子结点共N个,对应词典中N个单词,非叶子结点$N-1$个,对应图12中标黄的结点。接下来我们将介绍基于层次Softmax的CBOW模型如何计算损失函数及对参数进行更新。

这部分我们结合实际例子来介绍,首先需要定义一些变量:

(1)p^w:从根结点出发,到达单词w对应叶子结点的路径;

(2)l^w:路径p^w中包含的结点个数;

(3)p_1^w,p_2^w,…,$p_{l^w}^w$:路径p^w中对应的各个结点,其中p_1^w代表根结点,而$p_{l^w}^w$代表的是单词w对应的叶子结点;

(4)d_2^w,d_3^w,…,$d_{l^w}^w \in \{0, 1\}$:单词w对应的哈夫曼编码,一个词的哈夫曼编码是由l^w-1位构成的,d_j^w表示路径p^w中第j个结点对应的哈夫曼编码,根结点不参与对应的编码(因为根结点没有左右结点之分);d_j^w取值为0或1,表示对应的结点为左子结点还是右子结点,根据Word2Vec的定义,0对应右子结点,1对应左子结点;

(5)θ_1^w,θ_2^w,…,$\theta_{l^w-1}^w \in R^m$:路径p^w中非叶子结点对应的向量,θ_j^w表示路径p^w中第j个非叶子结点对应的向量,这个向量实际上是模型可训练参数,在后续反向传播时将会根据梯度进行参数更新。

假设图13输出层部分为根据使用语料预先构建好的哈夫曼树,接下来我们推导如何对哈夫曼树中的参数进行更新。

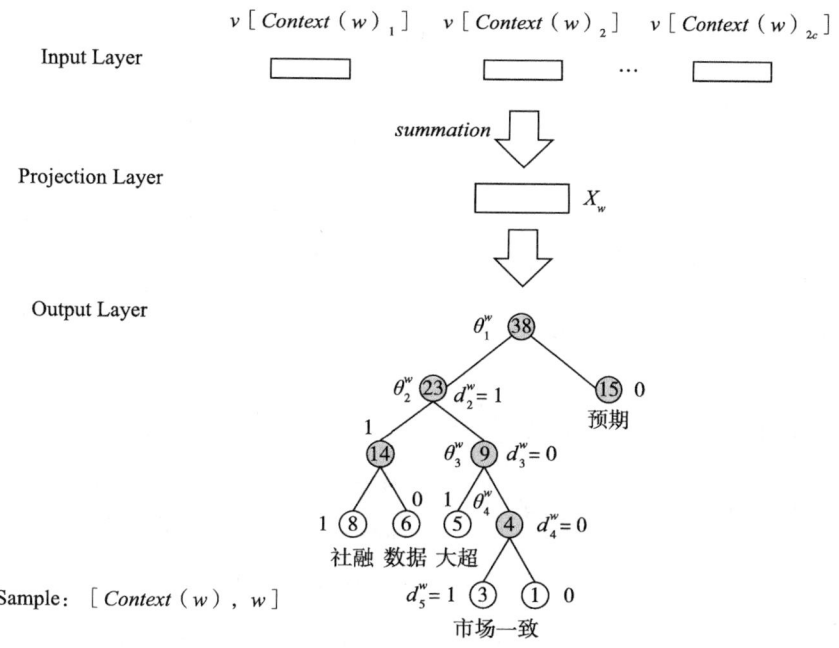

图 13 Hierarchical Softmax 实例

(资料来源：华泰研究)

根据 Word2Vec 的原始定义，哈夫曼编码为 $d_i^w = 0$ 表示正类（右子结点），编码为 $d_i^w = 1$ 表示负类（左子结点），可以定义正负类别的公式：

$$Label(p_i^w) = 1 - d_i^w, \ i = 2, 3, 4, \cdots, l^w$$

使用 Sigmoid 函数来对每个结点进行分类，结点被分为正类的概率为：

$$\sigma(x_w^T\theta) = \frac{1}{1 + e^{-x_w^t\theta}}$$

被分为负类的概率则为：

$$1 - \sigma(x_w^T\theta)$$

这里的向量 θ 即为结点对应的向量 θ_j^w。从根结点出发到达"市场"这个叶子结点需要经历 4 次二分类，每次分类的概率分别为：

(1) 第一次分类被分到负类：$p(d_2^w|x_w, \theta_1^w) = 1 - \sigma(x_w^T\theta_1^w)$

(2) 第二次分类被分到正类：$p(d_3^w|x_w, \theta_2^w) = \sigma(x_w^T\theta_2^w)$

(3) 第三次分类被分到正类：$p(d_4^w|x_w, \theta_3^w) = \sigma(x_w^T\theta_3^w)$

(4) 第四次分类被分到负类：$p(d_5^w|x_w, \theta_4^w) = 1 - \sigma(x_w^T\theta_4^w)$

那么，当 $w = $ "市场"时，则有如下表达式成立：

$$p[w|Context(w)] = p[市场|Context(市场)]$$

$$= \prod_{j=2}^{5} p(d_j^w|x_w, \theta_{j-1}^w)$$

模型训练的目标则为优化 θ_1^w，θ_2^w，$\cdots$，$\theta_{l^w-1}^w$ 使目标函数最大化。对于词典中任意一个单词 w，哈夫曼树中都会存在唯一的路径 p^w 从根结点到单词 w 对应的叶子结点。路径 p^w 上存在 $l^w - 1$ 个分支，每个分支都对应一个二分类，将路径 p^w 上的二分类概率相乘就得到词语 w 出现的概率。因此条件概率 $p[w|Context(w)]$ 的一般公式如下：

$$p[w \mid Context(w)] = \sum_{j=2}^{l^w} p(d_j^w \mid x_w, \theta_{j-1}^w)$$

其中，

$$p(d_j^w \mid x_w, \theta_{j-1}^w) = \begin{cases} \sigma(x_w \theta_{j-1}^w), & d_j^w = 0 \\ 1 - \sigma(x_w \theta_{j-1}^w), & d_j^w = 1 \end{cases} =$$

$$[\sigma(x_w \theta_{j-1}^w)]^{1-d_j^w} \cdot [1 - \sigma(x_w \theta_{j-1}^w)]^{d_j^w}$$

将上式代入 CBOW 的目标函数中，得到：

$$L = \sum_{w \in C} \log p[w \mid Context(w)] =$$

$$\sum_{w \in C} \log \prod_{j=2}^{l^w} [\sigma(x_w \theta_{j-1}^w)]^{1-d_j^w} \cdot [1 - \sigma(x_w \theta_{j-1}^w)]^{d_j^w} =$$

$$\sum_{w \in C} \sum_{j=2}^{l^w} (1 - d_j^w) \cdot \log[\sigma(x_w \theta_{j-1}^w)] + d_j^w \cdot \log[1 - \sigma(x_w \theta_{j-1}^w)]$$

接下来我们将推导参数 θ_{j-1}^w 及 x_w 的更新公式，为方便描述，将上述双重求和后的公式记为 $L(w, j)$：

$$L(w, j) = (1 - d_j^w) \cdot \log[\sigma(x_w \theta_{j-1}^w)] + d_j^w \cdot \log[1 - \sigma(x_w \theta_{j-1}^w)]$$

$$L = \sum_{w \in C} \sum_{j=2}^{l^w} L(w, j)$$

首先，考虑 $L(w, j)$ 关于 θ_{j-1}^w 的梯度及更新公式：

$$\frac{\Delta L(w, j)}{\Delta \theta_{j-1}^w} = \{(1 - d_j^w)[1 - \sigma(x_w \theta_{j-1}^w)] x_w - d_j^w \sigma(x_w \theta_{j-1}^w)\} x_w$$

$$= [1 - d_j^w - \sigma(x_w \theta_{j-1}^w)] x_w$$

$$\theta_{j-1}^w \leftarrow \theta_{j-1}^w + \eta [1 - d_j^w - \sigma(x_w \theta_{j-1}^w)] x_w$$

其次，考虑 $L(w, j)$ 关于 x_w 的梯度及更新公式：

$$\frac{\Delta L(w, j)}{\Delta x_w} = [1 - d_j^w - \sigma(x_w \theta_{j-1}^w)] \theta_{j-1}^w$$

上式仅是对于 x_w 的梯度，而 x_w 是 $Context(w)$ 中所有单词累加的结果，还需要考虑对 $Context(w)$ 中的每个单词 $v(\widetilde{w})$ 进行更新，论文作者采用的方式为直接使用 x_w 的梯度累加对单词 $v(\widetilde{w})$ 进行更新：

$$v(\widetilde{w}) \leftarrow v(\widetilde{w}) + \eta \sum_{j=2}^{l^w} \frac{\Delta L(w, j)}{\Delta x_w}, \widetilde{w} \in Context(w)$$

以上为基于 Hierarchical Softmax 的 CBOW 参数更新推导，而基于 Hierarchical Softmax 的 Skip-gram 参数更新推导与之类似，正文受限于篇幅我们不再展开，推导过程参见附录。

（四）优化算法二：Negative Sampling

Mikolov 等人提出的第二种优化算法是 Negative Sampling，它是 NCE（Noise Contrastive Estimation）的简化版本，目的是用来提高训练速度并改善所得词向量的质量。与 Hierarchical Softmax 相比，NCE 不再使用复杂的哈夫曼树，而是利用相对简单的随机负采样，能大幅提高性能，因而可作为 Hierarchical Softmax 的一种替代。

1. 负采样

首先我们介绍负采样的操作方法，对于给定的词语 w 如何生成 NCE（w）？这里正样本指的是词语 w 本身，负样本指的是词典 D 中 w 以外的词语。词典 D 中的词语在语料 C 中出现的频率各不相同，我们希望高频词被选为负样本的概率比较大，而低频词被选为负样本的概率比较小，本质上是带权采样的问题。

假设词典 D 中每个词语 w 可以对应一条线段，其长度为：

$$len(w) = \frac{counter(w)}{\sum_{u \in C} counter(u)}$$

这里 $counter(u)$ 表示词语 u 在语料 C 中出现的次数，分母用于归一化。将词典 D 中所有词语对应的线段拼接成长度为 1 的直线，如图 14 上半部分所示，出现频率越高的词语对应的线段长度越长。$l_0 = 0$，$l_1 = len(w_1)$，…，$l_k = \sum_{j=1}^{k} len(w_j)$，$k = 1, 2, …, N$，其中 w_j 表示

词典中第 j 个单词，以 $\{l_i\}_{j=0}^{N}$ 为结点划分得到 N 条线段即为每个单词对应的线段 $\{I_i\}_{j=1}^{N}$，线段长度为 $len(w_j)$。

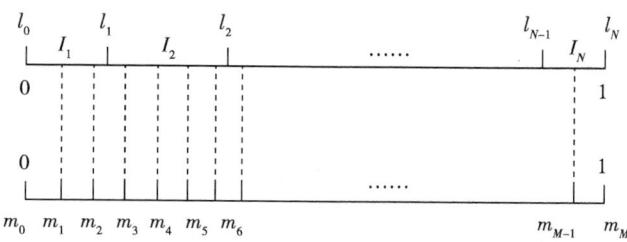

图 14　负采样映射示意图

（资料来源：华泰研究）

图 14 的下半部分为我们引入的区间 $[0, 1]$ 上的等距剖分，将内部剖分结点 $\{m_j\}_{j=1}^{M-1}$ 投影到上半部分的非等距剖分上，建立 $\{m_j\}_{j=1}^{M-1}$ 与 $\{I_j\}_{j=1}^{M}$ 的映射关系：

$$f(i) = w_k, \text{ where } m_i \in I_k, i = 1, 2, \cdots, M-1$$

根据上述映射关系进行负采样：对词语 w_j 进行负采样，每次生成一个 $[1, M-1]$ 之间的随机整数，$f(i)$ 即为一个采样样本；若 $f(i) = w_j$，即采样到 w_j 本身则跳过，进行下一次采样。Word2Vec 在实际操作时，$len(w)$ 计算公式中不是直接使用 $counter(w)$，而是对其做了 α 次幂，其中 $\alpha = 0.75$：

$$len(w) = \frac{counter(w)^{\alpha}}{\sum_{u \in C}[counter(u)]^{\alpha}} = \frac{counter(w)^{0.75}}{\sum_{u \in C}[counter(u)]^{0.75}}$$

2. 基于 Negative Sampling 的 CBOW

接下来介绍基于负采样算法的 CBOW。对于 $[w, Context(w)]$，对 w 进行负采样得到负样本子集 $NEG(w) \neq \emptyset$，对于 $\forall \tilde{w} \in D$，定义单词 $\tilde{w}$ 的标签如下，正样本的标签为 1，负样本的标签为 0：

$$L^w(\tilde{w}) = \begin{cases} 1, & \tilde{w} = w \\ 0, & \tilde{w} \neq w \end{cases}$$

对于一个给定的正样本 $[w, Context(w)]$，希望最大化目标函数：

$$g(w) = \prod_{u \in w \cup NEG(w)} p[u \mid Context(w)]$$

$$\text{where } p[u \mid Context(w)] = \begin{cases} \sigma(x_w^T \theta^u), & L^w(u) = 1 \\ 1 - \sigma(x_w^T \theta^u), & L^w(u) = 0 \end{cases}$$

$$= [\sigma(x_w^T \theta^u)]^{L^w(u)} \cdot [1 - \sigma(x_w^T \theta^u)]^{1-L^w(u)}$$

这里 x_w 仍然表示 $Context(w)$ 各个词语的词向量之和，而 $\theta^u \in R^m$ 是引入的辅助向量，为待训练的参数。$g(w)$ 简化以后也可以写成表达式：

$$g(w) = \sigma(x_w^T \theta^w) \prod_{u \in NEG(w)} [1 - \sigma(x_w^T \theta^u)]$$

其中，$\sigma(\cdot)$ 也是 Sigmoid 函数，$\sigma(x_w^T \theta^u)$ 表示当上下文为 $Context(w)$ 时，中心词为 w 的概率。因此最大化 $g(w)$，是希望 $\sigma(x_w^T \theta^w)$ 最大化的同时 $\sigma(x_w^T \theta^u)$，$u \in NEG(w)$ 最小化，即增大中心词被判定为正样本 w 的概率的同时降低中心词被判定为负样本的概率。

接下来对 CBOW 的原始目标函数进行改造，原始的目标函数为：

$$L = \sum_{w \in C} \log p[w \mid Context(w)]$$

改造后的目标函数为：

$$L = \sum_{w \in C} \log g(w)$$

$$= \sum_{w \in C} \sum_{u \in w \cup NEG(w)} \log\{[\sigma(x_w^T \theta^u)]^{L^w(u)} \cdot [1 - \sigma(x_w^T \theta^u)]^{1-L^w(u)}\} =$$

$$\sum_{w \in C} \sum_{u \in w \cup NEG(w)} L^w(u) \cdot \log\sigma(x_w^T \theta^u) + [1 - L^w(u)] \cdot \log[1 - \sigma(x_w^T \theta^u)]$$

同样地，为方便求梯度，记 $L(w, u)$：

$$L(w, u) = L^w(u) \cdot \log\sigma(x_w^T \theta^u) + [1 - L^w(u)] \cdot \log[1 - \sigma(x_w^T \theta^u)]$$

$L(w, u)$ 关于 θ^u 的梯度为：

$$\frac{\Delta L(w, u)}{\Delta \theta^u} = L^w(u)[1 - \sigma(x_w^T \theta^u)]x_w - [1 - L^w(u)] \cdot \sigma(x_w^T \theta^u)x_w$$
$$= [L^w(u) - \sigma(x_w^T \theta^u)]x_w$$

θ^u 更新公式为：

$$\theta^u \leftarrow \theta^u + \eta[L^w(u) - \sigma(x_w^T \theta^u)]x_w$$

$L(w, u)$ 关于 x_w 的梯度为：

$$\frac{\Delta L(w, u)}{\Delta x_w} = [L^w(u) - \sigma(x_w^T \theta^u)]\theta^u$$

x_w 的更新公式为：

$$v(\tilde{w}) = v(\tilde{w}) + \eta \sum_{u \in w \cup NEG(w)} \frac{\Delta L(w, u)}{\Delta x_w},$$
$$\tilde{w} \in Context(w)$$

基于 Negative Sampling 的 Skip-gram 推导见附录。

在 Word2Vec 提出之后，一大批 Word Embedding 方法相继涌现，其中较为知名的有 GloVe 和 fastText 等，这些模型各自从不同的角度得到了效果较好的词语 Embedding 表征，下面我们继续对这两个模型进行介绍。

（五）GloVe

CBOW 和 Skip-gram 方法虽然可以很好地对词汇进行类比，但是只基于文本局部的上下文窗口，而没有用到全局的词汇共现统计信息。Jeffrey Pennington 等（2014）提出的 GloVe 方法基于全局词汇共现的统计信息来学习词向量，将统计信息与局部上下文窗口方法的优点相结合，发现效果得到明显提升。

1. 共现矩阵

首先我们介绍基于窗口的共现矩阵，假设我们的样本集由以下三句话构成：

（1）I like deep learning.
（2）I like NLP.
（3）I enjoy flying.

当我们选取窗口长度为 1 时（即统计两个词连续出现的频率），各个词语的共现矩阵如图 15 所示，共现矩阵具有对称性。基于该矩阵，我们就可以将每个词语用向量表示，如单词 I 对应的词向量为（0, 2, 1, 0, 0, 0, 0）。

Counts	I	like	enjoy	deep	learning	NLP	flying
I	0	2	1	0	0	0	0
like	2	0	0	1	0	1	0
enjoy	1	0	0	0	0	0	1
deep	0	1	0	0	1	0	0
learning	0	0	0	1	0	0	0
NLP	0	1	0	0	0	0	0
flying	0	0	1	0	0	0	0

图 15 共现矩阵示意图

（资料来源：华泰研究）

但是使用共现矩阵来表示词向量存在几个问题：

（1）随着词汇量增多，向量的大小会变得很大；

（2）向量维度较高，存储空间要求高；

（3）向量稀疏，会给下游任务带来困难。

2. GloVe 原理

有了共现矩阵的概念后，接下来考虑如何更好地表示出词向量。将某个语料库的共现矩阵记为 $X=(X_{ij})_{N\times N}$，X_{ij} 表示指定窗口长度下词语 i 和词语 j 的共现次数，以及 $X_i = \sum_k X_{ik}$ 表示语料库中词语 i 出现的次数总和，$P_{ij} = P(j|i) = \dfrac{X_{ij}}{X_i}$ 表示词语 j 出现在词语 i 上下文的概率。

下面我们以论文中的例子来介绍 GloVe 的原理。假设 $i=$ice，$j=$steam，当 k 取不同的词语如 solid、gas、water 时，我们可以得到概率 $P_{ik} = P(k|ice)$、$P_{jk} = P(k|steam)$，并进一步计算出 $P(k|ice)/P(k|steam)$。例如，当 k 取 solid 时，$P(solid|ice)$ 较大，$P(solid|steam)$ 较小，上述比值应该较大；当 k 取 gas 时，$P(gas|ice)$ 较小，$P(gas|steam)$ 较大，上述比值应该较小；当 k 取 Water 或 Fashion 时，与 Ice 和 Steam 的共现概率同时很大或很小，对应的上述比值都接近 1。因此，$P(k|ice)/P(k|steam)$ 可以一定程度上反映词汇之间的相关性，如图 16 所示。

Probability and Ratio	k=solid	k=gas	k=water	k=fashion
$P(k|ice)$	1.9×10^{-4}	6.6×10^{-5}	3.0×10^{-3}	1.7×10^{-5}
$P(k|steam)$	2.2×10^{-5}	7.8×10^{-4}	2.2×10^{-3}	1.8×10^{-5}
$P(k|ice)/P(k|steam)$	8.9	8.5×10^{-2}	1.36	0.96

图 16 共现概率

（资料来源：*GloVe：Global Vectors for Word Representation*，华泰研究）

接着作者提出一种猜想，能否通过训练词向量来使得词向量经过某种函数作用后可以得到上述比值，即满足如下公式：

$$F(w_i, w_j, w_k) = \frac{P_{ik}}{P_{jk}}$$

其中，w_i，w_j，w_k 分别为词语 i、j、k 对应的词向量，P_{ik}/P_{jk} 可以通过语料计算得到，F 为某个待定义的变换函数。考虑到词向量处于同一个线性空间，因此对 w_i，w_j 进行差分变换：

$$F(w_i - w_j, w_k) = \frac{P_{ik}}{P_{jk}}$$

最直观能想到的函数 F 为向量内积：

$$F[(w_i - w_j)^T w_k] = F(w_i^T w_k - w_j^T w_k) = \frac{P_{ik}}{P_{jk}}$$

将减法与除法联系到一起，又容易联想到指数计算，因此可以将 F 取为指数函数：

$$\exp(w_i^T w_k - w_j^T w_k) = \frac{\exp(w_i^T w_k)}{\exp(w_j^T w_k)} = \frac{P_{ik}}{P_{jk}}$$

只需要保证分子和分母分别相等，上式即可成立：

$$\exp(w_i^T w_k) = P_{ik}$$
$$\exp(w_j^T w_k) = P_{jk}$$

进一步目标可以转化为对于语料中的所有词汇，考察

$$\exp(w_i^T w_k) = P_{ik} = \frac{X_{ik}}{X_i}$$

$$w_i^T w_k = \log(\frac{X_{ik}}{X_i}) = \log X_{ik} - \log X_i$$

考虑到上述等号左侧 i 和 k 应具有对称性，为保证右侧也具有对称性，引入两个偏置项：

$$w_i^T w_k = \log X_{ik} - b_i - b_k$$

此时 $\log X_i$ 已经包含在 b_i 中。此时模型的目标转化为通过学习词向量的表示，使上述等式尽量成立，故而损失函数的构建如下：

$$J = \sum_{i,k=1}^{V} (w_i^T w_k + b_i + b_k - \log X_{ik})^2$$

但是该目标函数存在一个缺点，即所有的共现词汇都采用同样的权重，因此作者对目标函数进行了进一步修正，通过语料中的词汇共现统计来改变其在目标函数中的权重，具体如下：

$$J = \sum_{i,k=1}^{V} f(X_{ik})(w_i^T w_k + b_i + b_k - \log X_{ik})^2$$

这里 V 表示词汇数量，权重函数 f 需具备以下特性：

（1）$f(0) = 0$，即当词汇共现的次数为 0 时，此时对应的权重应该为 0；

（2）$f(x)$ 必须是一个非减函数，词汇共现的次数越大，权重递增（见图17）；

（3）对于出现频率过高的词汇，$f(x)$ 赋权存在上限，避免过度加权。

例如，作者提出的权重函数如下：

$$f(x) = \begin{cases} (x/x_{max})^\alpha, & \text{if } x < x_{max} \\ 1, & \text{otherwise} \end{cases}$$

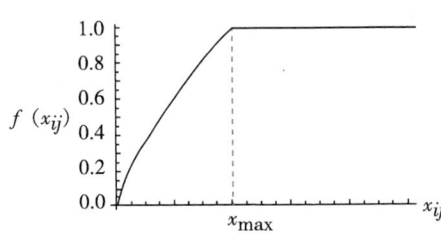

图17　当 $\alpha = 0.75$ 时的 $f(x)$

（资料来源：*GloVe: Global Vectors for Word Representation*，华泰研究）

（六）fastText

Word2Vec 和 GloVe 都不需要人工标记的监督数据，只需要语言内部存在的监督信号即可以完成训练，而 fastText 则需要带有监督标记的文本分类数据才能完成训练。Word2Vec 将文本中的每个单词作为最小单位，为每个单词生成一个向量，这样的做法忽略了单词内部的形态特征，例如 Apple 和 Apples，两个单词的内部形态类似，但是在传统的 Word2Vec 中因为被转换为不同的 id 从而丢失了内部信息。

fastText 使用了字符级别的 N-grams 来表示一个单词，例如对于单词 Apple，如果 n 取值为 3，则它的 Trigram 为："app" "ppl" "ple"，可以用这 3 个 Trigram 的向量叠加来表示"Apple"的词向量。这有两点优势：

（1）低频词生成的词向量效果更好，因为其 N-gram 可以和其他词共享；

（2）对于训练词库之外的单词，仍然可以构建它们的词向量，因为可以叠加字符级 N-gram 向量来组合成词库外的单词。

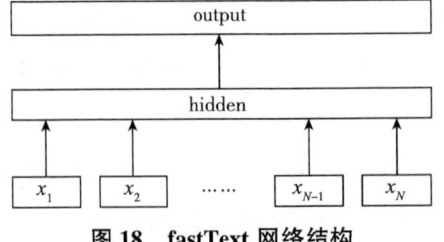

图18　fastText 网络结构

（资料来源：*Bag of Tricks for Efficient Text Classification*，华泰研究）

fastText 的网络结构和 CBOW 的网络结构类似，如图 18 所示，包括输入层、隐藏层和输出层三层网络，输出层也使用 Hierarchical Softmax 来提升训练效率，和 CBOW 相比有两个不同点：

（1）CBOW 的输入层是目标单词的上下文词向量求和（或求平均），而 fastText 的输入是多个单词及其 N-gram 特征，将 Bag-of-words 变成了 Bag-of-features；

（2）CBOW 预测目标是语境中的一个词，而 fastText 预测目标是当前这段输入文本的类别（所以说 fastText 是一个有监督模型）。

公式的推导与 CBOW 类似，这里我们不再详细展开。

（七）小结

Word2Vec 的出现极大地促进了 NLP 的发展。

一方面，Word2Vec 一类的方法给每一个词语赋予向量表征。无论是早期的 NNLM 还是后来的 Word2Vec、GloVe、fastText 等，都可以用分布式向量来对词语进行描述，更好地刻画词语之间语义上的相似性。

另一方面，更为重要的是 Word2Vec 带来了一种全新的 NLP 模型建立方法。在这之前，大多数 NLP 任务都要在如何挖掘更多文本语义特征上花费大量时间，甚至一部分工作占去了整个任务工作量的绝大部分。

在以 Word2Vec 为代表的 Distributed Representation 方法大量涌现后（尤其是因为大规模语料上的预训练词向量成为现实，并且被证明确实行之有效之后），研究人员发现利用 Word2Vec 在预训练上学习到的词向量来初始化他们自己模型的第一层，会带来极大的效果提升。此后几乎业内的默认做法便是使用 Word2Vec 或是其他 Word Embedding 模型的词向量来作为模型的第一层。

回过头来考虑，Word2Vec 类的模型表象似乎仅仅是使用分布式向量来对词语进行表示，这与过去使用离散式向量有何本质区别？有，因为它开启了一种全新的 NLP 模型训练方式——迁移学习，在基础语料库上训练得到的词向量被迁移运用于下游的其他 NLP 任务，信息的利用效率得以成倍提高。

正如人类语言诞生之初，一旦某个原始人类的喉部发出的某个音节，经历史学家智慧且刨根问底的研究表明具有某个实际指代意义后，这便无比庄严地宣示着一个全新物种的诞生。迁移学习在 NLP 中的一小步，大致与此相当。

三、第三阶段：以 BERT 为代表，NLP 站上"巨人之肩"

在 Word2Vec 提出之后，也有较多针对句子和段落级别的模型大量涌现，例如 Skip-thoughts、Quick-thoughts 和 Infersent 等，受限于篇幅本文不再详细展开。当然 NLP 的目标并不仅仅是对如何获得更好的词语或句子特征感兴趣，而是要将其应用到下游任务中。

在得到句子表征后，这些模型在评估各自性能时所采取的方法似乎无一例外地都使用类似的思路：将得到的句子表征在新的分类任务上进行训练，而彼时的模型一般只使用一个全连接层，然后连接 Softmax 进行分类。

这种分类任务足够简单，相比于同时期各种复杂设计的分类模型简直不值一提，但是这些简单的分类器却能比肩甚至超越同时代的复杂模型，这背后的原因正是迁移学习。但是我们的目标当然不是仅将迁移过程用在模型性能评估上，而是要迁移到下游任务中带来提升。以下介绍的模型基本都有迁移学习的思想，预训练语言模型的时代来临。

（一）预训练语言模型

预训练语言模型是我们前文所提到的"迁移学习"的典型代表。在深度学习中，无论是自然语言处理中的语料，还是计算机视觉中的图像，人工标注的训练数据总是稀少且准确度低，而未标注的数据却十分丰富，同时某类特殊的任务可能也没有充足的训练数据可以学习到规律。"预训练"（Pre-training）一般是将大量低成本收集的训练数据放在一起，通过预训练学习到这些数据中的共性，然后将提取出的共性迁移到特定任务的模型中，要么作为补充特征输入下游特定任务的模型，要么使用特定任务的少量标注数据对预训练模型进行"微调"，这样就完成"共性—特殊"的模型训练过程。

上一阶段介绍的 Word2Vec 可以称作是第一代预训练语言模型，特点是上下文无关（Context-free），关注于词向量的生成，然而对特定任务神经网络的参数却关注不足。词向量的生成是静态的，不考虑上下文，因此会出现同一个词虽然在不同语境中含义不同，模型生成的词向量却完全相同这种情况。接下来我们要介绍的 NLP 模型更多的是第二代预训练语言模型，NLP 模型进入上下文相关（Context-aware）时代，即使是同一个单词生成的词向量也会随着语境的改变动态调整。

这一阶段的 NLP 模型可以按不同的方法进行分类：

（1）从不同的特征提取机制来看，可以分为基于 RNN 的 ELMo、ULMFiT，基于 Transformer 的 GPT、BERT，基于 Transformer-XL 的 XLNet 等。

（2）从能否表示上下文以及预训练语言目标来看，可以分为单向表征的自回归语言模型（AutoRegressive Language Model），如 ULMFiT、GPT 等；双向表征的自编码语言模型（AutoEncoder Language Model），如 BERT 系列模型；双向表征的自回归语言模型，如 ELMo、XLNet 等。

（3）从预训练好的语言模型后续应用的方式来看，可以分为基于特征（Feature-based）的预训练模型，如 ELMo；基于微调（Fine-tuning）的预训练模型，如 GPT、BERT 等。

不同分类的 NLP 模型有各自的特点，例如自回归模型更适合文本生成（NLG）任务，自编码模型更适合文本理解（NLU）任务，我们在介绍各模型时会详细去讲解。

（二）ELMo

1. 模型预训练

在 Word2Vec 模型中，词和向量是一对一的关系，但即使是同一个词在不同的语境中也会有不同的含义，例如苹果既可能指一种水果，也可能指苹果公司，这样用同样的词向量来指代不同语境下的同一个词实际上是不合适的，而 ELMo 模型可以解决这一问题。

ELMo 的全称是 Embeddings from Language Models，是一个可以生成动态词向量的预训练语言模型，由 Matthew E. Peters 等人于 2018 年在论文 *Deep Contextualized Word Representations* 中首次提出。ELMo 模型综合起来说有如下两个特点：（1）ELMo 模型使用整段文本作为输入，根据上下文动态地生成词向量，因此可以学习不同语境下的词汇多义性；（2）没有像 Word2Vec 模型一样上下文一并作为输入，而是使用双向的语言模型，分别从正反两面在词元序列上运行，使提取的特征更准确。

ELMo 使用双向 LSTM 来完成上述任务（见图19）。例如，有一个具有 N 个词语的序列

$(t_1, t_2, \cdots, t_N)$，对于前向语言模型，我们利用前 $k-1$ 个词来预测第 k 个词：

$$p(t_1, t_2, \cdots, t_N) = \prod_{k=1}^{N} p(t_k \mid t_1, t_2, \cdots, t_{k-1})$$

后向语言模型与前向语言模型相似，但它反向运行在序列上，使用后续的文本来预测前一个词：

$$p(t_1, t_2, \cdots, t_N) = \prod_{k=1}^{N} p(t_k \mid t_{k+1}, t_{k+2}, \cdots, t_N)$$

双向语言模型（biLM）就是同时利用前向语言模型和后向语言模型来预测 t_k。双向语言模型训练的目标是最大化二者联合的对数似然函数：

$$\Theta = argmax \sum_{k=1}^{N} [\log p(t_k \mid t_1, \cdots, t_{k-1}; \Theta) + \log p(t_k \mid t_{k+1}, \cdots, t_N; \Theta)]$$

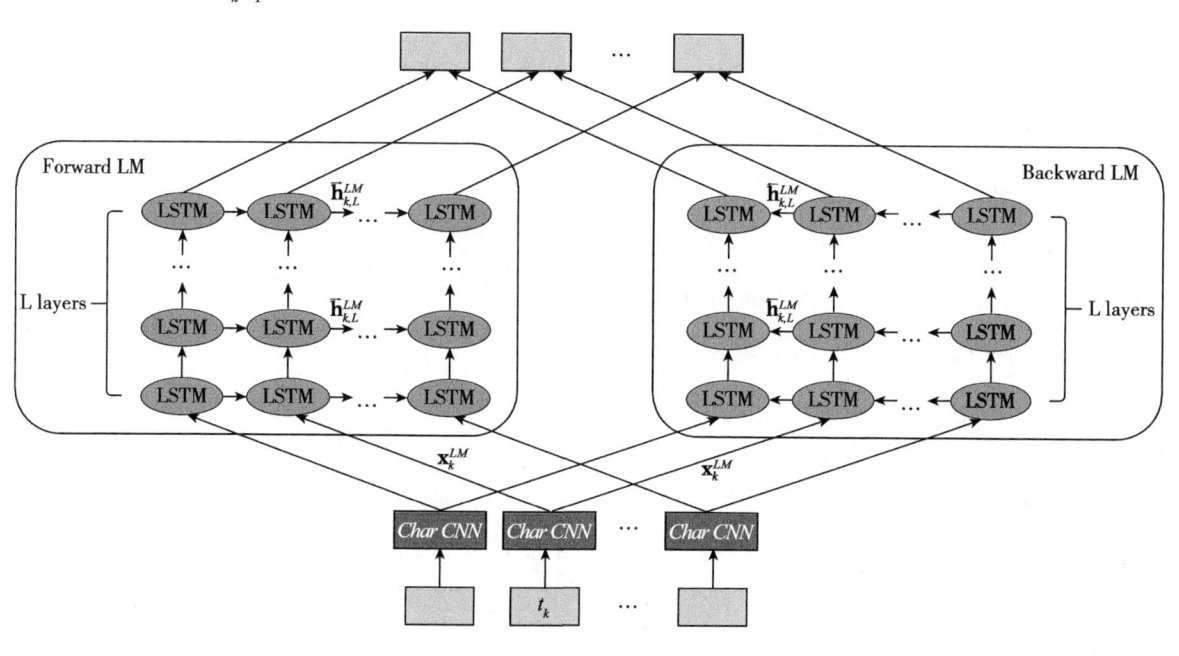

图19 ELMo 模型图

（资料来源：华泰研究）

在预训练阶段，对于一个词语 t_k，ELMo 模型使用通过 Char-based CNN（Rafal Jozefowicz 等于 2016 年在论文 *Exploring the Limits of Language Model* 中提出的模型）生成原始的静态词向量作为模型的输入，用 x_k^{LM} 表示。若只考虑单层的 LSTM 和前向语言模型，将上一时刻的隐状态 h_{k-1} 及 x_k^{LM} 一并送入 LSTM 可得到隐状态 h_k，在输出层按以下公式计算 $p(t_k \mid t_1, \cdots, t_{k-1})$，这种先经过 CNN 得到词向量，再计算 Softmax 的方法叫作 CNN Softmax：

$$h_k = LSTM(t_k \mid t_1, \cdots, t_{k-1})$$

$$p(t_k \mid t_1, \cdots, t_{k-1}) = \frac{\exp[CNN(t_k)^T h_k]}{\sum_{i=1}^{|V|} \exp[CNN(t_k)^T h_k]}$$

后向语言模型部分类似，当考虑多层 LSTM 时将最后一层 LSTM 的输出作为上述 h_k。假设 $\overrightarrow{\Theta}_{LSTM}$ 为正向 LSTM 模型的参数，$\overleftarrow{\Theta}_{LSTM}$ 为后向 LSTM 模型的参数，Θ_s 为 Softmax 层参数，Θ_x 为将词语映射到原始词向量的映射层参数（即 Char-based CNN 中的参数，这部分参数在模型训练时不变，由预训练好的 Char-based CNN 定义），优化上文中提到的 biLM 的目标函数来进行模型训练：

$$\Theta = \mathop{argmax}\limits_{k=1}^{N} [\log p(t_k \mid t_1, \cdots, t_{k-1}; \Theta_x, \overrightarrow{\Theta}_{LSTM}, \Theta_s) +$$
$$\log p(t_k \mid t_{k+1}, \cdots, t_N; \Theta_x, \overleftarrow{\Theta}_{LSTM}, \Theta_s)]$$

可以得到最终的 ELMo 模型。此外，通过随机添加适当数量的 dropout 或者对 ELMo 模型的权重添加 L2 正则项，可以提高模型的表现。

2. 词向量生成

词向量是语言模型的副产物，对于每个单词 t_k，通过 L 层的 BiLSTM 语言模型最后一共可以输出 1 个静态词向量和 2L 个动态词向量：

$$R_k = \{x_k^{LM}, \overrightarrow{h}_{k,j}^{LM}, \overleftarrow{h}_{k,j}^{LM} \mid j = 1, \cdots, L\}$$
$$= \{h_{k,j}^{LM} \mid j = 0, \cdots, L\}$$

其中，x_k^{LM} 为最原始的输入静态词向量，$\overrightarrow{h}_{k,j}^{LM}$ 为第 k 个输入词在第 j 层前向 LSTM 输出的动态隐向量，包含了前面文本的信息；$\overleftarrow{h}_{k,j}^{LM}$ 为第 k 个输入词在第 j 层后向 LSTM 的动态隐向量，包含了后面文本的信息。

有两种方式可以得到 ELMo 模型提取的最终的词向量，最简单的情形是直接使用最顶层 BiLSTM 的输出作为词向量，即使用 $h_{k,L}^{LM}$ 作为 ELMo_k^{task}；另一种是将所有层的 $h_{k,j}^{LM}$ 以一定权重进行加权，静态词向量和动态词向量组合起来得到最终词向量 ELMo_k^{task}，如下所示：

$$\mathrm{ELMo}_k^{task} = E(R_k; \Theta^{task}) = \gamma^{task} \sum_{j=0}^{L} s_j^{task} h_{k,j}^{LM}$$

其中，s_j^{task} 是经 Softmax 标准化后的各 LSTM 层的权重，γ^{task} 是缩放因子。

一旦我们得到训练好的 ELMo 模型以及 ELMo 模型生成的每个单词的词向量，我们可以将其作为新特征，供下游任务使用。ELMo 模型的优势在于解决一词多义问题，同时可以学习到语法等词汇用法的复杂性。当然，ELMo 模型也有自己的不足之处，例如 LSTM 训练速度较慢、特征提取能力不如 Transformer、正向和反向 LSTM 之间无通信导致上下文特征融合不好等，从这个角度看，ELMo 模型的"双向特征表示"远不如一体化融合特征的 BERT 模型，或者称它为"伪双向表征"语言模型更合适。

从今天来看，无论是 Word2Vec 还是 GloVe 都过于简单，受限于所使用模型的表征能力，某种意义上都只能得到比较偏上下文共现意义上的词向量，并且很少考虑词序对于词向量的影响。新的时代背景下算法人员需要一种能更深层次地揭示词或句子语义的方法，ELMo 也应运而生。虽然 ELMo 本身思想足够简单，仅仅是引用和拼接前辈们的工作，但是它却足够有效，BERT 诞生前在 NLP 领域掀起不小的波澜，在超过 6 项 NLP 的下游任务中超越同时代的最好效果。

（三）ULMFiT

在计算机视觉领域，迁移学习是一种常见的手段，首先在类似于 ImageNet 这样的大数据集上进行预训练，然后再对训练好的神经网络结合具体任务进行微调。然而之前在 NLP 领域这一方法用的很少。

受此启发，2018 年 Jeremy Howard 等人发表论文 *Universal Language Model Fine-tuning for Text Classification*，提出了基于微调的通用语言模型 ULMFiT（Universal Language Model Fine-tuning），是"预训练模型微调"模式的开创性工作。ULMFiT 在 WikiText-103 上预训练语言模型，以此学习到大规模语料的文本特征，再对预训练好的通用模型进行微调，使其可用于不同的文本分类任务。ULMFiT 由三个阶段组成，分别为通用领域的语言模型预训练、目标任务的语言模型微调、目标任务的分类器微调，如图 20 所示。

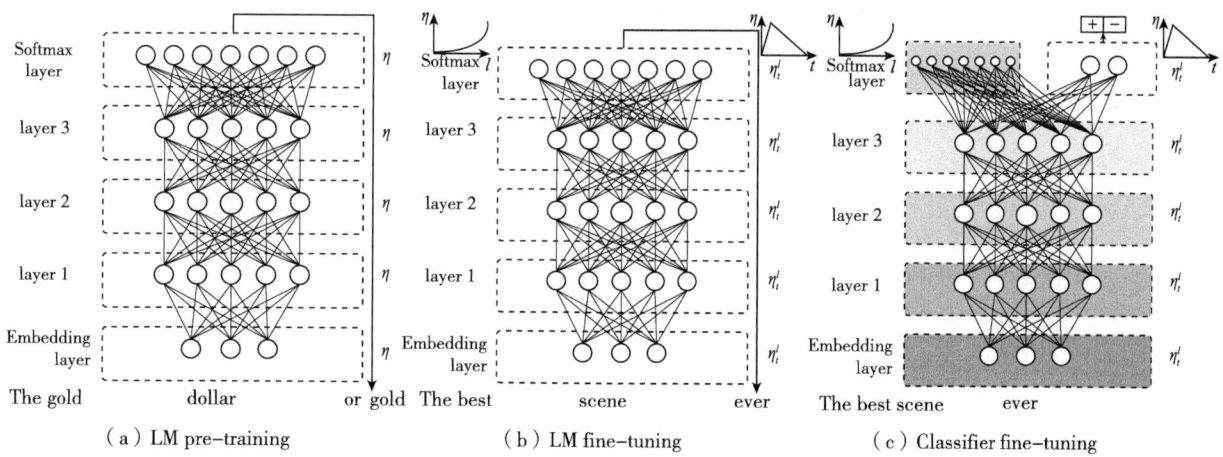

图 20　ULMFiT 的三阶段

（资料来源：*Universal Language Model Fine-tuning for Text Classification*，华泰研究）

第一阶段为通用领域的语言模型预训练，用 WikiText-103（28595 篇经过处理的 Wikipedia 文章，103M 单词）作为语料库，搭配 AWD-LSTM（ASGD Weight-Dropped LSTM）对语言模型进行预训练。AWD-LSTM 是一个三层的 LSTM 网络，主要做了如下两点改进：

（1）有研究表明，在语言建模任务中，传统的不带动量的 SGD 算法比动量 SGD 等其他算法要好。传统的 SGD 中权重更新步骤为：

$$w_{k+1} = w_k - \gamma_k \widehat{\nabla} f(w_k)$$

其中，k 为迭代的次数，w_k 为第 k 次迭代后的权值。ASGD（Averaged SGD）使用过去的权重求均值来进行部分权重的更新：

$$w_{k+1} = \frac{1}{k - T + 1} \sum_{i=T}^{k} w_i$$

其中，k 是迭代次数，$T < k$ 为指定的触发阈值。在前 T 个迭代中，ASGD 的权重更新方法和传统 SGD 完全相同。AWD-LSTM 使用 ASGD 的一种非单调触发变体——NT-ASGD，它的效果优于传统 SGD。

（2）Dropout 在神经网络领域缓解过拟合上取得了巨大的成功。但由于 RNN 经常需要保持长期依赖，在 RNN 的隐藏状态上应用 Dropout 表现不佳。AWD-LSTM 使用 DropConnect 进行改进，对隐藏状态之间权重矩阵进行 Dropout 操作来防止过拟合。

第二阶段为目标任务的语言模型微调，该过程仅需要对权值进行微调而不需彻底训练网络，以下两种方法可以用于这一阶段的微调。

（3）正常的情况下，参数更新的公式为：

$$\theta_t = \theta_{t-1} - \eta \cdot \nabla_\theta J(\theta)$$

但实际上网络不同层可以获得的信息种类是不同的，因此不同层采用不同的学习率是更好的选择，这就是 ULMFiT 的微调策略之一——区别性微调策略（Discriminative fine-tuning），定义 η^l 对应第 l 层的学习速率，采用逐层递减来定义学习率，则：

$$\theta_t^l = \theta_{t-1}^l - \eta^l \cdot \nabla_{\theta^l} J(\theta)$$

$$\eta^{l-1} = \eta^l / 2.6$$

（4）为了使参数适合于特定的任务，我们希望模型在训练开始时参数就快速收敛到合适的区间，然后对参数进行精细的优化。在这个过程中使用恒定的学习率或者衰减学习率不是一个好的选择。如图 21 所示。ULMFiT 提出一种倾斜三角学习率微调策略（Slanted Triangular

Learning Rates），这种学习率调整策略首先迅速地增加学习率，再逐渐降低学习率，计算公式如下：

$$cut = [T \cdot cut\_frac]$$

$$p = \begin{cases} t/cut, & \text{if } t < cut \\ 1 - \dfrac{t - cut}{cut \cdot \left(\dfrac{1}{cut\_frac} - 1\right)}, & \text{otherwise} \end{cases}$$

$$\eta_t = \eta_{\max} \cdot \frac{1 + p \cdot (ratio - 1)}{ratio}$$

其中，T 为训练中总迭代的次数，cut_frac 是我们增加学习率的迭代的比例，cut 是学习率由增加转减小的那次迭代，$ratio$ 是最大学习率对最小学习率的倍数。

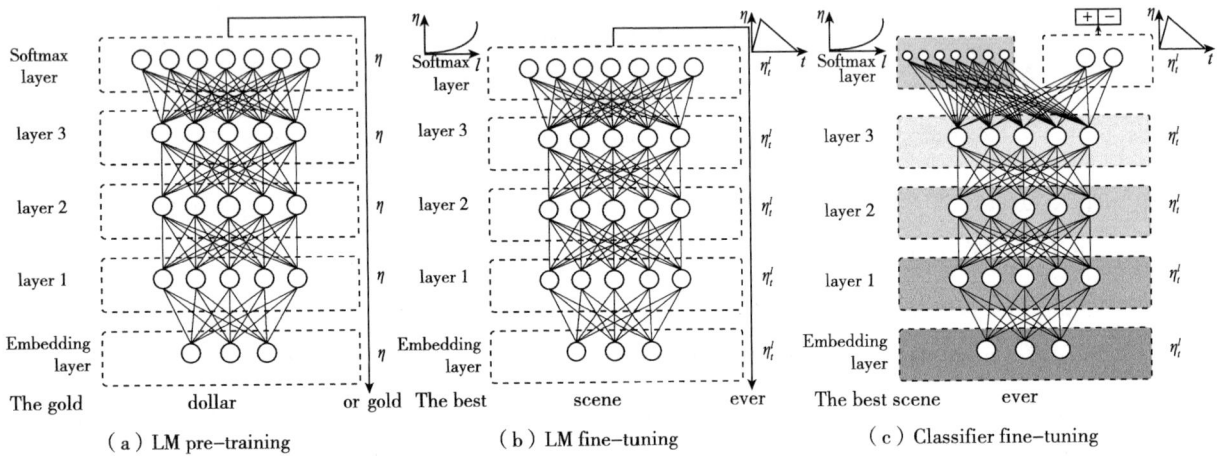

图 21　ULMFiT 的倾斜三角学习率微调策略

（资料来源：*Universal Language Model Fine-tuning for Text Classification*，华泰研究）

第三阶段是目标任务的分类器微调。在原来的网络中额外添加了两个线性层，同时加入 Batch Normalization 和 Dropout 操作，使用 ReLU 作为中间层激活函数，最后用 Softmax 输出分类的概率分布，来完成文本分类的任务。由于我们做文本分类时的关键信号可能包括在文章各处出现的极少数词中，如果我们仅考虑模型最后一层隐藏状态的话可能会丢失许多重要信息，因此在 GPU 内存允许的情况下，ULMFiT 对尽可能多的模型前面层的隐藏状态进行平均池化和最大池化：

$$h_c = [h_T, \text{maxpool}(H), \text{meanpool}(H)]$$

其中，$H = \{h_1, \cdots, h_T\}$。其次，ULMFiT 第三阶段采用了"逐渐解冻"（Gradual Unfreezing）的微调方式，即没有一次性对所有层微调，而是从最后一层开始逐渐解冻模型，由后向前逐渐解冻并精调所有层，这样避免了一次过度调参造成的"灾难性遗忘"。

ULMFiT 的优点在于首次提出了一个基于微调的预训练语言模型，要处理一项 NLP 任务，不再需要从头开始训练模型，只需要在通用模型的基础上进行微调即可。缺点是主要做的是文本分类任务，无法应用于其他 NLP 任务，如阅读理解、文本匹配等。

（四）GPT

循环神经网络 RNN 是 NLP 领域使用最多的深度学习模型，其往往也能够实现不错的效果，但 RNN 在训练过程中主要有两个问题，一是梯度爆炸或者消失；二是 RNN 是一个自回归结构，后一个隐状态的输入必须依赖于前一个隐状态的输出,不同单词无法并行导致模型的训练速度很慢。LSTM 的应用解决了梯度爆炸或消失,但没有从根本上改变 RNN 效率低下的问题,同时 LSTM 特征提取的能力也还不够强,在信息处理等方面还存在弊端。在这种情况下,Transformer 应运而生,它完全基于 Attention 机制,并行程度较高,模型训练速度快,最新一些 NLP 模型如 GPT、BERT,网络架构都建立在 Transformer 的基础上。

理论上来说,要理解这些最新 NLP 模型的工作原理,读者需要具有 Encoder-Decoder、Attention、Self-Attention、Transformer 等模型的知识储备,事实上这些模型也是整个 NLP 领域的关键内容。因此本节先对这些必要的知识做一个介绍,再介绍 Transformer 在 NLP 领域的应用之一——GPT。GPT 首次将 Transformer 应用在语言模型之中,实际上,它对于 NLP 发展的意义远大于它的名气。

1. Encoder-Decoder、Attention、Self-Attention 与 Multi-Head Attention

RNN 的输入输出有 1 对 n、n 对 n、n 对 1、n 对 m 等多种结构。机器翻译作为一种典型的 NLP 任务,输入语言和目标语言的语法不同,因此语句的长度、词序都不尽相同,是一种典型的 n 对 m 的 RNN 结构。Encoder-Decoder 框架常用于机器翻译中,其由两个 RNN 网络组成,分别称为编码器(Encoder)和解码器(Decoder)。首先 Encoder 将输入的数据压缩进一个固定长度的语义向量 $\vec{c}$ 作为中间状态($\vec{c}$ 可能是 Encoder 最后一层的隐状态,也可能是各层隐状态的结合),然后再将 $\vec{c}$ 送入 Decoder 进行解码。Encoder-Decoder 的工作原理可以用图 22 表示。

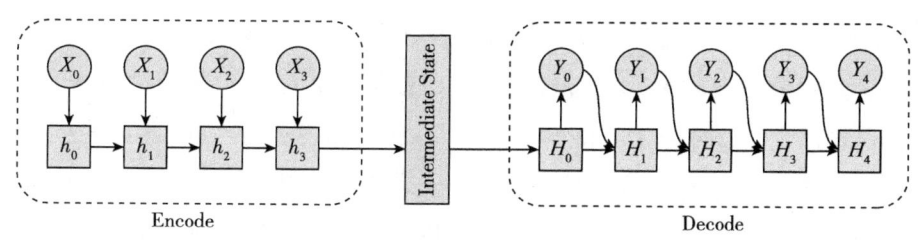

图 22　Encoder-Decoder 框架

(资料来源:华泰研究)

Encoder-Decoder 结构的循环神经网络具有自身的局限性。Encoder-Decoder 的中间状态往往是一个具有固定长度的语义向量,这意味着它能够存储的信息是有限的。对于较长的句子,语义向量 $\vec{c}$ 无法完全表达整个序列的信息,先输入的信息很容易被后输入的信息覆盖。然而 Decoder 网络所有的信息都来自 $\vec{c}$,无法获得足够的信息会使解码效果不佳。

人类在面临大量的外界信息时,人脑可以从这些大量输入信息中选择小部分的有用信息来重点处理,并忽略其他信息,这种能力叫作"注意力"(Attention)。比如说人在翻译一段话时,往往注意力会聚焦于当前的单词和上下文,而非整段话。Encoder-Decoder 也可以参照人脑的注意力机制进行改进,对一些关键的输入信息进行处理。

在 Encoder-Decoder 框架中,若用 h 来代表 Encoder 中的隐藏层,用 H 来代表 Decoder 中的隐藏层,则 Decoder 网络中第 t 个隐藏层 $H_t = f(H_{t-1}, y_{t-1})$。当我们引入 Attention 机制,使得网络在翻译不同的句子时可以对原文中不同的语句和单词给予重点关注时,Decoder 网络中第

t 个隐藏层可以写成：

$$H_t = f(H_{t-1}, y_{t-1}, C_t)$$

$$C_t = \sum_{i=1}^{n_{sequence}} \alpha_{ti} h_i$$

其中，C_t 是时刻 t 的上下文向量，是 Encoder 中所有隐藏层 h_i 的加权平均。由于对每个隐藏层的关注程度不同，自然我们给每个 h_i 分配的权重也不同，这个权重我们称为全局对齐权重（Global Alignment Weights）。带有 Attention 的 Encoder-Decoder 的工作原理如图 23 所示。

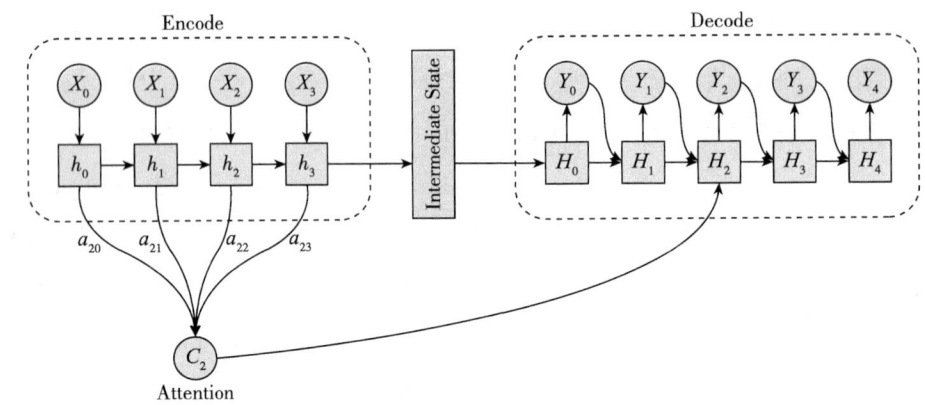

图 23　带有 Attention 的 Encoder-Decoder 框架图

（资料来源：华泰研究）

可以看到，我们要解决的最关键的问题就是如何计算全局对齐权重，也就是 α_{ti} 的大小。定义 $e_{ti} = s(h_i, H_{t-1})$ 为相关能量（Associated Energy），综合 Encoder 中所有隐藏层并用向量形式表示，$\vec{e_t} = [s(h_1, H_{t-1}), s(h_2, H_{t-1}), \cdots, s(h_{n_{sequence}}, H_{t-1})]$，则 $\vec{\alpha_t} = \text{softmax}(\vec{e_t})$，即注意力

$$C_t = \sum_{i=1}^{n_{sequence}} \frac{\exp[s(h_i, H_{t-1})]}{\sum_{j=1}^{n_{sequence}} \exp[s(h_j, H_{t-1})]} h_i$$

至于 e_{ti} 的计算方法，具体来说有以下几种：

（1）加性模型：$s(h_i, H_{t-1}) = v^t \tanh(W h_i + U H_{t-1})$，$W$、$U$ 为可学习的参数。

（2）乘法模型：$s(h_i, H_{t-1}) = h_i W H_{t-1}$，$W$ 为可学习的参数。

（3）点积模型：$s(h_i, H_{t-1}) = h_i^T H_{t-1}$。

上面的 Attention 机制我们也称为 Soft Attention，为与下文中介绍 Self-Attention 的工作机制相衔接，我们从寻址的角度再来探讨一下 Soft Attention。由于不需要中间状态来存储 Encoder 中的信息，H 可以直接调取 h 的信息，因此类比于数据库的操作，我们给原先的 H 一个新的名字 Q，代表查询（Query），h 同时记为 K 和 V，代表查询的键（Key）与值（Value），因此我们将 Attention 的算式改写为：

$$\text{Attention}[(K, V), q] = \sum_{i=1}^{n_{sequence}} \frac{\exp[s(k_i, q)]}{\sum_{j=1}^{n_{sequence}} \exp[s(k_j, q)]} v_i$$

可以看到在 Soft Attention 中，Key 与 Value 其实是相等的，同时 Query 取自 Decoder 中的隐藏层。这与自注意力机制（Self-Attention）不同，在 Self-Attention 中，Key、Value、Query 是不相同的，Attention 计算需要的 Key、Value、Query 都完全直接来自输入的词向量。Self-Attention 也是 Transformer 的基础。Transformer 是多层的 Encoder、Decoder 的堆叠，Self-Attention 计算的 Attention 张量在各层之间流动，抛弃了 RNN、CNN 等复杂的神经网络架构，并行程度高（见图 24）。图 25 展现了 Self-Attention 的工

作机制。

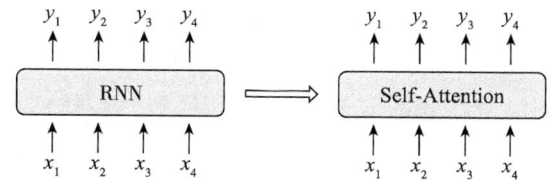

图24 Self-Attention 可以视为 RNN 类模型的平替

（资料来源：华泰研究）

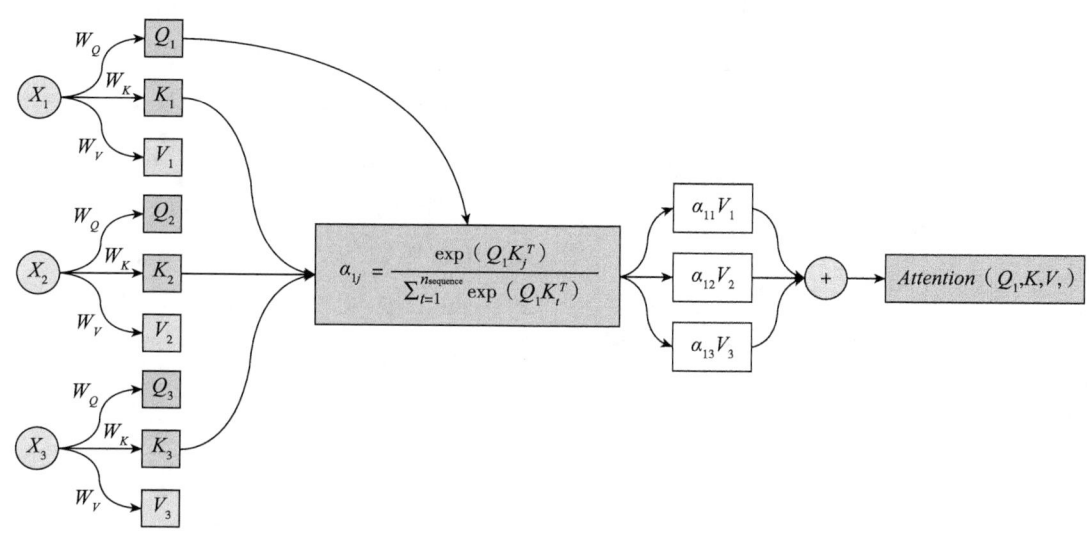

图25 Self-Attention 的工作机制

（资料来源：华泰研究）

Self-Attention 的计算步骤可以总结为如下几步：

（1）对于每一个单词词嵌入向量 x_i，分别让它乘上 W^Q、W^K、W^V，映射成三个新向量：Q_i（Query）、K_i（Key）、V_i（Value）。W^Q、W^K、W^V 都是可学习的参数矩阵。同时定义 Q 为整个序列的 Query 矩阵，K 为整个序列的 Key 矩阵，V 为整个序列的 Value 矩阵。

（2）我们接着计算对于词嵌入向量 x_i，第 j 个单词的全局对齐权重 α_{ij}。α_{ij} 的计算可以参考 Soft Attention 的点积模型方法，但我们使用输入单词的 Query 代替了输出单词的 Query：

$$\alpha_{ij} = \frac{\exp(Q_i K_j^T)}{\sum_{t=1}^{n_{sequence}} \exp(Q_i K_t^T)}$$

$$\text{Attention}(Q_i, K, V) = \sum_{j=1}^{n_{sequence}} \alpha_{ij} V_j$$

（3）我们可以很容易看出，对于不同的输入词向量，Attention 的计算过程是完全可以并行进行的，这大大提高了模型的训练速度。我们可以将 Attention 的计算式重新写成：

$$\text{Attention}(Q, K, V) = softmax(\frac{QK^T}{\sqrt{d_k}})V$$

QK^T 的方差会比较大，易影响模型的稳定性，因此将其除以 $\sqrt{d_k}$ 进行缩放，使方差归一。

我们不妨梳理一下各参数的维度，因为这样更有利于理解整个 Self-Attention 机制。假设词汇表的大小为 $|\mathbb{V}|$，则一个单词可以转化为一个 $|\mathbb{V}|$ 维的 One-hot 向量。若词嵌入转换矩

阵 W^E 的维度为 $|V| \times d_{embedding}$，则这个单词最终变成词嵌入向量 $x_i \in \mathbb{R}^{d_{embedding}}$，一个有 $n_{sequence}$ 个单词的文本序列会被转换为矩阵 $X \in \mathbb{R}^{n_{sequence} \times d_{embedding}}$ 输入模型。我们用 X 分别乘上三个可学习的参数矩阵 $W^Q \in \mathbb{R}^{d_{embedding} \times d_k}$、$W^K \in \mathbb{R}^{d_{embedding} \times d_k}$、$W^V \in \mathbb{R}^{d_{embedding} \times d_v}$，映射成的三个矩阵为：$Q \in \mathbb{R}^{n_{sequence} \times d_k}$、$K \in \mathbb{R}^{n_{sequence} \times d_k}$、$V \in \mathbb{R}^{n_{sequence} \times d_v}$。在论文 Attention Is All You Need 中假设 $d_k = d_v = d_{embedding} = d_{model}$。容易得出 $QK^T \in \mathbb{R}^{n_{sequence} \times n_{sequence}}$，$QK^T$ 的第 t 行表示第 t 个单词和其他单词计算注意力得到的权重。$softmax(QK^T/\sqrt{d_k})V$ 的维度是 $n_{sequence} \times d_{model}$，即 $Attention(Q, K, V) \in \mathbb{R}^{n_{sequence} \times d_{model}}$，这和模型的输入维度完全一样。

对于每一个词嵌入向量 x_i，为了可以提取出更多的信息，我们引入了多头注意力机制（Multi-Head Attention）。Multi-Head Attention 其实就是用不同的参数多次计算了 Self-Attention。具体来说，对于 x_i，我们设置 h 组不同的参数（W_1^Q、W_1^K、W_1^V）、（W_2^Q、W_2^K、W_2^V）、⋯、（W_h^Q、W_h^K、W_h^V），并缩小 Q、K、V 的维度 d_k、d_v 至原来的 $1/h$。我们将不同参数计算出的结果（也称为 head）进行拼接，并乘上参数矩阵 W_0，得到最终的 Attention，公式化表示为：

$Multi-Head\ Attention(Q, K, V) = concat(head_1, head_2, \cdots, head_h)W_0$

很容易看出，Multi-Head Attention 输出的 Attention 维数与 Self-Attention 相比是没有改变的。Multi-Head Attention 的工作流程可以用图 26 来表示。

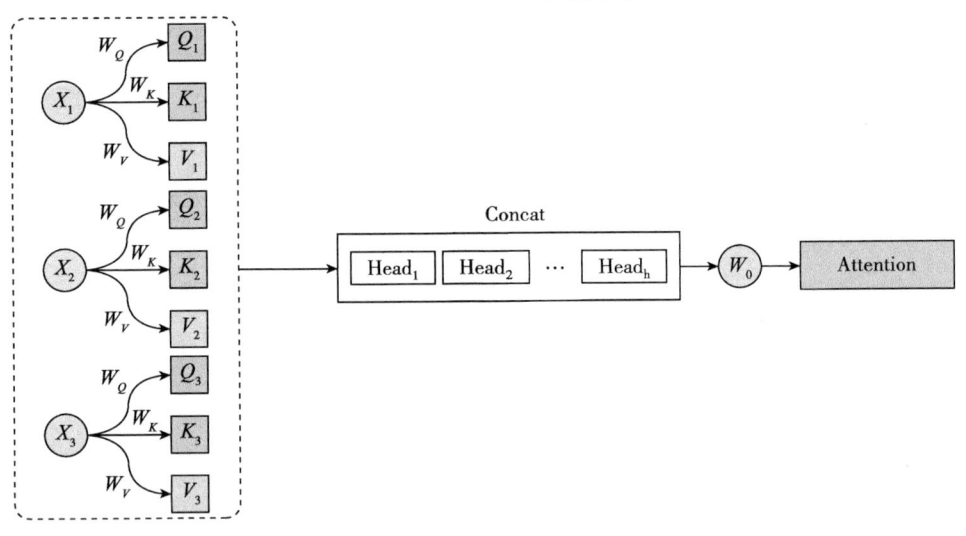

图 26 Multi-Head Attention

（资料来源：华泰研究）

2. Transformer

前文也提到，RNN 由于其训练速度慢饱受诟病。2017 年，谷歌发表了论文 Attention is All You Need。这篇文章完全摒弃了 RNN 和 CNN 的结构，提出了完全基于 Self-Attention 机制的 Transformer 架构，并应用于机器翻译任务，当时达到了 SOTA 效果。目前最新的 NLP 模型，如 GPT、BERT 等，无一不是基于 Transformer 的网络架构，因此理解 Transformer 的结构与原理是进一步解读其他 NLP 模型的前提条件。

总体上来看，Transformer 由一个 Encoder Block 和一个 Decoder Block 组成，一个 Block 里又有若干个 Encoder/Decoder 模块堆叠而成（论文中各为 6 个）。每个模块包含了 Multi-Head Attention 层、全

连接层等功能不同的工作层,编码模块与解码模块中的工作层不尽相同,因此我们先分别对 Encoder 和 Decoder 模块进行一个介绍,再将这些模块组合起来,介绍 Transformer 的整体架构。

我们首先对 Transformer 的 Encoder 模块进行剖析。Encoder 模块的输入是一个大小为 $n_{sequence} \times d_{model}$ 的矩阵,该矩阵在经过 Multi-Head Attention 层后,输出一个计算好的 Attention 张量,并对其进行了残差连接。为减少梯度爆炸和梯度消失问题,Attention 一般需要进行标准化处理。由于每句话的序列长度不相同,因此如果使用 Batch Normalization 进行归一化的话效果会比较差。Layer Normalization 常被用于自然语言处理中,用于在隐藏层不同单词之间进行标准化。Transformer 使用 Layer Normalization 来减少梯度问题,具体操作如下:

$$\mu = \frac{1}{n_{sequence}} \sum_{i=1}^{n_{sequence}} A_i, \quad A_i \in R^{[1, d_{model}]}$$

$$\sigma = \sqrt{\frac{1}{n_{sequence}} \sum_{i=1}^{n_{sequence}} (A_i - \mu)^2}$$

$$LayerNorm(A) = \frac{g}{\sigma} \odot (A - \mu) + b$$

g 和 b 是 Layer Normalization 所需要的两个可学习参数,用以防止模型退化。Attention 经过标准化后进入一个全连接层,首先对其进行一个使用 ReLU 作为激活函数的全连接运算,经过此步后 Attention 的维度会增大,因此再使用一个无激活函数的线性层对其进行降维。再进行一次残差连接和 Layer Normalization 后,就可以将结果输出该 Encoder 模块,作为其他 Encoder 模块的输入。

Transformer 的 Decoder 模块实际上与 Encoder 差异比较大。由于 Decoder 在预测下一个单词的时候采取的是自回归的方式,在生成一个单词的时候,只能用到前面已经生成的单词。而且 Transformer 的输入必须是定长的句子,Decoder 模块的输入在已有的单词后面可能会有一长串无意义的占位符,这无疑会对 Attention 的计算带来干扰。

另一种情况是在模型训练时我们不使用 Decoder 已经生成的单词,而是直接使用 Ground Truth——一个完整的句子,预测其中某个词(Teacher-forcing 的训练模式,后文中有介绍),这更会牵涉信息泄露的问题。因此,Decoder 模块中的多头注意力采用的是 Masked Multi-Head Attention,将掩码机制代入 Attention,即我们生成一个下三角全为 0,上三角全为 -inf 的矩阵 M,遮盖于 QK^T 矩阵之上,生成新的 Masked QK^T 矩阵,之后计算全局对齐权重时,通过 Softmax 可以将 -inf 变为 0。这样,在预测第 $t+1$ 个单词时,就看不见前 t 个单词之后的词了。用公式表示为:

$$Attention(Q, K, V) = softmax(\frac{QK^T \odot M}{\sqrt{d_k}})V$$

图 27 也可以直观理解这一过程。

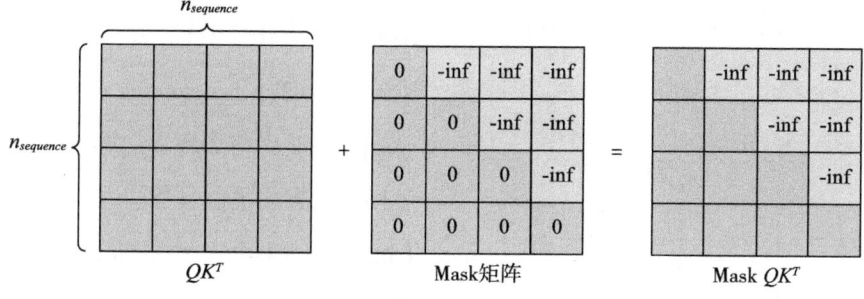

图 27　Masked Multi-Head Attention 原理图

(资料来源:华泰研究)

计算好的 Attention 同样经过残差连接和标准化后，进入 Encoder-Decoder Multi-Head Attention 层，这层本质上就是一层 Multi-Head Attention，但它的 Q 来自上一层的输出，而 K 和 V 则是来自最后一个 Encoder 模块的输出（见图 28）。此后又经过残差连接及标准化、全连接层等后，最终输出该 Decoder 模块，作为其他 Decoder 模块的输入（见图 29）。

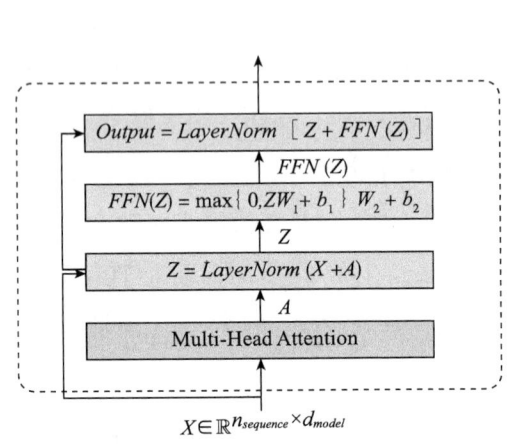

图 28　Transformer 的 Encoder 模块

（资料来源：华泰研究）

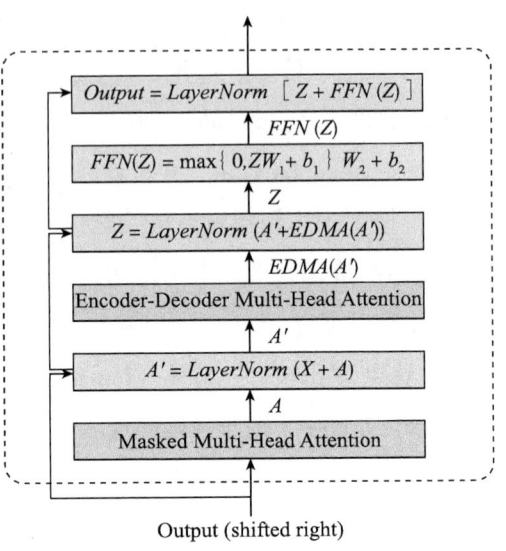

图 29　Transformer 的 Decoder 模块

（资料来源：华泰研究）

了解清楚 Encoder 模块和 Decoder 模块的结构之后，我们将其堆叠起来，组成最终的 Transformer 网络（见图 30）。Encoder Block 的输入自然是文本序列的词嵌入向量矩阵，由于 Transformer 的输入必须为定长，长度过长的样本要进行截断，过短的文本要用特殊字符（例如"<PAD>"）进行补齐。此外，为提取不同单词的位置信息，Transformer 引入了位置编码（Positional Encoding），将位置编码与原始词向量相加作为 Encoder Block 的输入，位置编码的编码准则如下：

$$PE(pos, 2i) = \sin(\frac{pos}{10000^{2i/d_{model}}})$$

$$PE(pos, 2i+1) = \cos(\frac{pos}{10000^{2i/d_{model}}})$$

其中，pos 是当前单词的位置；嵌入层的维度为偶数则使用 sin 函数，奇数则使用 cos 函数。输入信息依次经过 6 个 Encoder 模块后，向 Decoder Block 中各模块传递 K 和 V 的信息。我们不难看出，因为一个文本序列可以一次完整输入 Encoder Block，Encoder Block 实际上只需要运行一次，因此 Encoder Block 也可以看作是一个双向表征的 Transformer。

Decoder Block 采用自回归的方式不断预测新单词。理论上来说，Decoder Block 是输入已有的 t 个单词去预测第 $t+1$ 个单词，然后使用交叉熵损失函数进行优化。然而实际上 Transformer 采用"导师驱动"（Teacher-forcing）的训练模式，即在 Decoder Block 考虑如何输出第 $t+1$ 个词时，我们并不使用模型输出的前 t 个词语，而是直接使用 Ground Truth（真实样本）中的前 t 个词，一方面预测准确度更高，另一方面这大大提高模型的收敛速度，因为预测第 $t+1$ 个单词时不必等待前 t 个单词的输出，完全可以同时并行预测很多个单词。

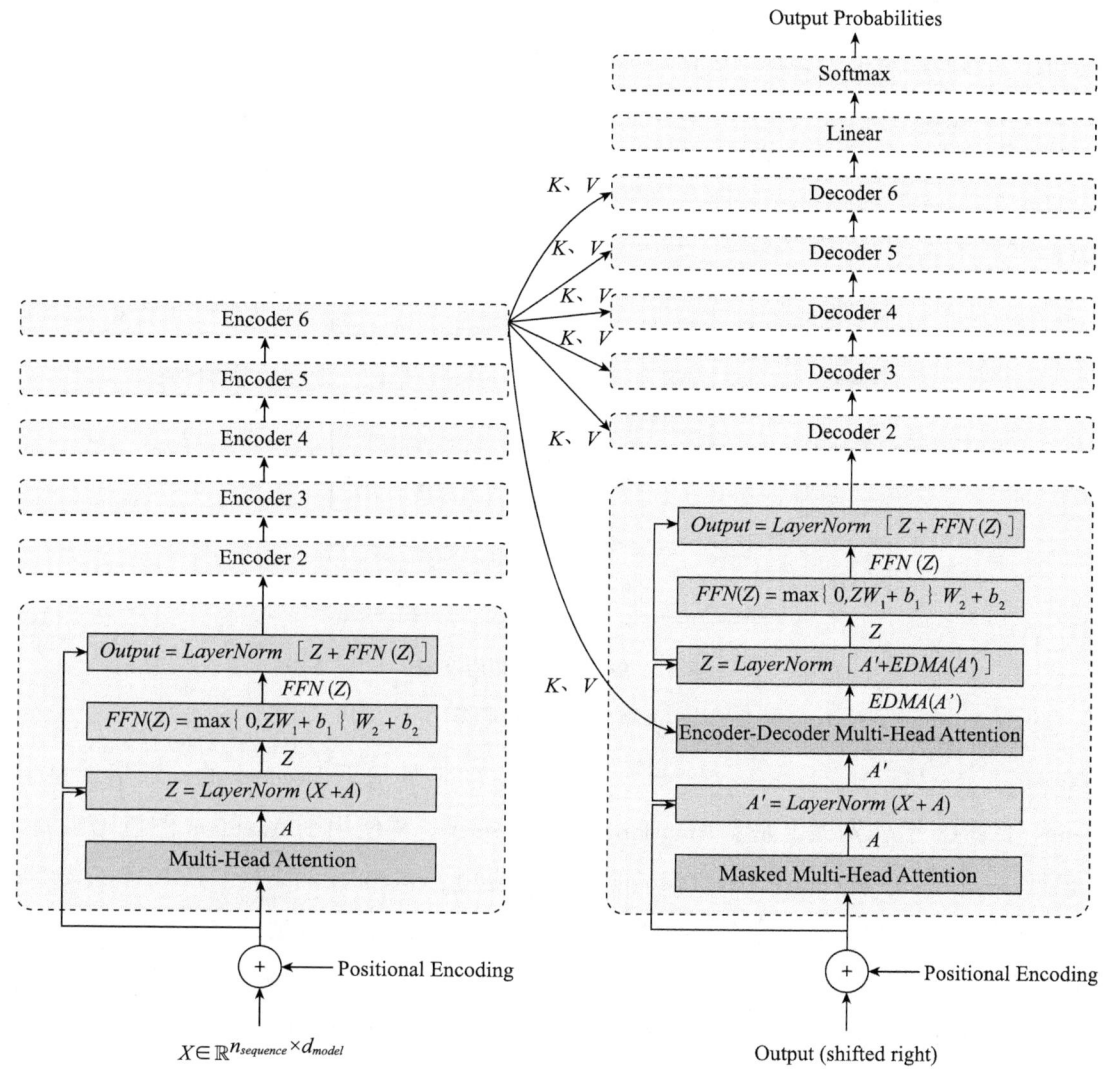

图 30　Transformer 整体结构图

（资料来源：华泰研究）

这就好比我们在解决一道有多个小问，且每个小问相互关联的数学题时，如果直接给了我们前几个小问的标准答案，那我们在解决最后一小问自然准确度更高，速度也更快。当然 Teacher-forcing 的训练模式也有一些弊端，例如训练和预测时解码方式的不一致导致的曝光偏差（Exposure Bias），以及模型生成结果必须与参考语料完全对应导致的翻译多样性缺失，在这里我们不展开讨论。

由于 Decoder Block 的输入有固定长度的限制，不允许超出或有空格，因此我们实际上直接将文本开始符"<SOS>"与标准答案——一个完整的符合长度的句子，加上位置编码后输入 Decoder Block。当我们实际向 Decoder Block 输入长度为 k 的文本序列时（包含开始符<SOS>）时，我们实际上是并行地在完成预测第 1、2、3、⋯、k 个单词的过程。具体来说，<SOS>用于预测第 1 个单词，<SOS>和标答中第 1 个单词用于预测第 2

个单词，<SOS>和标签中第 1、2 个单词用于预测第 3 个单词，依次类推。Masked Multi-Head Attention 的机制让我们丝毫不担心预测中信息泄露的问题。输入的 $n_{sequence} \times d_{model}$ 维矩阵在经过 6 个 Decoder 模块后，最后一个模块的输出需要经过一个线性层（与词嵌入转换矩阵的转置 $W^E T \in \mathbb{R}^{d_{model} \times |\mathbb{V}|}$ 相乘，维数扩增到 $n_{sequence} \times |\mathbb{V}|$），每行经过 softmax 选择概率最高的一个单词作为预测结果，softmax 的具体原理如图 31 所示。

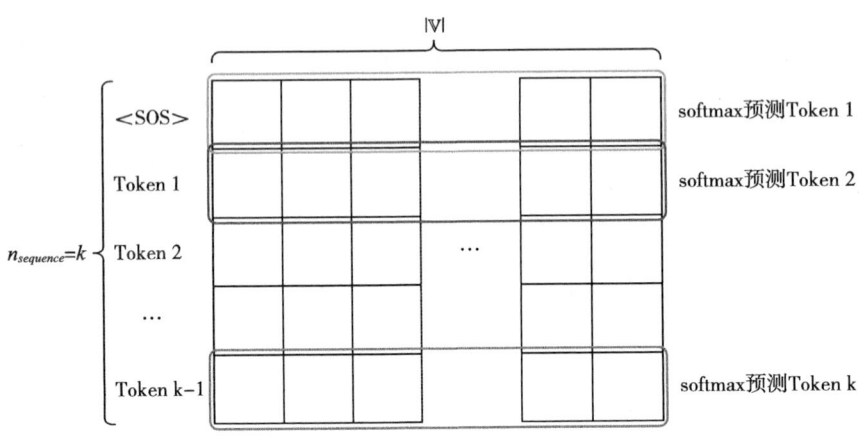

图 31　Softmax 预测原理图

(资料来源：华泰研究)

3. GPT

OpenAI 于 2018 年率先提出基于 Transformer 的 NLP 模型——GPT（Generative Pre-Training），来解决各种自然语言问题，例如分类、推理、相似度、问答等。GPT 摒弃了传统 NLP 模型的结构——RNN，特征抽取的能力更强，能够学习到更丰富的语义语境信息。

GPT 基本单元是 Transformer 的 Encoder 模块和 Decoder 模块的结合，修改主要有以下两方面：（1）因为 GPT 是单向表征的自回归语言模型，主要用来处理语言生成任务，因此将 Encoder 模块的多头注意力层改成了 Decoder 中的 Masked Multi-Head Attention，这样在预测一个单词时只会用到前面已经生成的单词，而无信息的泄露。（2）将 Encoder 模块的全连接层的激活函数换成了 GELU。我们可能看到在某些说法中，GPT 是基于 Decoder 的，那指的是 GPT 和 Decoder 一样使用了 Attention 的掩码机制，而非指应用了 Decoder 的结构。从 GPT 的模型结构上来看，GPT 共有 12 层，12 个 Multi-Head Attention 的 heads，768 维的隐藏层维度，点对点全连接层为 3072 维（见图 32）。

GPT 是典型的"无监督预训练+有监督微调"的两阶段模型，先在没有标注的数据集中进行预训练，之后再在有标注的特定任务数据集上进行微调。GPT 使用 BooksCorpus 数据集作为语料库，该数据集还包含了 7000 多本未发表的书。GPT 使用 ftfy 库对数据集进行了清洗，并使用 spaCy 进行了分词。预训练阶段对于一个含有大量单词的语料库 $U = \{u_1, \cdots, u_n\}$，GPT 使用语言模型并极大化似然函数来进行优化：

$$L_1(U) = \sum_i \log P(u_i \mid u_{i-k}, \cdots, u_{i-1}; \Theta)$$

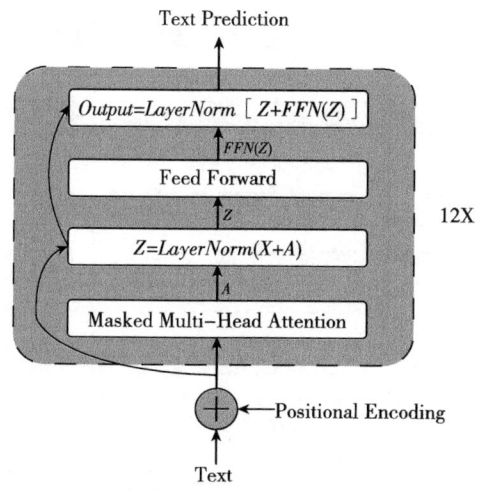

图 32　GPT 结构图

（资料来源：华泰研究）

其中，k 是预测时所用到的单词的个数，P 是用于预测的模型。我们定义 $U=(u_{-k},\cdots,u_{-1})$ 为输入的 k 个单词的 One-hot 编码序列，W_e 为词嵌入映射矩阵，W_p 为位置嵌入矩阵，L 表示堆叠的 Block 层数，则 GPT 的预训练流程可以按如下方法公式化：

$$h_0 = UW_e + W_p$$
$$h_l = \text{transformer}_{\text{block}(h_{l-1})},\ l \in \{1, 2, 3, \cdots, L\}$$
$$P(u) = \text{softmax}(h_L W_e^T)$$

预训练完成后需要对少量的带标注的数据模型参数进行微调。我们使用一个有标注的数据集 C，假设每个样本的单词是 $x^1,\cdots,x^m$，标签为 y。预训练中最后一个 Transformer 的输出实际上之前没有用到，我们用它和参数 W_y 组成一个线性层共同预测 $P(y\mid x^1,\cdots,x^m)$：

$$P(y\mid x^1,\cdots,x^m) = \text{softmax}(h_l^m W_y)$$

我们选择极大化 $L_2(e)$ 作为微调阶段的目标函数：

$$L_2(e) = \sum_{(x,y)} \log P(y\mid x^1,\cdots,x^m)$$

GPT 的作者发现，将预训练时的损失函数和微调阶段的损失函数加在一起，可以取得更好的效果，因此，作者将两部分损失加在一起进行优化：

$$L_3(e) = L_2(e) + \lambda \times L_1(e)$$

实际上很容易看出，一般情况下在 GPT 的微调阶段，需要增加的参数只有 W_y。

图 33 展示了不同任务下 GPT 微调所需的输入形式和模型的修改。在分类任务中，将 Start+文本+Extract 输入 Transformer 中，得到的结果输入到线性分类器中，就可以将 GPT 改造成分类模型。在蕴含任务中，将先验与假设使用 Delim 分隔符分开输入 Transformer 中，接上 softmax 的线性层，就可以将 GPT 改造成蕴含模型。对于相似度问题和多重选择问题，也可以参照图中的方法进行修改，得到最终的结果。

GPT 首次摒弃基于 RNN 的传统 NLP 模型结构，将 Transformer 引入模型中来。然而它的名气却并不十分大，一方面是宣传不力；另一方面仅仅在 GPT 几个月后，BERT 就横空出世，横扫各项榜单。一直到 OpenAI 发表了 GPT-2，GPT 才扬眉吐气了一把。GPT-2 与 GPT 非常相似，我们简单介绍一下这个模型。

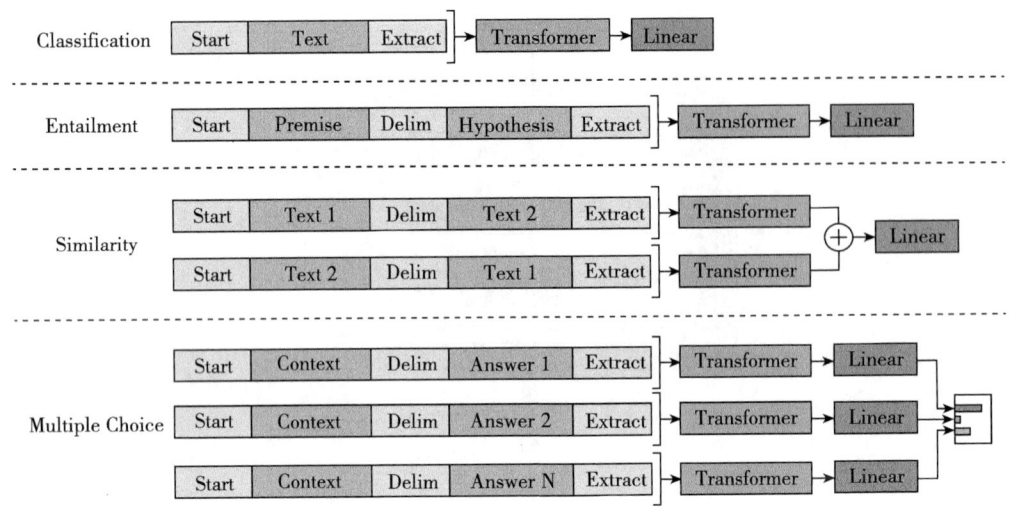

图 33 GPT 的微调

(资料来源: Improving Language Understanding by Generative Pre-Training,华泰研究)

4. GPT-2

2019 年 OpenAI 发表论文 Language Models are Unsupervised Multitask Learners,带来了 GPT 的迭代版本——GPT-2。从标题里就可以看得出来,OpenAI 认为现在这种"预训练+微调"的模式其实是不必要的了,语言模型应该直接冲击零样本无监督多任务学习器的目标,即预训练好的模型可以直接用于下游任务,完全舍弃微调阶段(见图 34)。GPT-2 的核心思想:虽然预训练阶段不指定特定的任务,但当一个模型已经"博览群书",掌握充足的文本特征后,事实上我们已经没有必要再针对特定的任务专门去修改模型了,只需要将要做的任务也作为一个提示词,和文本一起输入预训练好的模型,就可以完成这个任务。这就好比当我们对一本书滚瓜烂熟之后,不管是让我们做摘要,还是续写,我们都可以很轻松地直接去应对。

相较于第一代模型,GPT-2 的主要改进有:

(1)由于这个语言模型要足够通用,要掌握足够多的文本知识,因此 GPT-2 构建了一个包含了 800 万个文档、容量达 40G 的高质量语料库——WebText。

(2)由于语料库非常大,要学习的东西非常多,自然模型也需要比较复杂。GPT-2 设计得非常深,Transformer 达到了 48 层,隐层的维度为 1600,参数量达到惊人的 15 亿(为 BERT 的 5 倍)。

(3)对网络结构也进行了调整,GPT-2 词汇表大小由 20000 提升到 50257,最大上下文大小(Context Size)从一代的 512 个单词提升到了 1024 个,Batch Size 从 512 提升为 1024。此外,区别于普通 Transformer,GPT-2 将 Layer Normalization 放在了 Masked Multi-Head Attention 层和 FFN 层的前面,并且在最后一层 Transformer 模块后又额外添加了一层 Layer Normalization,同时残差层初始化的方法也有修改。

可以看出 OpenAI 固执地延续使用着单向语言模型的结构,但由于模型足够复杂,语料库的规模足够大,即使去掉了微调阶段,模型完成特定任务的效果也不错。GPT-2 的文本生成能力尤其强,其生成的文本远超人们目前对语言模型的预期,以至于 OpenAI 担忧其将会导致滥用而一度暂停开源。

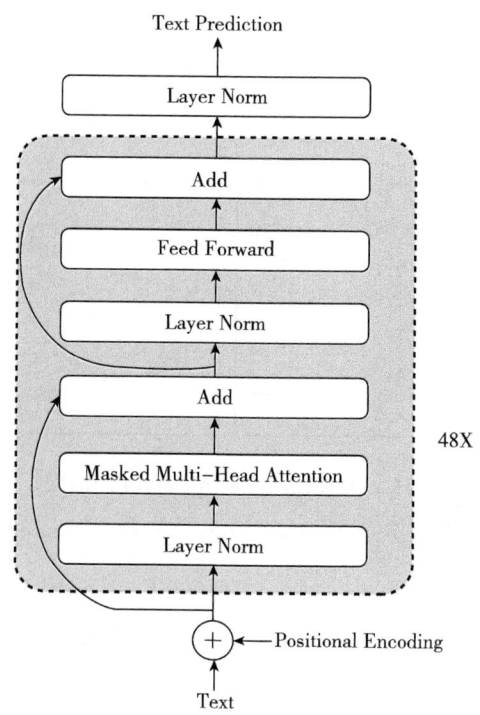

图 34　GPT-2 结构图

（资料来源：华泰研究）

在 GPT-2 之后，OpenAI 于 2020 年继续提出了 GPT-3 模型，具有 1750 亿个参数，比 GPT-2 高达 100 倍，且使用 45TB 数据进行训练。该模型经过将近 0.5 亿个单词的预训练，并且在不进行微调的情况下可以在多个 NLP 基准上达到最先进的性能，堪称"暴力出奇迹"的典范，受限于篇幅本文不再详细展开。

（五）BERT

Google AI 研究院于 2018 年 10 月发表论文 *BERT: Pre-training of Deep Bidirectional Transformers for Language Understanding*，提出了一种新的预训练模型——BERT。BERT 模型全称是 Bidirectional Encoder Representation from Transformers，它是 NLP 领域里程碑式的进步，彼时在多项 NLP 任务中夺得 SOTA 结果。

前文所提到的语言模型（Language Model），如 ELMo、GPT，多是语言生成模型，例如根据前面的句子预测后一个单词，或者将原语言句子翻译成目标语言句子，自回归语言模型（AutoRegressive LM）对于处理这种生成任务得心应手，对于要预测的单词，既可以用自回归模型结合前面的信息从前往后预测，也可以结合后面的信息反向预测，甚至可以将二者结合起来构成双向（Bidirectional）模型。但这样做仍不能完整地理解整个语句的语义，因为上下文的特征缺乏融合。

BERT 是自编码语言模型（AutoEncoder LM），为了能够同时得到上下文融合起来的信息，采用了双向的 Transformer，而不是像 GPT 一样完全放弃下文信息，或是像 ELMo 一样采用"伪双向"结构（见图 35）。具体来说，当随机遮盖住句子中的某个单词时，使用 Transformer 的 Encoder 同时获取上下文的信息，将上下文信息进行融合来全向预测这个被掩码的单词，因此BERT的双向结构其实是更加深度的（Deep Bidirectional）。由于同时掌握了上下文信息，可以看出BERT的目的并不是要构造一个语言生成模型，而是为了学习到整个语句的语义，因此BERT的语言模型其实是一种语言表征模型（Language Representation Model）。

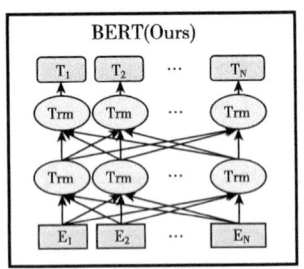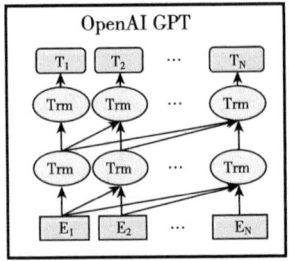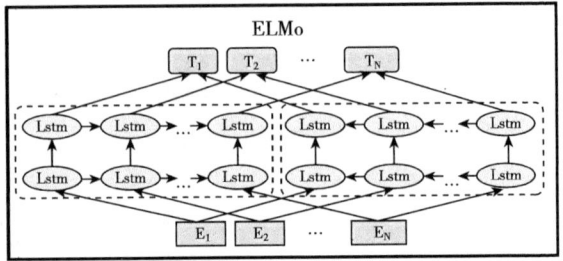

图35　BERT、GPT与ELMo的区别

（资料来源：*BERT: Pre-training of Deep Bidirectional Transformers for Language Understanding*，华泰研究）

1. BERT的输入

BERT的预训练语料库使用了BooksCorpus和英语维基百科两份数据，大约有33亿个单词，比GPT大数倍，语料需要进行预处理。BERT首先采用WordPiece对句子进行分词，这种分词是精确到子词级别的，例如Playing会被拆分为"play"+"##ing"。然后在每个句子首尾添加[CLS]和[SEP]标记（模型最后一层[CLS]位对应向量可以作为整句话的语义表示，用于下游的分类任务；[SEP]用来分隔两句话，用来处理多语句的任务）。针对每个句子可能词数不同的情况，BERT设置了一个专门指定每句话长度的超参，超过就进行截断，不足则在句尾用[PAD]标记进行补齐。BERT的Embedding由以下三部分相加组成（见图36）。

（1）Token Embeddings：BERT有一个3万多词的词汇表，通过词汇表将单词映射成One-hot向量后，再乘上一个中间矩阵W，生成新的词嵌入向量。

（2）Segment Embeddings：BERT预训练阶段输入为两个句子，上下句子以[SEP]分割，Segment Embedding用来区分每个单词属于前一句话还是后一句话。

（3）Position Embeddings：和上文中Transformer用三角函数不同，BERT的Position Embeddings是个可学习的嵌入向量，BERT一个样本最多支持512个位置。

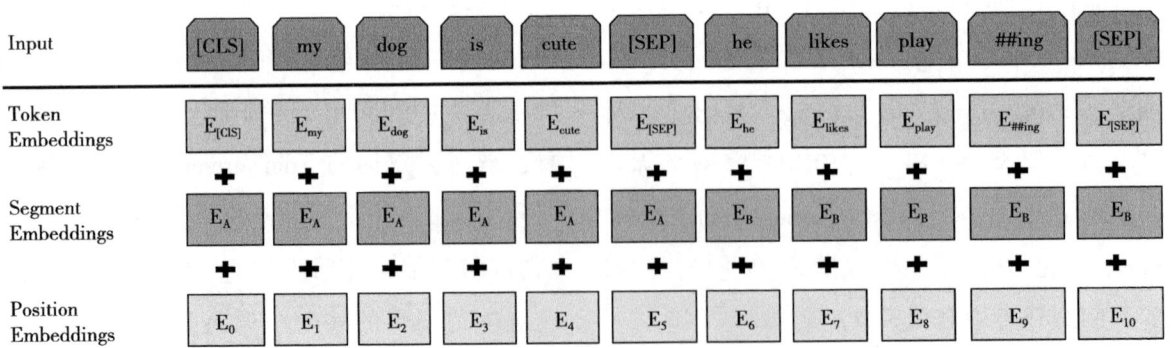

图36　BERT模型的Embedding

（资料来源：*BERT: Pre-training of Deep Bidirectional Transformers for Language Understanding*，华泰研究）

2. BERT 预训练

BERT 模型非常深,有两种模型参数:BERT-Base 有 12 层 Encoder、768 维的隐藏层维度、12 个 Multi-Head Attention 的 heads,而 BERT-Large 有 24 层 Encoder、1024 维的隐藏层维度、24 个 Multi-Head Attention 的 heads。BERT 一共有两个预训练任务:Masked Language Model(MLM)和 Next Sentence Prediction(NSP)。

(1) Masked Language Model(MLM)

在每条训练样本中以 15% 的概率随机地选中某个 token 位置用于预测,且被选中的 token 会按概率替换成以下三个 Token 之一:

① 80% 的概率替换成〔MASK〕,如 The stock price rises →The stock price〔MASK〕;

② 10% 的概率替换为其他 token,如 The stock price rises →The stock price dives;

③ 10% 的概率还是原来的 token,如 The stock price rises →The stock price rises。

被选中预测的位置,取最后一层 Encoder 对应的输出,再通过一个分类层(全连接+GELU+正则化)后,将输出向量乘以词嵌入矩阵,再用 Softmax 就可以计算词汇表中每个单词的概率,进而与真实词求损失函数。

(2) Next Sentence Prediction(NSP)

BERT 使用 NSP 预训练来使模型有能力理解句子之间的关系,即预测两个句子是否是上下文关系。具体做法为对于每一个训练样例,在语料库中挑选出句子 A 和句子 B 来组成:

① 50% 的概率句子 B 是句子 A 的下一句,此时标记为 IsNext;

② 50% 的概率句子 B 是语料库中随机选取的句子(不一定是 A 的下一句),此时标记为 NotNext。

把训练样例输入给 BERT,用〔CLS〕的输出向量进行二分类预测。

最后的预训练输入样本可能如图 37 所示,在训练 BERT 模型时,MLM 和 NSP 一起训练,BERT 的损失函数由两个任务的损失函数共同组成:

$$L(\theta, \theta_1, \theta_2) = L_1(\theta, \theta_1) + L_2(\theta, \theta_2)$$
$$= -\sum_{i=1}^{M} \log p(m = m_i \mid \theta, \theta_1)$$
$$- \sum_{j=1}^{N} \log p(n = n_i \mid \theta, \theta_2)$$

其中,$m_i \in [1, 2, \cdots, |V|]$,$n_i \in [\text{IsNext}, \text{Notnext}]$,BERT 使用 AdamW 作为优化器。

样本 1:〔CLS〕CSI500 rose〔MASK〕today〔SEP〕trading volume〔MASK〕greatly〔SEP〕

标签 1:IsNext

样本 2:〔CLS〕CSI500〔MASK〕sharply today〔SEP〕penguin〔MASK〕are flight〔SEP〕

标签 2:NotNext

3. BERT 应用于下游任务

BERT 可用于多种语言任务,完成预训练之后,要针对特定任务进行有监督的微调。前文也提到,ELMo 是"基于特征的预训练语言模型",而 BERT 是"基于微调的预训练语言模型",下游任务需要将模型改造成 BERT 模型,才可利用 BERT 模型预训练好的参数。

BERT 模型微调相对比较简单,仅需要在模型中再额外添加一个输出层即可。例如,图 38 中的(a)、(b)分别是多句子和单句子的分类任务,Transformer 的输出中〔CLS〕标记位的向量经过一层维度为 H(隐藏层维数)×K(分类数)的网络 W 后用 Softmax 进行分类,在特定任务数据集中对 Transformer 模型和网络 W 进行有监督的训练直至收敛。

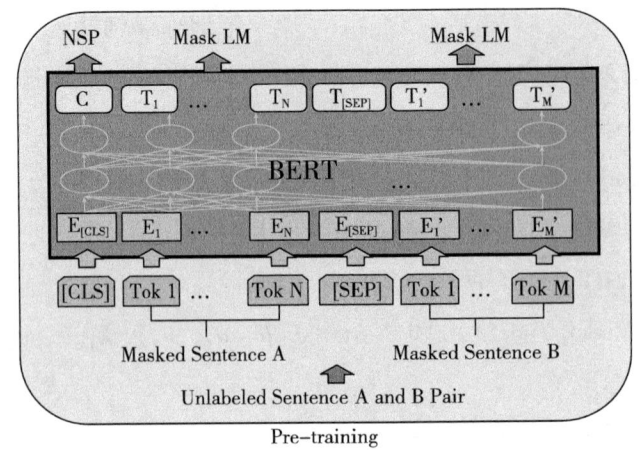

图 37　BERT 模型的预训练

（资料来源：BERT: Pre-training of Deep Bidirectional Transformers for Language Understanding，华泰研究）

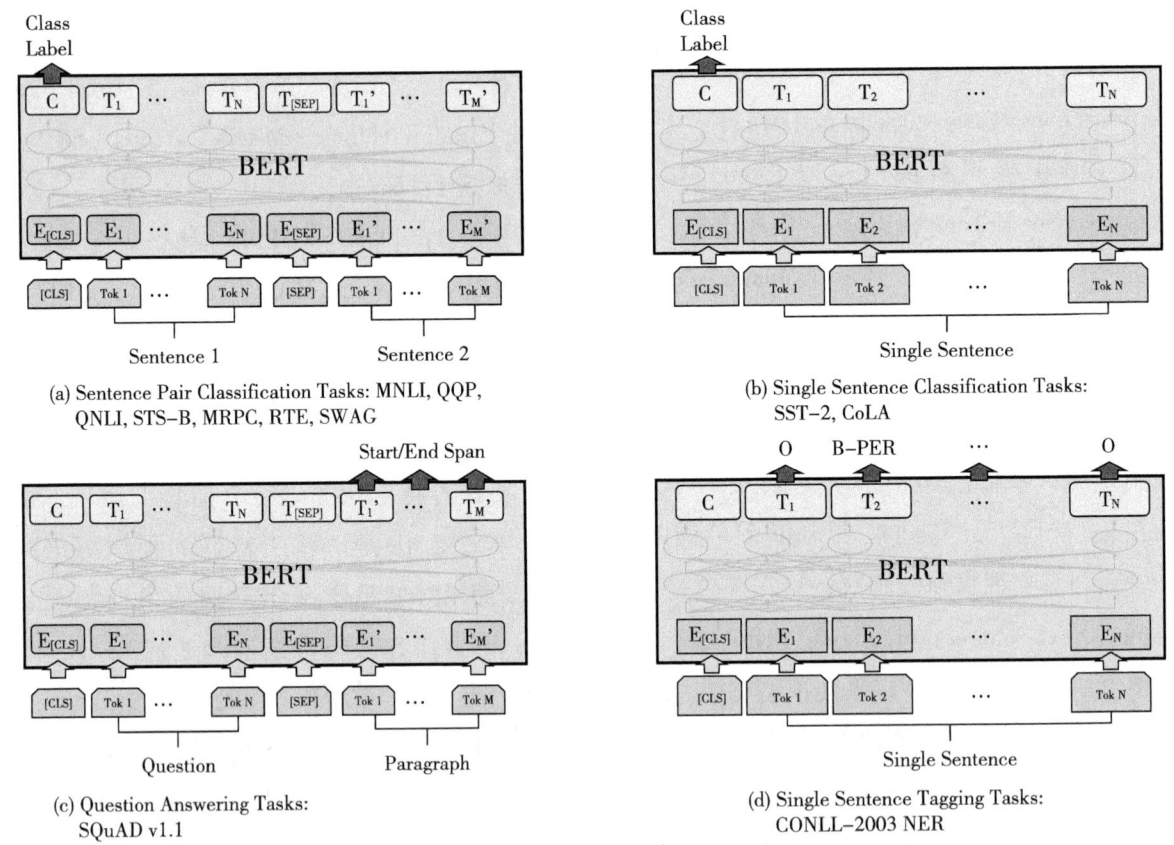

图 38　BERT 模型的微调

（资料来源：BERT: Pre-training of Deep Bidirectional Transformers for Language Understanding，华泰研究）

BERT 模型的优点在于相较于使用 RNN、LSTM 的其他 NLP 模型来说，使用 Transformer 的架构做到了并行执行，同时采用深度双向表征的方法从上下文全向提取信息进行融合，使理解的语义更加完整。BERT 后来又被改进为许多新模型，如 RoBERTa、AlBert、SpanBert 等，成为一个系列，并长期霸占在各类 NLP 任务榜单榜首。

BERT模型的缺点是模型参数太多，而且模型太大，训练一次需要巨大的时间和硬件开销。同时，因为没有采用自回归的结构，BERT对文本生成任务的支持并不好。

（六）XLNet

在XLNet之前，NLP模型无外乎分为两类：自回归语言模型（AutoRegressive LM）和自编码语言模型（AutoEncoder LM）。自回归语言模型使用上一时刻模型的输出作为下一时刻的输入，目标函数是根据前 $t-1$ 个单词预测第 t 个单词的似然概率最大：

$$\max_\theta \log p_\theta(x) = \sum_{t=1}^T \log p_\theta(x_t \mid x_{<t})$$

$$= \sum_{t=1}^T \log \frac{\exp[h_\theta(x_{1:t-1})^T e(x_t)]}{\sum_{x'} \exp[h_\theta(x_{1:t-1})^T e(x')]}$$

自回归语言模型非常适合文本生成任务，但只能使用上文或下文的信息，或者上下文的"伪结合"。以BERT为代表的自编码语言模型在句子中用［MASK］随机遮住一些单词，并通过上下文信息融合全向预测这些单词，这是典型的DAE（Denoising AutoEncoder）的思路。用 $\bar{x}$ 代表被掩码的单词，$\hat{x}$ 代表没有被掩码的单词，自编码语言模型的目标函数为：

$$\max_\theta \log p_\theta(\bar{x} \mid \hat{x}) \approx \sum_{t=1}^T m_t \log p_\theta(x_t \mid \hat{x})$$

$$= \sum_{t=1}^T m_t \log \frac{\exp[H_\theta(\hat{x})_t^T e(x_t)]}{\sum_{x'} \exp[H_\theta(\hat{x})_t^T e(x')]}$$

自编码语言模型很好地融合了上下文的信息，理解的语义更加完整，但其也有一些缺点，例如：（1）BERT中有一个独立性假设，即被掩码的单词之间应相互独立，这忽略了单词之间的依赖性；（2）在预训练时输入中有［MASK］标记，然而在微调时是没有［MASK］标记的，这使两个阶段产生差异；（3）更适合语义理解任务，语义生成能力差。

如果说我们希望一个语言模型既可以处理生成任务，又能深度双向训练，融合自编码语言模型和自回归语言模型的优点，理论上来说有两种思路：一是让在自编码语言模型的基础上使其具有生成能力；二是让自回归语言模型能够更好地使用上下文融合的信息。XLNet就是基于第二种思路。2019年10月，CMU和Google大脑团队联合发表论文 *XLNet: Generalized Autoregressive Pretraining for Language Understanding*，提出了XLNet模型，当时在20项任务上全面超越了BERT，创造了NLP预训练模型的新纪录。XLNet本质上是基于自回归语言模型的改进，但它也具有深度双向训练的能力。下面我们具体来介绍一下XLNet模型的特点与改进之处。

1. 改进1：排列组合语言模型（Permutation Language Modeling）

理论上来说，自回归语言模型只能使用上文或下文的信息，或者用上下文单独做一个预测并拼接起来，XLNet模型巧妙引入了排列组合语言模型（Permutation Language Modeling），使自回归模型也可以全向学习文本内容。假设有一条文本序列 $\{X_1, X_2, X_3, X_4\}$，若我们使用生成模型来预测 X_3 的话，我们只能使用到 X_1 和 X_2。排列组合语言模型对单词序列随机打乱，如图39所示，例如在左下角，要预测的文本序列被打乱成 $\{X_1, X_4, X_2, X_3\}$，则在用语言模型预测 X_3 时，就可以用到之前用不到的位置4的信息 X_4 了。排列组合语言模型的目标函数如下：

$$\max_\theta \mathbb{E}_{z \sim Z_T} \left[\sum_{t=1}^T \log p_\theta(x_{z_t} \mid x_{z_{<t}}) \right]$$

其中，Z_T 是所有可能的排列方式，z 是其中一种排列方式，z_t 指排列 z 中第 t 个要预测的单词在原始序列中的位置，$z_{<t}$ 指排列 z 中前 $t-1$ 个单词在原始序列中的位置。

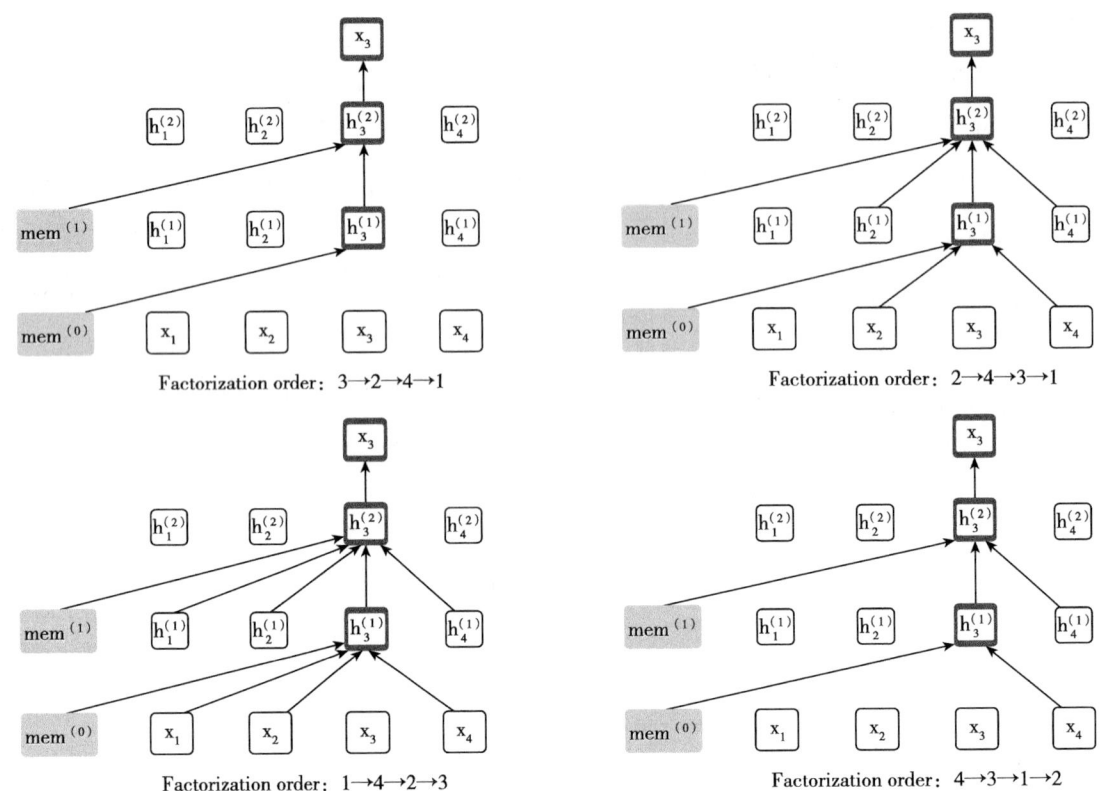

图39 排列组合语言模型

(资料来源:XLNet:Generalized Autoregressive Pretraining for Language Understanding,华泰研究)

理论上来说,遍历所有排列后,模型一定可以双向学习到非常完整的上下文信息,但如果一个序列的单词数很多,可构成排列组合的数目可能过多,导致计算量爆炸,因此XLNet实际只采样其中一些排列进行训练,并且只预测其中14%~16%的单词。另外,并不是说真的会打乱单词的顺序输入模型,而是通过Attention掩码随机遮住一部分单词,剩余的单词就相当于排列在要预测的单词之前了。

排列组合语言模型仍然采用自回归模型,并没有为要预测的单词添加[MASK]标记,因此其不依赖于BERT的独立性假设,同时自然也不存在下游无[MASK]标记导致上下游不同的问题。

2. 改进2:双流注意力机制(Two-Stream Self-Attention)

Two-Stream Self-Attention的产生源于排列组合语言模型的需要,如果采用普通的Transformer来建模排列组合语言模型的话,我们预测X_{z_t}的概率可以用如下式子来表示:

$$p_\theta(X_{z_t}=x\mid x_{z_{<t}})=\frac{\exp[e(x)^T h_\theta(x_{z_{<t}})]}{\sum_{x'}\exp[e(x')^T h_\theta(x_{z_{<t}})]}$$

但这样会存在一个问题,在部分不同的排列情况下,排列组合语言模型预测不同位置的单词时会出现同样的结果。假设有两种不同的排列$z^{(1)}$和$z^{(2)}$,$z^{(1)}_{<t}=z^{(2)}_{<t}=z_{<t}$,但$z^{(1)}_t=i\neq j=z^{(2)}_t$,很容易发现会有两个不同的位置却预测成了相同的单词:

$$\underbrace{p_\theta(X_i=x\mid x_{z_{<t}})}_{z^{(1)}_t=i,\ z^{(1)}_{<t}=z_{<t}}=\underbrace{p_\theta(X_j=x\mid x_{z_{<t}})}_{z^{(2)}_t=j,\ z^{(2)}_{<t}=z_{<t}}$$

$$=\frac{\exp[e(x)^T h(x_{z_{<t}})]}{\sum_{x'}\exp[e(x')^T h(x_{z_{<t}})]}$$

我们不妨举个例子来更好地理解,假设原

始的单词序列为$\{X_1, X_2, X_3, X_4\}$，现有$z^{(1)} = \{X_1, X_2, X_3, X_4\}$和$z^{(2)} = \{X_1, X_2, X_4, X_3\}$两种排列方式，则$z_3^{(1)} = 3 \neq 4 = z_3^{(2)}$。在$z^{(1)}$下，我们第三个要预测的单词是原序列中位置为3的单词X_3；在$z^{(2)}$下，我们第三个要预测的单词是原序列中位置为4的单词X_4。但实际上，X_3和X_4却预测成了同一个单词：

$$p_\theta(X_3 = x \mid x_{z_{<3}}) = p_\theta(X_4 = x \mid x_{z_{<3}})$$
$$= \frac{\exp[e(x)^T h_\theta(X_1 X_2)]}{\sum_{x'} \exp[e(x')^T h_\theta(X_1 X_2)]}$$

这显然是非常不合理的。之所以会产生这种结果，是因为忽略掉了我们要预测的单词在原始序列中的位置信息。为此 XLNet 提出新的概率分布计算方法，在预测X_{z_t}时将位置信息z_t考虑了进去，但不包含内容信息X_{z_t}：

$$p_\theta(X_{z_t} = x \mid x_{z_{<t}}) = \frac{\exp[e(x)^T g_\theta(x_{z_{<t}}, z_t)]}{\sum_{x'} \exp[e(x')^T g_\theta(x_{z_{<t}}, z_t)]}$$

XLNet 通过 Two-Stream Self-Attention 来实现上述思想。两个流分别为内容流（Content Stream）和查询流（Query Stream）。查询流就为了预测当前词，只包含当前词的位置信息，不包含当前词的内容信息；内容流主要为查询流提供其他词的位置信息和内容信息。具体操作上，内容流做 Self-Attention 时，Q取当前位置的全部信息[用$h_{z_t}^{(m-1)}$表示]，K和V取所有位置的全部信息[图40中（a）所示]。查询流做 Self-Attention 时，Q取当前位置的位置信息[用$g_{z_t}^{(m-1)}$表示]，K和V取其他位置的全部信息[图40中（b）所示]。也可以用下式来表示：

$g_{z_t}^{(m)} \leftarrow Attention(Q = g_{z_t}^{(m-1)}, KV = h_{z_{<t}}^{(m-1)}; \theta)$，(query stream：use z_t but can't see x_{z_t})

$h_{z_t}^{(m)} \leftarrow Attention(Q = h_{z_t}^{(m-1)}, KV = h_{z_{\leq t}}^{(m-1)}; \theta)$，(content stream：use both z_t and x_{z_t})

图40中（c）展示了如何用 Attention 掩码来实现双流机制。掩码矩阵深色部分代表被掩码，例如对于内容流掩码矩阵，若有顺序$3 \rightarrow 2 \rightarrow 4 \rightarrow 1$，2能看到3，则第二列第三行未被掩码，1能看到2、3、4，则第一列第二、第三、第四行均未被掩码，查询流掩码矩阵同理。

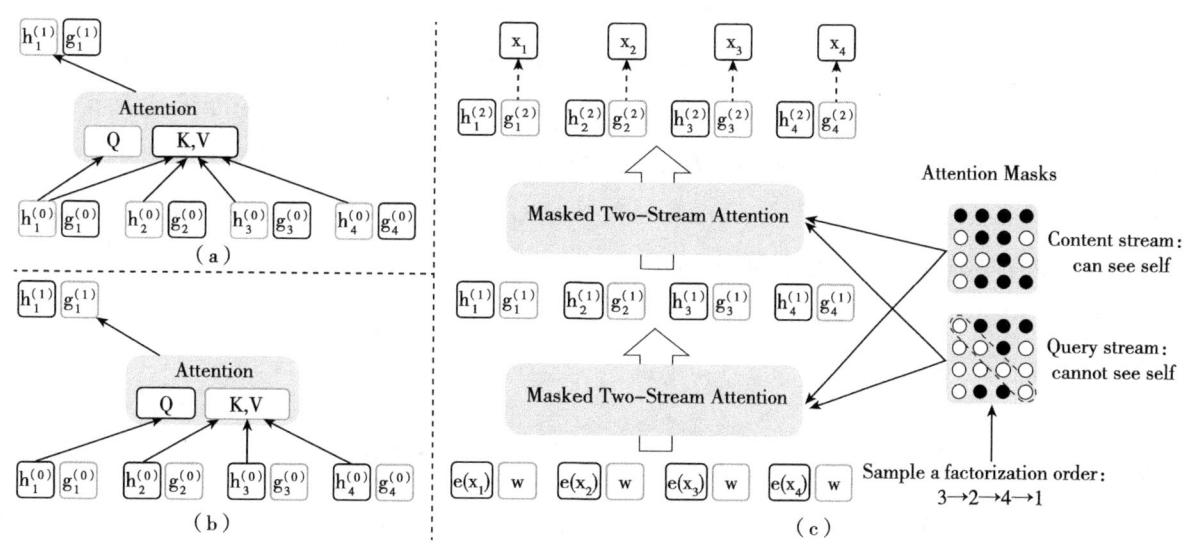

图40 Two-Stream Self-Attention

（资料来源：*XLNet：Generalized Autoregressive Pretraining for Language Understanding*，华泰研究）

3. 改进3：融入Transformer-XL的优点

BERT模型里的Transformer固定了句子长度，输入句子的默认长度为512，超过就进行截断，不足则在句尾用［PAD］标记进行补齐。对于一篇非常长的文本，就需要按照Vanilla Transformer的做法进行拆分。

Vanilla Transformer是谷歌AI团队在论文 *Character-Level Language Modeling with Deeper Self-Attention* 中提出的基于Transformer改进的一种模型。图41展示了Vanilla Transformer训练和测试阶段的流程图。训练时将文本拆成许多个Segments，每次传给模型一个Segment进行训练，第1个Segment训练完成后，再传入第2个Segment进行训练。测试时每次将输入向右移动一个位置，实现对单个单词的预测。

Vanilla Transformer模型具有一些缺点：（1）不同Segment之间的训练没有关联，也就是前后训练独立，打断了文本之间的联系，因此单词之间的最大依赖距离受输入长度的限制，造成上下文碎片化，例如图41（a）中x_5其实是看不见x_1的；（2）实际上每个Segment都从头训练一遍效率也比较低；（3）测试时每次只能移动一个单词的步长，同时需要重新构建一遍上下文并从头开始计算，效率非常低。

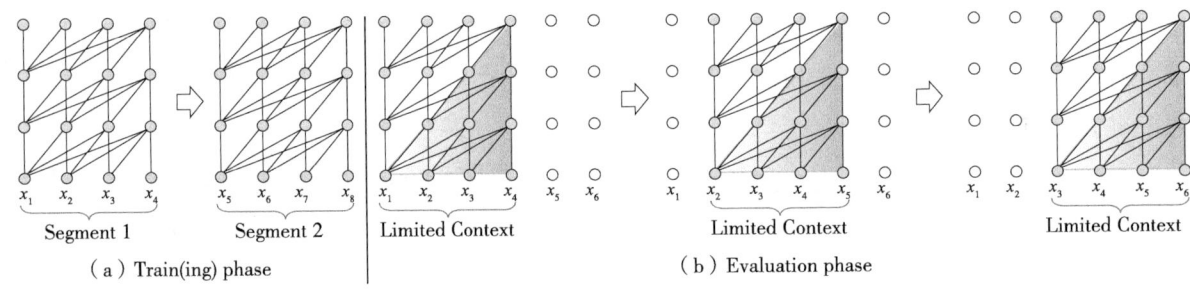

图41　Vanilla Transformer的训练和测试阶段

（资料来源：*Transformer-XL: Attentive Language Models Beyond a Fixed-Length Context*，华泰研究）

因此，在XLNet中，CMU和Google大脑团队并没有采用Vanilla Transformer的这种做法，而是引用了他们自己之前论文 *Transformer-XL: Attentive Language Models Beyond a Fixed-Length Context* 提出的Transformer-XL模型。Transformer-XL相对于Vanilla Transformer主要有两个改进之处：循环机制（Recurrence Mechanism）和相对位置编码（Relative Positional Encodings），下面我们分别来进行介绍。

Transformer-XL和Vanilla Transformer一样，也是将长文本拆成许多个Segments，但不同的Segment之间不是完全孤立的，而是像RNN一样进行了串联。如图42（a）所示，对于第τ个Segment，每一个Encoder模块的隐状态输出，一方面作为下一层的输入，另一方面也用缓存进行了存储并输入到了第$\tau+1$个Segment的下一层Encoder模块。图42中绿线就表示第τ个Segment的隐状态输出，但其不参与第$\tau+1$个Segment的梯度计算。这就是XLNet的循环机制。我们也可以用公式来表达这一过程：

$$\widetilde{h}_{\tau+1}^{n-1} = [SG(h_\tau^{n-1}) \circ h_{\tau+1}^{n-1}]$$

$$q_{\tau+1}^n, k_{\tau+1}^n, v_{\tau+1}^n = h_{\tau+1}^{n-1}W_q^T, \widetilde{h}_{\tau+1}^{n-1}W_k^T, \widetilde{h}_{\tau+1}^{n-1}W_v^T$$

$$h_{\tau+1}^n = \text{Transformer-Layer}(q_{\tau+1}^n, k_{\tau+1}^n, v_{\tau+1}^n)$$

其中，$\widetilde{h}_{\tau+1}^{n-1}$代表第$\tau$个和第$\tau+1$个Segment的隐向量沿长度方向的拼接，$SG$是stop-gradient的意思。$q_{\tau+1}^n, k_{\tau+1}^n, v_{\tau+1}^n$分别代表第$\tau+1$个Segment第$n$层Transformer的3个矩阵，$h_{\tau+1}^n$为计算出的

隐向量。

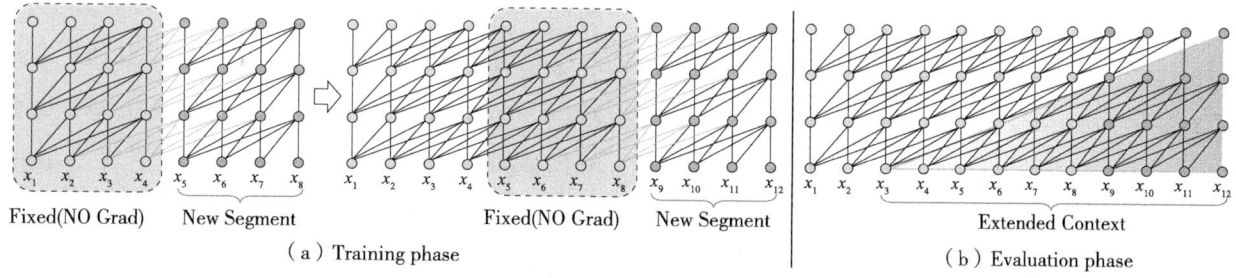

图 42　Transformer-XL 的训练和测试阶段

（资料来源：*Transformer-XL：Attentive Language Models Beyond a Fixed-Length Context*，华泰研究）

假设第 n 层的每个隐向量的计算用到了第 $n-1$ 层 L 个隐向量（图中是4），而第 $n-1$ 层的每个隐向量的计算用到了第 $n-2$ 层 L 个隐向量，由图 42（b）很容易看出最后一层某个隐向量可依赖的底层单词数目相比于 Vanilla Transformer 大大增加了。同时，在测试过程中，每次移动步长可以为一个 Segment，还可以利用缓存中之前 Segment 的数据来预测当前 Segment，大大减少了计算量。

根据循环机制，我们在训练第 $\tau+1$ 个 Segment 时，实际上也用到第 τ 个 Segment 传递过来的信息，因此我们也需要知道第 τ 个 Segment 一些单词的位置情况。但如果我们用普通方法给输入添加位置编码，就会出现不同 Segment 同一位置的位置编码完全相同的情况。Transformer-XL 使用相对位置编码来解决这一问题，即在计算当前位置隐向量的时候，考虑与之依赖单词的相对位置关系而非绝对位置关系。用 E 代表词嵌入向量，U 代表位置向量，Vanilla Transformer 通过下面的式子计算 Attention：

$$A^{abs}_{i,j} = [W_q(E_{x_i}+U_i)]^T[W_k(E_{x_j}+U_j)]$$
$$= \underbrace{E_{x_i}^T W_q^T W_k E_{x_j}}_{(a)} + \underbrace{E_{x_i}^T W_q^T W_k U_j}_{(b)}$$
$$+ \underbrace{U_i^T W_q^T W_k E_{x_j}}_{(c)} + \underbrace{U_i^T W_q^T W_k U_j}_{(d)}$$

使用相对位置编码 R_{i-j} 取代（b）（d）项的绝对位置编码 U_j（R_{i-j} 也有固定的编码方式，用正弦函数生成，没有要学习的参数）。$U_i^T W_q^T$ 代表第 i 个位置的 query 向量，因为在考虑相对位置的时候，不需要查询绝对位置，所以可以直接用可训练的统一的参数 u 和 v 分别取代（c）（d）项的 $U_i^T W_q^T$。权重矩阵 $W_{k,E}$、$W_{k,R}$ 分别用于计算基于内容（词向量）的 key 向量和基于位置的 key 向量。综上，Transformer-XL 计算 Attention 的公式如下：

$$A^{abs}_{i,j} = \underbrace{E_{x_i}^T W_q^T W_{k,E} E_{x_j}}_{(a)} + \underbrace{E_{x_i}^T W_q^T W_{k,R} R_{i-j}}_{(b)}$$
$$+ \underbrace{u^T W_{k,E} E_{x_j}}_{(c)} + \underbrace{v^T W_{k,R} R_{i-j}}_{(d)}$$
$$= (W_q E_{x_i}+u)^T W_{k,E} E_{x_j} + (W_q E_{x_i}+v)^T W_{k,R} R_{i-j}$$

（a）项代表基于内容的寻址，（b）项基于内容的位置偏差，（c）项代表全局的内容偏差，（d）项代表全局的位置偏差。也可以将其合并成第二个等号后的形式。

同时考虑循环机制和相对位置编码的方法，用 E_{S_τ} 代表词嵌入序列，一个 N 层的 Transformer-XL（只考虑一个 head）的计算公式可以归纳如下：

$$h_\tau^0 = E_{S_\tau}$$

$$\widetilde{h}_\tau^{n-1} = [SG(m_\tau^{n-1}) \circ h_\tau^{n-1}]$$

$$q_\tau^n, k_\tau^n, v_\tau^n = h_\tau^{n-1} W_q^{nT}, \widetilde{h}_\tau^{n-1} W_{k,E}^{nT}, \widetilde{h}_\tau^{n-1} W_v^{nT}$$

$$A_{\tau,i,j}^n = q_{\tau,i}^{nT} k_{\tau,j}^n + q_{\tau,i}^{nT} W_{k,R}^n R_{i-j} +$$

$$u^T k_{\tau,j} + v^T W_{k,R}^n R_{i-j}$$
$$a_\tau^n = \text{Masked-Softmax}(A_\tau^n)v_\tau^n$$
$$o_\tau^n = \text{LayerNorm}[\text{Linear}(a_\tau^n) + h_\tau^{n-1}]$$
$$h_\tau^n = \text{Positionwise-Feed-Forward}(o_\tau^n)$$

可以看出 Transformer-XL 和 Vanilla Transformer 的一个重要区别是，前者每层计算 Attention 都需要包含相对位置编码，但后者仅在单词首次嵌入时才会加上绝对位置编码。

排列组合语言模型使 XLNet 可以充分利用上下文信息进行训练，双流注意力机制使排列组合语言模型的预测结果更加合理，而基于 Transformer-XL 又使模型对于预测长文本表现更出色。通过以上三个方面的改进，XLNet 将自回归模型与深度双向训练结合在一起。XLNet 其实提供了一种新的思路，较强的文本生成和出色的文本理解并不是不能通过同一个语言模型完成的，未来或将有更多新的 NLP 模型朝着这个方向拓展。

（七）小结

我们对 ELMo、GPT、BERT 等代表模型的参数进行比较，如图 43 所示。

项目	数据集	模型	参数量	训练时间	训练配置
ELMo	1B Word Benchmark 10亿词	CNN-BIG-BiLSTM + Residule Connection	90M	—	—
GPT	BooksCorpus 8亿词	Transformer Decoder, L=12, H=768, A=12	110M	1个月	8 GPU
BERT	BooksCorpus+Wikipedia 33亿词	Transformer Encoder, L=24, H=1024, A=16	340M	4天	64 TPU

图 43　ELMo、GPT 及 BERT 的对比

（资料来源：华泰研究）

从早期统计语言模型，到后来的 Word2Vec，再到集大成的预训练模型 BERT，NLP 领域迎来了新的时代。回望 BERT 的诞生历史，可以说是站在"巨人的肩膀"上：

（1）Transformer Encoder 依赖于 Self-Attention 机制，因此 BERT 自带双向语义理解的功能，这里的"巨人"是 Transformer；

（2）BERT 双向功能的机制使得其必须用 Masked-LM 来完成 Token 级别的预训练，而这里的"巨人"则是语言模型、CBOW；

（3）BERT 采用的 Next Sentence Prediction 则是借鉴了 Skip-gram、Skip-thoughts 和 Quick-thoughts 等的思想；

（4）为适配多任务下的迁移学习，BERT 设计了更通用的输入层和输出层，这则是借鉴了 T-DMCA 和 GPT 的做法。

一般来说，要在下游使用预训练好的语言模型，主要有以下三种方式：

（1）将预训练模型当作特征提取器，直接将预训练模型的输出层去掉，然后使用去掉输出层之后的隐藏层输出作为特征，输入到我们精心设计好的 Task-specific 模型中去，特征提取器部分参数不变。

（2）将预训练模型整体接入 Task-specific 模型，继而在新的数据集上整体重新训练。与方法一类似，预训练模型的接入不一定只能接最后层的输出，可以尝试更复杂的接入方式。

（3）第三种方式则将上述两种方案结合，即保留预训练模型的一部分，另外一部分则和 Task-specific 模型一起 Finetune。

当然，第三阶段的预训练语言模型远不止我们上文所提到的几类，基于这些具有开创性的基础模型，各类变式层出不穷，或都在不同的子领域发光发热。例如，针对金融领域会有专门训练好的FinBERT来识别金融用语，针对生物医学领域有专门的BioBERT来对生物医学文本进行挖掘等，这里我们也不再详细展开。

前文我们在描述时都是以基于英文文本处理来行文，但各大语言模型基本都有对应的中文版本，不同语言下的模型数据预处理时略有不同，这涉及语言颗粒度的概念。英文一般不采用字粒度和词粒度，字粒度虽然词表小（仅有26个字母），但是输入时序列太长增加了计算压力，且单个字母无意义损失了语义信息；词粒度则词表太大，同一个词根会衍生出各种动词、名词和副词等，英文一般采用介于字和词之间的Subword粒度。中文目前大多数采用的是字粒度，即一个中文汉字一个Token，这样构建出的词表适中，且每个Token都有实际含义。

四、NLP发展总结

本文对人工智能自然语言处理领域的历史进行回顾，梳理并详细介绍了NLP发展三个阶段中的重要模型，帮助读者勾勒出NLP的发展轨迹，仅涉及模型本身，不涉及任何应用。

我们将NLP的发展历史划分为三个阶段。

第一阶段以传统统计语言模型为主，神经网络语言模型锋芒初露。

我们主要介绍了该阶段的两个模型，分别为N-gram和NNLM。N-gram是为了估计一段自然语言文本出现概率的大小而提出的模型，按条件概率将句子拆解为词语出现的条件概率，以较为简单的想法实现了较好的效果，但存在无法建模更长的上下文语义以及无法建模词语间相似性的缺点。NNLM则首次将深度学习的思想引入语言模型中，不仅可以对更长的文本进行建模，而且产生了"词向量"这一副产物，影响深远。

第二阶段以Word2Vec为代表，Word Embedding方法成为标配。

Word2Vec包括CBOW和Skip-gram两组模型，任务分别为根据上下文预测中心词以及根据中心词来预测上下文，相比于第一阶段的NNLM简化了网络结构，同时使用了Hierarchical Softmax和Negative Sampling两种方法提高训练效率，使大规模预料训练成为现实。更重要的是，模型得到的词向量能够在语义上有非常好的表现。WordVec之后一大批Word Embedding方法相继涌现，从不同的角度对词编码、句子&段落编码进行改进，Word Embedding成为NLP研究的标配，迁移学习思想逐渐明朗。

第三阶段预训练语言模型大行其道，在巨人的肩膀上BERT模型诞生。

ELMo、GPT及BERT模型是第三阶段的预训练语言模型的代表。ELMo的特点是可以根据上下文动态地生成词向量，具有学习不同语境下词汇多义性的能力，且使用双向语言模型使得特征的提取更为准确。GPT则首次将Transformer应用于语言模型，并且设计了一套高效的训练策略，证明了Transformer在NLP领域具有超强的能力和潜力。BERT模型集前人模型之大成，利用Transformer实现了真正意义上的双向语义理解，并在预训练阶段使用MLM和NSP两个任务实现语义的更深层次理解，完善和扩展了GPT中设计的通用任务框架。

在金融领域，BERT的应用也较为合乎逻辑，使用BERT对新闻舆情、分析师研报等文本数据进行挖掘进而构建选股策略已经不能算是很另类的想法，正如在许多其他NLP的子领域一样，甚至已经逐渐成为金融自然语言处理的标配，文本这一"另类数据"实际上也在逐渐成为"传统数据"。

虽然预训练语言模型成为标配，但是在不同的应用场景下仍然需要根据实际需求对输入数据进行特别加工，操作细节有其讲究。例如，在对文本进行截断时，如果场景中总结性的句子大多出现在文本开头，那么应该进行后截断，保留总结性的语句给模型；反之，则应进行前截断；如果文本中无效语句过多，也应考虑对无效语句进行预剔除。因此对于金融文本数据，预处理方法也可能对最终结果带来很大影响，希望在后续研究中我们能对此进行展开讨论。

（作者单位：华泰证券股份有限公司）

参考文献

[1] Bengio, Y., Ducharme, R., & Vincent, P. A neural probabilistic language model. Advances in neural information processing systems, 2000, 13.

[2] Mnih, A., & Hinton, G. E. A scalable hierarchical distributed language model. Advances in neural information processing systems, 2008, 21.

[3] Collobert, R., & Weston, J. A unified architecture for natural language processing: Deep neural networks with multitask learning. In Proceedings of the 25th international-al conference on Machine learning, 2008: 160-167.

[4] Mikolov, T., Karafiát, M., Burget, L., Cernocký, J., &Khudanpur, S. Recurrent neural network based language model. In Interspeech, 2010, 2 (3): 1045-1048.

[5] Mikolov, T., Chen, K., Corrado, G., & Dean, J. Efficient estimation of word representations in vector space. arXiv preprint arXiv, 2013: 1301, 3781.

[6] Mikolov, T., Sutskever, I., Chen, K., Corrado, G. S., & Dean, J. Distributed representations of words and phrases and their compositionality. Advances in neural information processing systems, 2013: 26.

[7] Pennington, J., Socher, R., & Manning, C. D. Glove: Global vectors for word representation. In Proceedings of the 2014 conference on empirical methods in natural language processing (EMNLP), 2014: 1532-1543.

[8] Joulin, A., Grave, E., Bojanowski, P., & Mikolov, T. Bag of tricks for efficient text classification. arXiv preprint arXiv, 2016: 1607, 01759.

[9] Peters, M. E., Neumann, M., Iyyer, M., Gardner, M., Clark, C., Lee, K., & Zettlemoyer, L. Deep Contextualized Word Representations. In Proceedings of the 2018 Conference of the North American Chapter of the Association for Computational Linguistics: Human Language Technologies, Volume 1 (Long Papers), 2018: 2227-2237.

[10] Howard, J., & Ruder, S. Universal language model fine-tuning for text classification. arXiv preprint arXiv, 2018: 1801. 06146.

[11] Vaswani, A., Shazeer, N., Parmar, N., Uszkoreit, J., Jones, L., Gomez, A. N., ... & Polosukhin, I. Attention is all you need. Advances in neural information processing systems, 2017: 30.

[12] Radford, A., Narasimhan, K., Salimans, T., & Sutskever, I. Improving language understanding by generative pre-training, 2018.

[13] Radford, A., Wu, J., Child, R., Luan, D., Amodei, D., & Sutskever, I. Language models are unsupervised multitask learners. OpenAI blog, 2019, 1 (8): 9.

[14] Devlin, J., Chang, M. W., Lee, K., & Toutanova, K. Bert: Pre-training of deep bidirectional transformers for language understanding. arXiv preprint arXiv, 2018: 1810. 04805.

[15] Yang, Z. , Dai, Z. , Yang, Y. , Carbonell, J. , Salakhutdinov, R. R. , & Le, Q. V. Xlnet: Generalized autoregressive pretraining for language understanding. Advances in neural information processing systems, 2019: 32.

[16] Dai, Z. , Yang, Z. , Yang, Y. , Carbonell, J. , Le, Q. V. , & Salakhutdinov, R. Transformer-xl: Attentive language models beyond a fixed-length context. arXiv preprint arXiv, 2019: 1901.02860.

人工智能助力监管科技：以上市公司年报审核为例

林得苗

一、数字化监管：政策趋势，行业刚需

（一）政策相继出台

近年来，金融监管政策不断出台，表明将会通过数字化手段让监管更加智能。2018年，证监会印发《中国证监会监管科技总体建设方案》，为科技监管体制建设做好顶层设计。2021年10月，证监会发布《证券期货业科技发展"十四五"规划》，紧紧围绕"推进行业数字化转型发展"与"数据让监管更加智慧"两大主线，为"十四五"时期证券期货业科技监管工作和数字化转型提供指南，被媒体打开了"金融科技"与"科技监管"全景图。

监管科技（Regtech），最早由英国市场行为监管局（FCA）提出，主要是指"将新技术应用到现有监管过程中，以促进达成更有效的风险识别、风险衡量、监管要求以及数据分析等活动"。在2019年和2022年，中国人民银行两次出台金融科技"三年规划"，从提出"加强监管科技应用"到强调"加快监管科技的全方位应用，强化数字化监管能力建设"。

金融行业的数字化转型不仅成为行业共识，也是金融业重焕新生的重要助力。在"十四五"规划和2035年远景目标纲要明确提出要"稳妥发展金融科技，加快金融机构数字化转型"的指导下，行业内的各方参与者正合力探索监管科技的应用与发展。其中，提高信息披露质量正是监管科技的重要应用场景之一。

（二）金融行业痛点

2022年初，北京市证监局根据其关于上市公司2021年年报监管工作的决策部署，指出提高上市公司质量要从年报监管抓起。金融行业是典型的文档密集型行业，由于过往文档处理的自动化和智能化水平低，日常工作中从业人员面临文档格式繁杂、文档处理容错率低等挑战，其中年报审核是尤为需要攻克的难点。

中国香港一直是世界上最活跃的IPO交易市场之一，截至2022年2月底，在香港交易及结算所有限公司（以下简称港交所）上市的公司超过2500家。作为前线监管机构，港交所每年都需要履行监管职责，审核上市公司年报，确保信息披露的完整、准确、合规。该项工作面临重重挑战：

1. 审核量大、成本高。每年人工审核2500份左右的年报，单份年报动辄几百页且涉及上千条上市披露规则，庞大的工作量带来了居高不下的人力和时间成本，因此港交所每年只能抽样不到10%的年报进行审核。

2. 非结构化数据难以处理。年报是非结构化的、经过精心排版的文档，具有丰富格式，并且不同的披露内容以不同形式存在于文档的不同位置。虽然很多金融机构已经率先将人工智能纳入文档处理流程，但仅凭感知型人工智

能（感知型人工智能：可以感知环境并作出反应的人工智能，如语音识别、图像识别等）还不足以分析和处理这些复杂的非结构化的信息，无法实现年报的智能审核。

庞大的审核工作量、高昂的人力时间成本和难以处理的非结构化信息极大阻碍了监管范围的深化和细化，不利于信息披露质量的提升。因此，港交所希望运用人工智能技术处理部分上市披露规则，节省人力，优化流程，提高信息披露质量。

（三）文档智能

在此背景下，港交所联合北京庖丁科技有限公司（以下简称庖丁科技）开发了 Jura 年报审核系统，应用人工智能的力量评估上市公司年报的合规性。Jura 系统组合应用了自然语言处理（NLP）和深度学习（DL）技术，开发出一种全面的能力来"阅读""理解"和"解释"年报的所有内容，这种技术被称为文档智能（Document AI）。

文档智能，主要是指对于网页、数字文档或扫描文档所包含的文本以及丰富的排版格式等信息，通过人工智能技术进行理解、分类、提取以及信息归纳的过程。随着数字化转型进程的加快，自动、精准、快速的信息处理对于生产力的提升至关重要，文档智能技术在业界的应用也越重要。

随着深度学习技术的进步，尤其是卷积神经网络（CNN）和 Transformer 结构等预先训练技术的不断发展，传统的文档智能处理方法正在经历着革新，不再过度依赖于手动标注的数据来实现，因而使文档智能的产业化应用成为可能。由于金融行业具有文档密集、文档格式多样、信息准确度要求高等特点，在金融监管场景中落地文档智能应用的技术挑战尤甚。监管部门、金融机构、科技公司通力合作，通过"预训练—微调"的方式不断优化相关应用，从而让文档智能技术在监管科技中的应用不断取得新的突破。

二、人工智能助力上市公司年报审核

（一）Jura 系统的技术框架

港交所对外发布了一份上市规则与指引，其中对年报信息披露细节做了详细要求。港交所业务人员认为年报审核中有大约 200 个非常重要的审核点，在人工审核时期，业务人员需要针对每个审核点在上百页的年报中寻找到相关内容，再判断其合规性。港交所与庖丁科技开发的 Jura 系统在将人工智能应用到年报审核中时，就是模仿上述人工审核的步骤，主要分为三个步骤：识别文档结构、定位正确的披露内容、评估合规性（见表 1）。

表 1 Jura 系统的技术框架

三步骤解决法	目的	框架
第一步：识别文档结构	识别年报和其他相关文档中的不同元素（如段落、图表、表格、图片）	AI 模型建立在深度学习的基础上，可以识别阅读顺序和逻辑文档层次，以了解不同的文档元素
第二步：定位正确的披露内容	定位（1）年报中的披露内容和（2）除了年报和上市规则相关的其他公开文档中的内容	为不同的上市规则建立了各种 AI 模型。由此产生的模型在已识别的文档元素中提取细粒度的信息，例如，一个段落中的文本子串，一个表格或图表中的数值
	如果存在披露的信息，则使用语义理解来分析其内容；如果所找到的信息被认为是不相关的，则判断为"没有披露"	如果找到了披露信息，训练有素的 AI 模型将区分否定和正面披露；如果找到的披露信息低于某个置信区间，则建议"没有披露"
第三步：评估合规性	利用步骤 2 的分析，推断发行人是否有可能遵守每条上市规则的要求，并作出合规性评估	基于步骤 2 所形成的语义理解，开发出了一个逻辑判断函数 g(S)，以给出合规性评估。该函数同时使用 AI 模型和基于实际审查过程的规则

步骤1：识别文档结构

上市公司的年报和披露的其他文档多为PDF文档。PDF文档存储的是页面的视觉信息（如字形、线条、色块、图片），即只记录了每个页面上的字符、线条等对象的位置，但没有存储任何结构信息（如表格、段落、图表），而只有结构信息才可以被计算机分析。年报中需要审查的内容披露可能是一个数字或文字，也可能是段落、图表，因此对于人工智能，在真正进行年报审核之前，首先需要识别文档结构。

识别文档结构，即在找到正确的内容披露之前，先确定每个文档元素的性质。识别文档结构是一个"目标检测"过程，Jura系统在深度学习的基础上建立模型训练出了这个过程：预测页面中所有内容块的边界—对它们之间的逻辑关系进行分类—确定正确的阅读顺序—建立后续的文档层次，以了解不同的文件元素（见图1）。

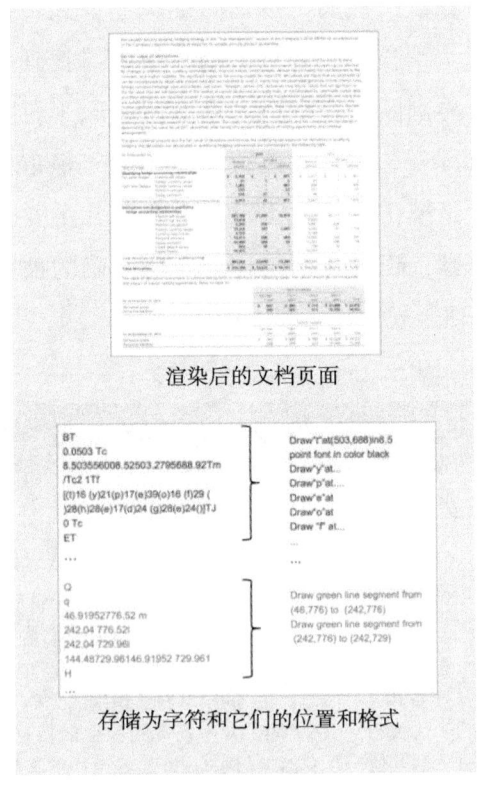
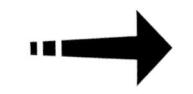
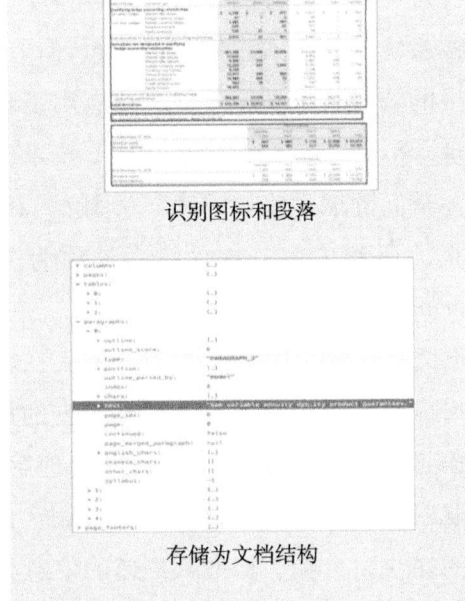

图1　识别文档结构

步骤2：定位正确的披露内容

在通过文档结构识别将非结构化的年报文档存储为计算机可以分析和处理的文档结构后，Jura系统需要寻找并评估与一百多条上市披露规则有关的披露内容。这些披露内容存在于年报的不同位置，包含丰富的内容要素，甚至有些信息和数据之间存在钩稽关系，需要在不同地方提取出来，建立逻辑关系，进行依附性判断，情况复杂。Jura系统在进行内容定位时，主要分为两个过程：

1. 初步定位，确定段落、表格或图表的位置。Jura系统参考许多标注的训练数据集，利用深度学习模型分析嵌入的语义信息，计算出内容块与特定上市披露规则的相关性，从而完成披露内容的初步定位（见图2）。

步骤3：评估合规性

合规性实际上是一个很复杂的问题，为了确保合规性的可信度，在上述语义理解的基础上，Jura系统利用了一个逻辑判断函数g（S），将上市披露规则归为两类：存在性检查和基于数值的检查，以此给出更准确的合规性评估（见图4）。

对于某些规则，只要披露了某些内容就表明遵守了上市披露规则，反之亦然，Jura系统只需定位并检查相关内容是否完整披露即可，这类检查称为"存在性检查"。但对于大多数规则而言，仅披露内容并不意味着合规，还需要进行"基于数值的检查"，如果提取的值与设定的规则相符，就意味着符合上市披露规则，反之亦然。

另外，在进行这两类评估时，除了上述的简单检查，通常还需要以其他信息为条件进行更细致的检查，以保证合规评估的准确性。对于"存在性检查"，不能简单地根据是否有披露信息来判断是否合规，必须从其他来源提取确认相关细节；对于"基于数值的检查"，如前所述，需要从多个来源提取数值，建立逻辑关系，验证一致性。

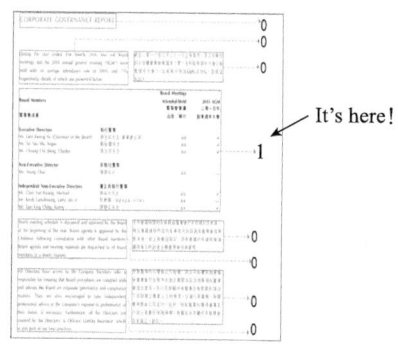

图2 确定段落、表格或图表的位置

2. 找到特定的细粒度信息，进行语义理解。Jura系统通过自然语言处理（NLP）模型利用关系提取、事件监测和特征描述来定位因果关系、多变量事件和复杂的语言措辞，并且针对混合使用了段落、表格或图表的更复杂情况进行了进一步调整。

示例：Ch17.07（1）：披露在财政年度/期间的开始和结束时未付期权的详情，包括期权数量、授予日期、授予期、行使期和行使价格。每一个具体的元素，如行权价，都被提取出来，与发行人当年发布的月度报表所提取的信息进行比较（见图3）。

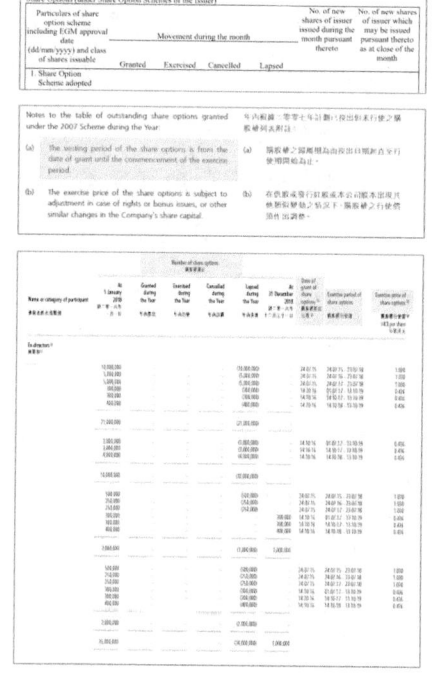

图3 定位正确的披露内容示例

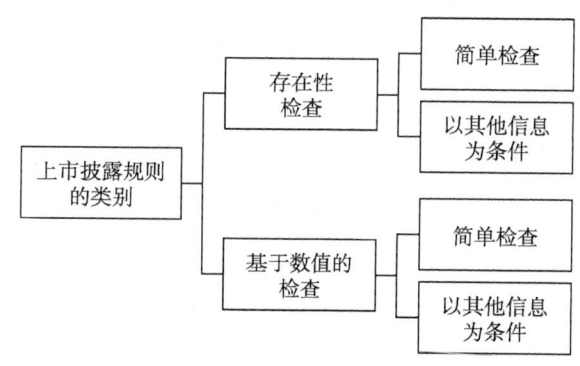

图4 上市披露规则的类别

（二）Jura系统的训练方法及模型表现

庖丁科技在前期对超过3800份年报文档和超过400份除了年报以外的其他文档做了数据标注，为提升标注质量，每份文档被标注了两次。与此同时，还对140条以上的上市披露规则进行了批注。随着训练数据的增加，年报披露信息定位（步骤2）和合规性评估（步骤3）的模型也在不断提升（见图5）。

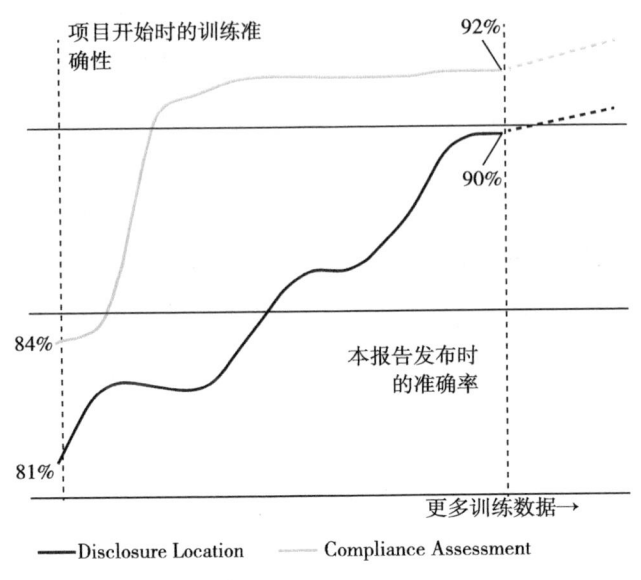

图5 AI模型评测

除了向模型提供大量的训练数据，不良案例分析也高度影响模型的性能提升。通过用户审查AI给出的初步建议、验证正确的案例和纠正不准确的案例，调整算法和逻辑语句（这也会影响文档标注）也有助于持续优化模型的性能。经过港交所测试发现，相比单纯的人工审核，引入Jura系统之后审核花费的时间减少了80%。

（三）Jura系统的应用价值

促进了监管广度和深度，提升信息披露质量。港交所发布的报告显示，庖丁科技开发的Jura系统，对合规性判断的精确率高达98%，召回率为86%。如上所述，应用该系统后，年报审核的时间减少了80%，同时年报审核数量提升了15倍。在2019年引入Jura系统之前，港交所仅抽查审核了148家上市公司的年报；而在引入Jura系统进行年报审核后，2020年Jura检查了年报中超过30万条披露记录，涵盖140+条披露规则，2021年Jura检查了年报中超过36万条披露记录，涵盖145+条披露规则。

提升年报审核工作效率，释放人力处理更重要的事务和决策。港交所上市监管部负责人Christine Kan表示，利用人工智能审核所有上市公司年报，约92%都具备合规性，只需要人工集中处理约8%怀疑不合规的案例。她指出，人工智能的应用使整体监管市场受益，既提升了市场素质，也提高了上市公司的披露水平。

（四）尚待解决的难点

1. 可用于训练的不合规案例有限。针对大部分合规的发行人进行AI模型训练，意味着可用于训练的不合规案例数量非常有限。因此，该模型在识别和评估不合规情况时可信度不足。

2. 后期准确率提升速度平缓。Jura能够在不到500份年报被标注的情况下，实现相对较高的信息披露定位准确率，但是随着更多的数据被标注，准确率的提升速度会减缓。

三、监管科技的未来展望

庖丁科技运用Jura系统的成功实践证实了

监管科技赋能金融机构、服务数字化转型的作用。在微观层面，提升了信息披露的完整性和易读性，让股东和公众获得更高质量的信息披露。在宏观层面，正如港交所 Christine Kan 指出的，市场整体收益，通过提高投资市场信息透明度，进一步激发了市场活力。

2022年，人民银行金融科技委员会指出：要深化运用金融科技创新监管工具，强化数字化监管能力建设。未来，人工智能在金融领域的应用将会拓展到更广泛的金融文档，同时文档智能的技术也会应用到金融监管的更多领域。庖丁科技也将继续在多年技术沉淀的基础上，深度融入金融机构的业务流程，不断迭代升级并重塑行内业态，提高市场的整体运行效率。

（作者单位：北京庖丁科技有限公司）

参考文献

［1］王洋.证监会正式发布实施监管科技总体建设方案［EB/OL］.（2022-09-01）. http://www.csrc.gov.cn/csrc/c100028/c1001195/content.shtml.

［2］杜卿卿，钟强.证券期货业科技发展"十四五"规划发布，打开"金融科技"与"科技监管"全景图［N］.第一财经，2021-10-25.

［3］牟思思，张赶.监管科技发展趋势与挑战［J］.中国金融，2022（16）：63-64.

［4］朱豫.《金融科技发展规划（2022—2025年）》印发——金融与科技加快深度融合［EB/OL］.（2022-01-07）. http://www.gov.cn/zhengce/2022-01-07/content_5666817.htm.

［5］北京监管局.提高上市公司质量要从年报监管抓起［EB/OL］.（2022-01-28）. http://www.csrc.gov.cn/beijing/c100277/c1805172/content.shtml.

［6］香港交易所.香港交易所上市规则与指引［EB/OL］. https://sc.hkex.com.hk/TuniS/cn-rules.hkex.com.hk/.

［7］Artificial intelligence in a regulatory setting: Assessing listed companies' Annual Reports:https://www.hkexgroup.com/-/media/HKEX-Group-Site/ccd/Media-Centre/Insights/pdf/HKEX_PAI_paper.pdf. 中文版：https://paodingai.com/cooperation/material/.

［8］Review of Issuers' Annual Reports Review of Issuers' Annual Report Disclosure – Report 2019（《审查上市公司年报披露——2019年报告》）：https://www.hkex.com.hk/Listing/Listed-Issuers/Exchange-Report/Review-of-Issuers-Annual-Report-Disclosure?sc_lang=en.

［9］Review of Issuers' Annual Reports – Report 2021（《上市公司年报审核报告（2021）》）：https://www.hkex.com.hk/Listing/Listed-Issuers/Exchange-Report/Review-of-Issuers-Annual-Report-Disclosure?sc_lang=en.

AI基础设施链接大模型与应用，助力监管科技

雷 涛

摘 要：大模型带来了人工智能新范式，其百亿参数规模带来的语言理解能力、生成能力和逻辑推理能力等，使模型性能显著提升。人工智能应用于监管科技，助力风控、合规等业务线条，得到了广泛的场景应用。本文介绍了当前阶段，基于AI基础设施，利用大模型新范式，推进监管科技建设的应用成果，为后续进一步广泛开展大模型在监管科技领域应用提供了思路指导。

关键词：监管科技 大模型 人工智能 资管产品

一、引言

（一）监管现状

近年来，由于金融行业的严监管时期到来，财政部及一行三会相继颁布各类规范性文件，强化对金融机构的监督管理，调整风险控制指标，整个金融行业进入了严监管时期。2017年，一系列文件如《关于开展银行业"监管套利、空转套利、关联套利"专项治理的通知》和《关于集中开展银行业市场乱象整治工作的通知》等频繁出台，将重点规制对象指向银行的资管行为。2018年4月，《关于规范金融机构资产管理业务的指导意见》发布，从资管产品定义、合格投资者、信息披露与透明度等多方面，对资管业务存在的多层嵌套、刚性兑付、通道问题进行全面规范，凸显了严监管特征。与此同时，监管主体也开始构建同类产品的统一监管标准，更加注重功能性监管和体系化监管，为证券业务健康发展创造良好的制度环境。

作为券商的基础业务之一，证券资产管理的实施效果与监管政策紧密关联。随着监管力度日益增强，各类新规的规制对象已逐步从银行向所有金融机构拓展，而金融活动本身具备的多主体参与性和风险传递性会加剧前述各项规范对券商资管业务产生的影响。因而，除对专业化资产配置、组合管理及风险平衡有实质性需求外，以"代客理财"为本源的资管行业的合规需求同样增势明显。随着互联网平台的全面构建，利用金融科技作为辅助工具探索合规路径，将是券商资管行业因应性变革的必然趋势。

可见，金融科技已在一定程度上应用于当前的证券资管行业，丰富了证券交易模式。而传统法律规制手段较为单一且存在明显的滞后性，无法对平台交易进行有效的监管。因此，在互联网技术全面应用于证券交易的背景下，为了起到精准调控、实时对接、高效规制的作用，必须全面推进监管主体对监管科技的关注，防范金融科技发生异化风险。此外，有大量数据结论证明，监管科技手段注重事前防范，不仅可以减少风险发生后再予规制的损失，也有

利于提升被监管主体的行为认可度及社会公众满意度，从而全面实现新时期的科学合理规制。具体言之，即以平台多元业务交织、数字经济信息不对称为背景，探索证券市场主体在日常业务特别是资管业务中的责任分配、手段创新以及合规路径。

（二）监管科技

金融行业作为国民经济的重要组成部分，对于信息技术的应用需求非常高。随着信息技术的高速发展，金融行业不断应用新技术来提高效率和服务质量，从而更好地满足客户的需求。相较于其他行业，金融行业在信息技术方面的发展更为成熟，这得益于金融行业对于科技智能的高度重视和投入。金融机构投入大量的资金和人力进行系统建设与技术升级，使金融行业在信息技术方面具有很强的优势。无论是大数据分析技术、区块链技术还是人工智能技术，金融行业都在积极应用和推广，为客户提供更加优质的服务和体验。因此，金融行业在科技智能方面起到了很好的带头作用，也为其他行业提供了很好的借鉴和参考。

监管科技是指以大数据、云计算、人工智能、区块链等技术为代表的新兴科技，主要用于维护金融系统稳定、实现金融机构稳健经营、保护金融消费者权利等。

广义的监管科技包括了监管机构使用的"监管科技"与监管客体使用的"合规科技"两种，这两个应用场景下监管科技的目的基本相同，都是为了降低成本、提高效率。

监管科技的内涵可以从合规和监督两个层次来理解：一方面，金融机构将监管科技作为降低合规成本、适应监管、提升风险管理能力的重要手段，可以理解为合规科技。另一方面，监管科技有助于金融监管机构丰富监管手段、提升监管能力、缓解监管困境，是保护金融消费者合法权益、维护金融体系稳定、防范系统性金融风险的金融途径，可以理解为监管科技。

二、人工智能与大模型

人工智能是第四次技术革命中的重要技术。近期ChatGPT的火爆出圈，再次引发了全球对人工智能技术发展的广泛关注。强人工智能时代或将来临，类似ChatGPT的大语言类模型可完成撰写邮件、视频脚本、文案、翻译、写代码、写论文等各种任务。

大模型是指具有非常大的参数数量的人工神经网络模型。在深度学习领域，大模型通常是指具有数亿到数万亿参数的模型。这些模型通常需要在大规模数据集上进行训练，并且需要使用大量的计算资源进行优化和调整。大模型通常用于解决复杂的自然语言处理、计算机视觉和语音识别等任务。这些任务通常需要处理大量的输入数据，并从中提取复杂的特征和模式。通过使用大模型，深度学习算法可以更好地处理这些任务，提高模型的准确性和性能。

IDC认为，大模型将会助推数字经济，为智能化升级带来新范式。IDC中国副总裁兼首席分析师武连峰更是表示："大模型的背后蕴藏着一场人工智能落地模式的变革。"如果说蒸汽机是对动力的封装和移动，电是对能源的封装和移动，那么人工智能将是对知识的封装和移动。大模型是集合全人类知识的里程碑，其知识浓缩会成为未来知识供给的基础设施。

大模型具有处理大规模数据、处理复杂问题的超强能力，具有更高的准确率和性能。大模型的强泛化能力减少了对于数据标注的依赖，具有强通用型和少样本学习能力，其预学习可减轻特定领域的数据量。大模型承上启下，深刻影响底层技术和上层应用的发展；向下驱动数据技术和计算架构能力的提升，支撑模型训练、部署和优化，向上支撑上层应用的服务转型。

金融行业是数字化、智能化的先行者，也是大模型技术落地的最佳领域。如果将大模型的能力放在金融行业中去处理原有的任务，会对很多工作产生颠覆性的影响。

大模型时代到来，大模型参数涌现后得到思维链能力，但是大模型本身的限制，包括数据的时效性、数据安全等问题，亟待解决。

本文通过两个在监管科技中的场景应用案例，介绍了人工智能与大模型在监管科技的场景应用，并对作为大模型与场景应用链接工具的AI基础设施理念进行阐述。

三、资管产品知识图谱

（一）资管产品风险

作为一种融资工具，资管计划可以节省资金在中间环节的流通，保护投资者的合法权益且能为其带来更多收益。然而，由于现有金融机构存在制度不完善、自身经营管理水平具有局限性以及外在环境的变化等现象，资管计划也常常面临各种风险和挑战。诸如，单个实体节点的信用风险，以及实体节点因流动性风险冲击传播至关联实体的系统性风险等，所面临的风险将会造成市场恐慌，危害金融稳定和社会稳定。

目前还无法很好地对资管计划风险作出分析、评估，当风险源实体遭受负面冲击影响引发风险扩散时，对与之直接关联或间接关联的经济实体所造成的影响，很难进行量化评估。

故分析资管业务不同实体间的风险关系特性和风险传导效应，量化风险传播影响值，具有重要的理论价值和现实意义。基于此，天云融创数据科技（北京）有限公司（以下简称天云数据），长期耕耘金融领域，在监管机构指导下，与券商机构合作，利用人工智能技术赋能资管产品风险控制。结合AI基础设施理念，基于大模型和人工智能技术，可以较好地实现对资管计划相关资金链路当中的相关节点进行风险大小分析、量化评估，改善对与风险源关联的实体节点所造成的影响进行量化评估的问题，从而达到帮助企业或监管机构评估和预警相关风险的作用。

（二）资管图谱构建

通常，资管计划会面临各种风险，诸如，单个实体节点的信用风险，以及实体节点因流动性风险冲击传播至关联实体的流动性风险。具体而言，伴随着资本市场中不同经济实体间的资金流动，资管计划中资管产品与参与主体之间构成了一个复杂的关系网络（见图1）。资管网络中存在各种关联关系，如担保、股权质押以及债务债权等。当资管网络中某个实体节点因行业不景气、现金流紧张或底层资产违约等因素出现爆雷现象时，将会对关联实体造成影响，且风险有可能继续蔓延，甚至引发"多米诺骨牌"效应，造成市场恐慌，危害金融稳定和社会稳定。

《中央监管平台机构监管综合信息系统—资产管理业务数据报送接口规范（试行）》规定了相关金融机构数据上报规范，对接交易、估值核算、TA、资讯、风控、信评、客户关系等全流程数据源。我们根据相关数据规范，形成标准化数据接口，方便监管机构和券商快速接入数据构建图谱；梳理资管产品知识图谱网络中涉及的节点和关系，最终定义产品、企业、自然人、合约四种节点，企业投资产品、产品持有产品、产品交易对手合约等19种关系。

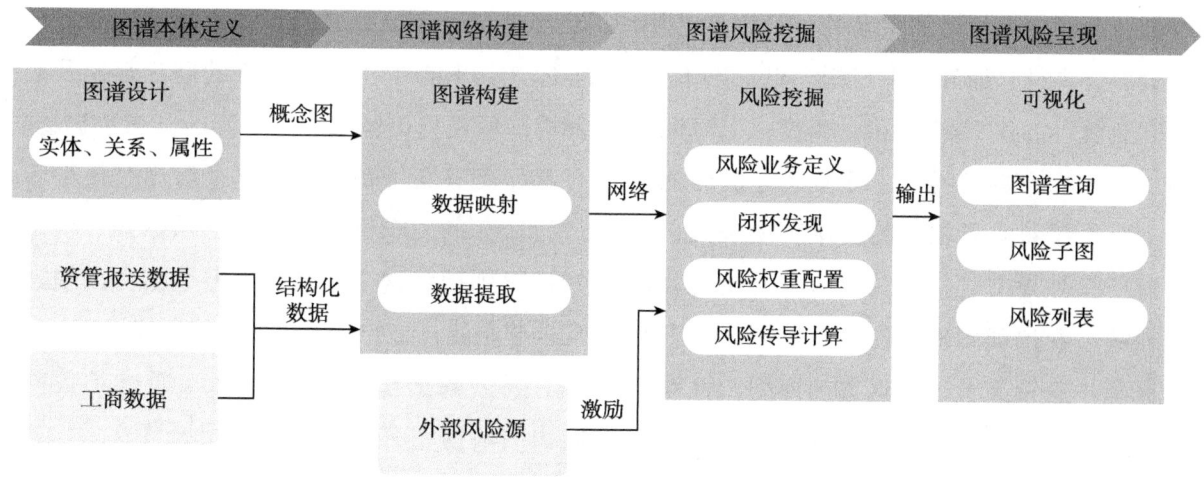

图 1 资管图谱构建流程

利用知识图谱表示不同节点之间的关联关系，以资管产品图谱为载体，理顺资金流动方向和风险传递方向，由此给出图谱中某一风险源节点对周围节点引发的关联、传导效应，基于风险源（目标实体节点），通过图算法计算出实体节点的风险值，能够较好地实现对资管计划风险作出分析、评估，改善了对与风险源关联的实体节点所造成的影响进行量化评估的问题，从而有利于帮助企业或监管机构评估和预警市场信用风险等其他各种风险。

针对风险传导模型结果，提供多种查询方式，并与资管全面风险管理系统进行数据对接，助力资管业务人员在业务系统查看风险信息，全面助力资管业务信用风险管理。

该资管图谱基于天云数据 MaximAI-PaaS 人工智能建模平台构建，进行数据的处理、资源调度、计算、存储，利用多种图模型、多种算法，实现风险传导分析模型，上层应用服务提供了图实例管理、图谱分析、风险传导等功能，并提供相应的数据服务接口。

（三）利用大模型处理文档及文本数据

金融行业是文档密集型的行业，不管是券商、银行、保险、基金、私募，这些企业都有大量的文书处理，例如招股书、债券募集书，这些都是投行业务等行业中会涉及的。上市企业提供的派息公告、股权质押公告、重组公告、审计的会计师事务所要提供的审计报告，基金公司的基金合同，还有银行处理的各种各样的函证，这些都是各种各样的文档。

非结构化数据文档格式繁杂，比如 Word、PDF 与 PDF 的电子版、扫描件，还有图片格式 jpg 这样的文件等，数据很难直接应用，所以处理起来，既困难又耗时。

利用多模态大模型实现针对于文档非结构化数据的信息要素快速抽取，作为资管图谱中的相关节点要素，扩充资管图谱；舆情数据是风险传导模型的风险实体节点来源，舆情数据包含舆情风险事件及相关主体信息，同时利用大语言模型对舆情风险源数据进行风险要素抽取，实现风险源的实时更新，激励资管图谱风险传导模型的实时更新，快速反馈业务人员图谱风险传递情况，及时做出决策，降低风险影响。

四、合规场景问答

（一）合规场景问题

金融监管政策调整频繁、监管法规数量不

断增加，除了定期发布和更新的监管政策之外，各种会议、文件、通知和窗口指导也层出不穷。据不完全统计，仅2023年第一季度，上海证券交易所、深圳证券交易所、证监会等机构就发布了168项券商业务相关的法律法规条文、通知和窗口指导等文件，金融机构需要花费大量精力理解不断出现的新条例。而且随着监管水平的提高，监管要求也变得更加详细，针对不同业务相继出台不同的监管措施，并对数据的准确性、完整性、及时性提出了更高的要求，这些都使金融机构在对法律法规与政策条例的理解能力上面临很大的挑战。金融机构或监管机构在进行合规工作时，存在法规数量多、合规适配难、专业人才不足的问题。

目前解决法律法规与政策条例理解能力的技术手段主要为抓取官方渠道发布的政策法规条文，以特定形式存储后，通过数据挖掘、自然语言处理等技术，提取关键语义并进行数字化的解读。

（二）Elpis 大模型应用

目前大模型主要基于的语料数据是非结构化数据，各种类型的文档、图片、音视频等训练出来多模态模型，对于训练模型本身，这些非结构化数据就需要预处理转化为向量数据。在应用端与 ChatGPT 进行交互的时候，可以输入文字、图片等信息，首先需要处理的是输入进行向量化，然后进入模型，在底层还有海量历史数据进行向量计算，还涉及相似问题查询，相似问题最优答案推荐。诸如以上的向量化数据的存储，需要一个分布式向量数据库进行支撑，这是非结构化数据大模型场景工程化落地的必然路径。

天云数据 Elpis 通过 AI-PaaS 平台采集相关数据，进行数据标注及数据处理，基于迁移学习对大语言模型进行微调，同时利用自研数据库产品 Hubble-vector 组件的向量存储及查询能力，使模型语境更适用于当前私域数据场景，并且做到答案可精确溯源，最后通过模型管理进行服务的发布供用户使用。从数据、信息到知识再到智慧这个层级，天云数据可以快速实现构建企业自主的知识封装和使用能力。

天云数据私域大模型 Elpis 通过具备向量能力的数据库 Hubble 支撑全量合规文件，并做迁移学习。通过 MaximAI-PaaS 平台采集相关数据，进行数据标注及数据处理，基于迁移学习对大语言模型进行微调，同时利用 Hubble-vector 的向量存储及查询能力，使模型语境更适用于当前私域数据场景，并且做到答案可精确溯源，最后通过模型管理进行服务的发布供用户使用。在生成时可以引用原有法条做准确严谨回答，对比通用大模型，更适合机构私有数据。

五、总结

数据要素的产生经历了三个代际的变化：第一代数据要素是信息化系统产生的存量数据，大多存在于企业业务中；第二代数据要素在消费者的消费交往中产生，形成了产销合一的互联网逻辑；第三代数据要素则是由新型信息基础设施拉动，由传感器、物联网、AIGC 等生成数据。

ChatGPT 的出现意味着第三代际的数据要素生产方式已经到来，应该如何在这个基础上让数据要素成为资产并充分活起来、动起来、用起来？知识化服务可以成为一种解决方案——将数据发展为知识的过程就是数据资产化的过程。

那么如何将数据资产化？

凯文·凯利在《必然》中提出了"知化"这一未来30年的发展趋势，认为人工智能思想的到来加速了其他所有颠覆性趋势的进程，并在未来世界中发挥的威力与曾经的"铀元素"相当。大模型只是就绪了语言知识，没有知识的逻辑性，因此会出现创造出不存在的知识、主观猜测提问者意图等模型幻觉问题。如何填补大模型的逻辑知识？传统机器学习的符号主义、连接主义依然能发挥很大作用。私域数据大模型可以将大模型的意图理解能力和人们的专业知识能力合二为一，快速构建知识体系。

向量数据库在帮助大语言模型的应用方面发挥了重要作用，对AI有非常好的支撑。深度学习被认为是最有效的非结构数据处理方式之一，非结构数据经过深度学习模型的处理会被向量化，所以海量非结构数据的分析处理被转化为对海量向量的近似搜索。以后主流的数据库必然要面向AI，面对数据的存储、计算、调度和解析四个层级，因此一定是AI原生数据库。

综上所述，基于AI基础设施建设，有效结合传统机器学习的符号主义和连接主义的逻辑知识，快速构建知识体系，同时利用向量数据库帮助大语言模型快速实现私域数据的场景应用，将大模型广泛应用于监管科技，推动监管科技发展，实现快速工程化落地，是人工智能辅助监管科技建设的高效路径。

[作者单位：天云融创数据科技（北京）有限公司]

参考文献

[1] 李帅. 证券业适用金融科技与监管科技的衔接问题研究——以资管业务领域为研究对象[J]. 证券法律评论, 2019: 71-81.

[2] 陈旭. 券商集合资管业务风险传染及免疫策略研究[D]. 广州：华南理工大学经济与贸易学院, 2018.

[3] 张郁. 商业银行资产管理业务的穿透式监管：本质、难点及对策[J]. 南方金融, 2017, 494 (10): 63-66.

[4] 欧阳红兵, 刘晓东. 中国金融机构的系统重要性及系统性风险传染机制分析[J]. 中国管理科学, 2015, 23 (10): 30-37.

[5] 凯文·凯利. 必然[M]. 周峰, 董理, 金阳, 译. 北京：电子工业出版社, 2016.

自然语言处理技术在资产管理与金融科技领域的应用研究

谌 明 王 强

摘 要：本文着重探讨了自然语言处理（NLP）技术在资产管理和金融科技领域的应用。首先，我们描绘了NLP在证券领域的广泛应用，包括基础技术和特定应用。接着，我们概述了问答业务的解析技术和基础工具，如问句分类、句元提取和文本改写等。进一步，我们介绍了语义相似度匹配和文本生成技术在资产管理和金融科技领域的应用，并分析了泛化结果的风险和需考虑的因素。此外，我们还探索了多轮对话和金融舆情系统的实施，以及知识图谱和信息抽取等技术的应用。最后，我们总结了当前的应用策略和成果，并提出了未来的优化和改进方向。

关键词：NLP技术　问答业务　多轮对话　金融舆情系统　知识图谱　语义相似度匹配

一、引言

（一）研究背景与重要性

近年来，随着人工智能的进步，自然语言处理（NLP）技术在金融领域广泛应用，尤其在证券市场和资产管理，以及金融科技领域。证券市场是信息更新最快的市场之一，NLP技术能帮助投资者迅速获取市场信息，促进决策。在金融科技领域，NLP技术提升资产管理效率和准确性，为客户提供优质服务。因此，探讨NLP在证券市场及资产管理、金融科技领域的应用具有重大价值。

（二）国内外研究现状与发展

目前，全球众多研究者已探讨NLP在金融领域的应用。在证券领域，研究焦点是如何运用NLP分析股市新闻和社交媒体信息，预测股价变动。在资产管理和金融科技领域，研究者注重利用NLP优化客户体验，提升资产管理效率和准确性。同时，研究者也在探索将NLP与其他技术结合，实现更优应用效果。

二、NLP技术在证券领域的应用

本部分首先介绍了NLP的基础技术，包括语法级别、语义级别、词汇级别和语用级别等方面的技术。这些技术为后续的证券领域NLP应用提供了基础支持。在定制化应用方面，本部分重点介绍了如何根据业务需求进行定制化的NLP应用，如文本分类、序列标注、句子关系和生成任务等，并介绍了不同任务类型下的各自子任务类别。

（一）NLP的基础技术和定制化应用

NLP的基础技术经过数十年的发展，形成了一套比较完备的体系，从使用角度来说，通常可以分为：词汇级别、语法级别、语义级别和语用级别（见图1）。其中词汇级别的技术包含中文分词、词性标注、命名实体识别等，比如语音指令场景，通过分词和词性标注分析输入中关键实体动作语义等，准确理解命令含义，提高用户体验。

使用角度		
	词汇级别	中文分词、词性标注、命名实体识别、关键词提取
	语法级别	依存句法分析、短语句法分析、语言模型
	语义级别	短文本相似度、语义解析、词义相似度、词义排歧、情感识别
	语用级别	指代消解、自然语言生成、机器翻译、对话系统、文本纠错、文本摘要

图1 从使用角度看NLP基础技术

在多轮交互式对话场景中，关键词识别有助于定位核心实体并自动判断对实体信息的需求。针对不同业务信息抽取场景，可基于定制词表进行词法分析、处理业务信息、提取关键技术，从而实现信息结构化。语法级别技术包括依存句法分析、短语句法分析和语言模型等，通过找到句子与句子、词与词之间的结构关系，提取主干信息和相关语义成分，完成各自语义理解和结构建立。语言模型也可从统计和概率的角度给出自然语言中字与字之间的关系，以供后续应用。

语义级别技术包括短文本相似度、语义解析、语义相似度、语义排歧、情感识别等。在信息检索场景中，可根据文本检索其相似文本，并利用标签检索图片、视频等。相关推荐场景可通过用户浏览的新闻标题检索相似的新闻。在特定用户场景下，语用级别技术可处理特定问题，包括指代消解、自然语言生成、机器翻译、对话系统、文本纠错和文本摘要等。

任务类型		
	文本分类	情绪识别、观点分类、意图识别、复杂语义识别……
	序列标注	分词、命名实体识别、词性标注、句法分析……
	句子关系	相似判断、文本关系、自然语言推理、QA……
	生成任务	文本摘要、机器翻译、文本纠错、文本生成……

图2 从任务类型看NLP基础技术

在具体业务场景中，一般通过一种或几种这类任务定制化的组合应用，能够显著提高最后呈现的业务效果。预训练模型的时代以后，自然语言处理技术一般按照任务类型来进行分类，通常分为四大类，包括文本分类、序列标注、句子关系和生成任务（见图2）。在每个具体任务下面有各自的子任务类别，比如文本分类可以分成情绪识别、观点分类、意图识别等。意图识别则包括情绪识别等更细粒度的任务类型。本文采用了这种分类方式，具体展示了每个任务类型下的子任务类别，并探讨了如何在具体业务场景中定制化应用NLP技术。

（二）证券领域NLP技术的常见应用场景

本部分介绍了证券领域NLP技术的常见应用场景。NLP技术的应用可以大大提高工作效率和精准度，从而帮助投资者和证券公司更好地处理股票等相关信息，作出更明智的投资决策。

（三）NLP技术在证券领域的业务应用

本文介绍了NLP技术在信息抽取、多轮交互式对话、情感识别、文本纠错和文本摘要等方面的应用。在信息抽取方面，NLP技术可帮助证券公司从财经新闻和公告中提取关键信息，如股价变动、业绩预测、财务数据等。在多轮交互式对话方面，NLP技术实现了客户服务的自动化。在情感识别方面，NLP技术有助于分析市场情绪和舆情。在文本纠错和文本摘要方面，NLP技术提高了报告质量和准确度。此外，本文还介绍了同花顺证券的NLP技术应用产品列表（见图3）。

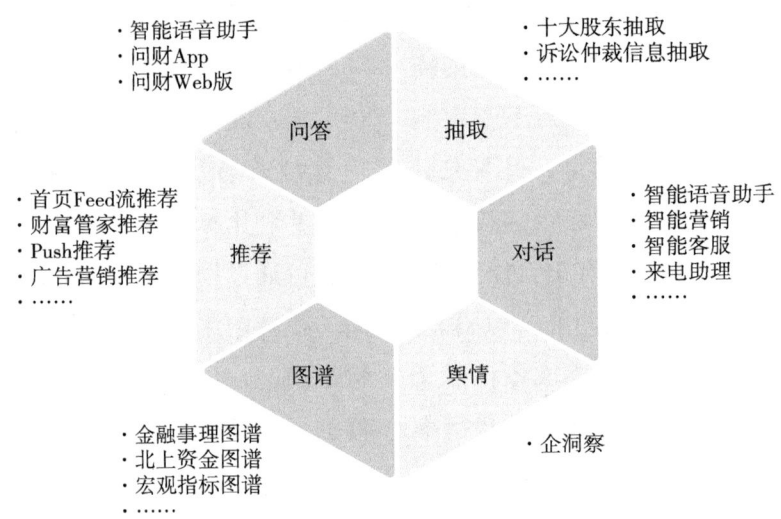

图3 同花顺业务产品

三、资产管理及金融科技领域中的问答业务

（一）问答业务的解析技术

问答业务是金融科技领域中的一项重要业务，其核心在于解析用户问句并从数据库中取出相应数据，最终将结果拼装成完整回答。解析技术是实现这一目标的关键。

本部分将详细介绍问答业务的解析技术，包括问句分类、句子元素提取、text2sql语义解析和文本改写等。问句分类将用户问句分为不同类型，以便采取不同处理方式；句子元素提取将提取问句中的关键元素，包括实体、属性、关系等；text2sql语义解析将自然语言问句转化为SQL查询语句，方便数据库查询和返回结果；文本改写重组问句，生成更简洁规范的问句，便于后续处理。

（二）问答业务的流程分析

问答业务流程涵盖从用户提问到系统回答的全过程，包括问句规划、语义识别、领域分析和业务逻辑处理等步骤。它主要包括输入解析、语义理解和回答生成三个阶段。

在输入解析阶段，系统先对问句进行分词和词性标注，提取并标记词汇，为后续处理提供基础数据。接着进行命名实体识别，以获取句中的实体信息。

语义理解阶段主要包括通用语义识别和领域语义识别。通用语义识别有助于系统快速把握用户意图，而领域语义识别则帮助系统深入理解用户问题并提供相应答案。

回答生成阶段首先从数据库中根据用户意图和上下文提取信息，再进行过滤、排序和整合，生成完整回答。

在实际应用中，需要考虑数据质量、模型鲁棒性和系统性能等因素，以保障问答业务的稳定和准确。随着深度学习的进步，问答系统持续优化，例如，引入基于注意力机制的模型和Bert等预训练语言模型，都有助于提升系统性能。

（三）text2sql解析方案及效果优化

问答业务中常用的text2sql技术将自然语言问句转换为SQL查询语句，便于数据库信息查询。text2sql的核心问题是将自然语言转为SQL语言并解析为可执行的查询语句。一般策略是将问句解析为语法树，进行语义映射。语法树的构建需用到分词、词性标注、命名实体识别等自然语言处理技术，形成语言表达结构。基于此结构，构建语法树并映射为SQL语言。SQL语言解析为可执行查询语句时，需要SQL解析器和执行器。

作为语义解析的有效解决方案，text2sql以端到端特性得到广泛应用。我们的text2sql方案采用修改版的IRNet模型，包含Encoder和Decoder，其中Decoder结合定义好的语法树解码。输入为自然语言，输出为抽象语法结构。因为现有场景可能无法完全满足学术论文中定义的语法规则，我们对此做了改进，定义了新的语法规则，覆盖99%以上的线上问句类型。

我们有大量用户问句资源，基于线上回流数据，建立了优化闭环流程，通过模型解决用户问题，获取可用训练数据，反复训练模型。这形成了一个闭环，使线上数据持续迭代整体模型，获得了良好效果。图4展示了我们的text2sql解析方案过程。

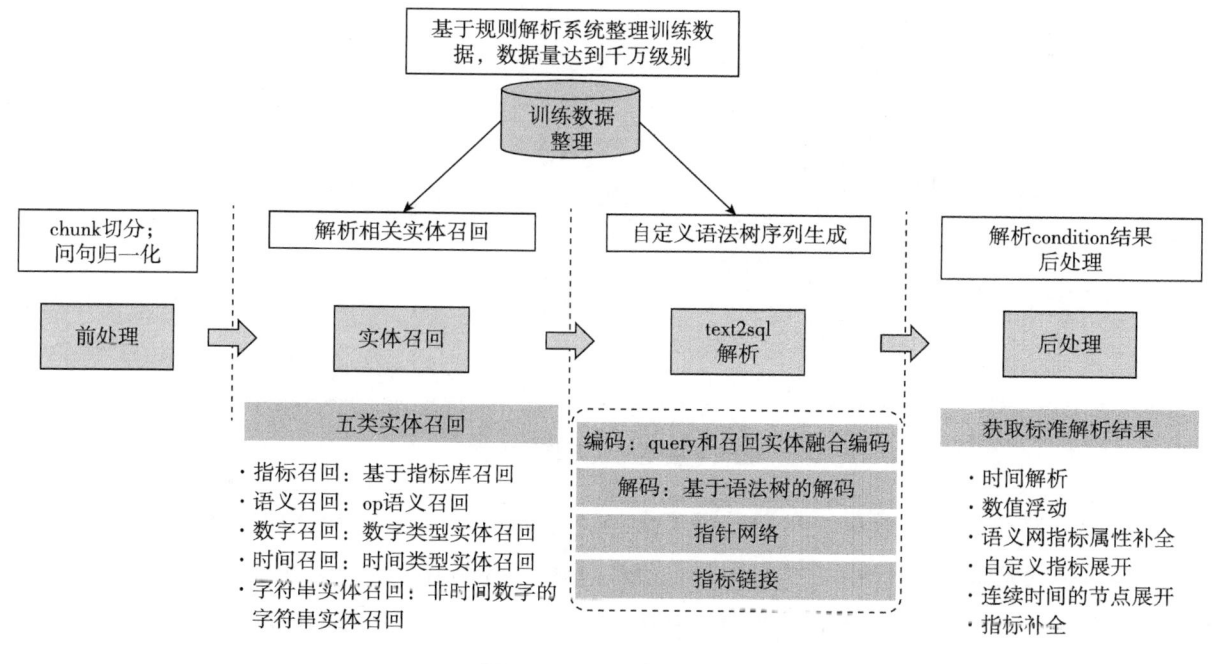

图4　text2sql解析方案

text2sql 技术优化涉及方案设计和模型优化两方面。方案设计需考虑问句多样性、数据库复杂性和语义多义性等因素，需根据实际情况制订并优化方案。

模型优化方面，常见技术包括模型压缩、模型蒸馏和模型微调。模型压缩通过减少参数和稀疏化模型，降低模型大小和计算复杂度，提升运行效率。模型蒸馏利用大模型知识训练小模型，提高小模型准确性。模型微调在现有模型上进行针对性训练，进一步提升模型性能。

在丰富的问句资源基础上，我们尝试进行持续训练，发现在 BERT 上进行针对性的持续训练后，模型效果有所提升。目前，模型在中文解析场景准确度达 77.82%，英文场景准确度约 71.17%。我们相信后续优化将带来更大效果提升。

四、语义相似度匹配和文本生成技术的应用

（一）语义相似度匹配技术的应用

语义相似度匹配技术用于比较文本或句子的语义相似度，主要应用于金融科技领域的文本分类、情感分析和问答系统。实现该技术需要经过特征提取和相似度计算两个阶段，其中特征提取使用自然语言处理技术将文本转化为数学特征向量，而相似度计算则采用余弦相似度、欧氏距离和曼哈顿距离等方法进行比较和匹配。

在实际应用中，常见的相似度匹配算法被分为召回和排序两部分。召回任务的目的是减少候选物品的数据，一般采用基于对比学习的模型 SimCSE。排序模型则基于 BERT 预训练的排序模型，对召回的结果进行排序，给出基于相似度的匹配结果（见图 5）。

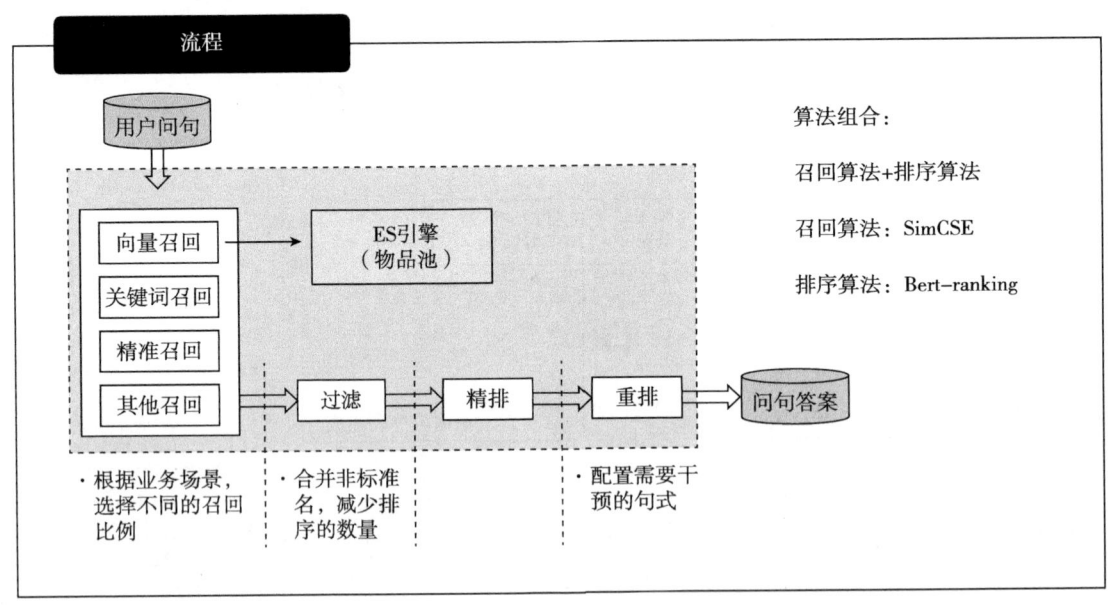

图 5　相似度匹配算法方案

为了提高整个模型的效果，我们采用了大规模的语料进行无监督的预训练和专业领域数据的预训练。在模型部署方面，我们还做了一些模型蒸馏和加速的工作，以满足线上部署的耗时需求。最终，我们的四层模型在客服相似度及指令相似度的领域，准确度可达到 85% 以上。

（二）文本生成技术的应用

在问答系统中，文本生成是不可或缺的环

节。为了避免用户失去兴趣，我们需要实现文本的多样性。为此，我们尝试了不同的方法，如丰富内容形式、传递情感价值和避免语义重复等。目前，我们采用了中文版的GPT2模型，并结合一些规则进行辅助，例如同义词替换和语气词增删等。生成后，我们会对文本进行打分，超过可用阈值的问句会被输出（见图6）。目前，改写后的可用率为67%，覆盖率约为70%。然而，我们仍然面临着一些问题，如泛化结果的多样性不足、风格控制不完美以及有些泛化后的语句不够通顺。因此，我们一直在不断优化和改进。

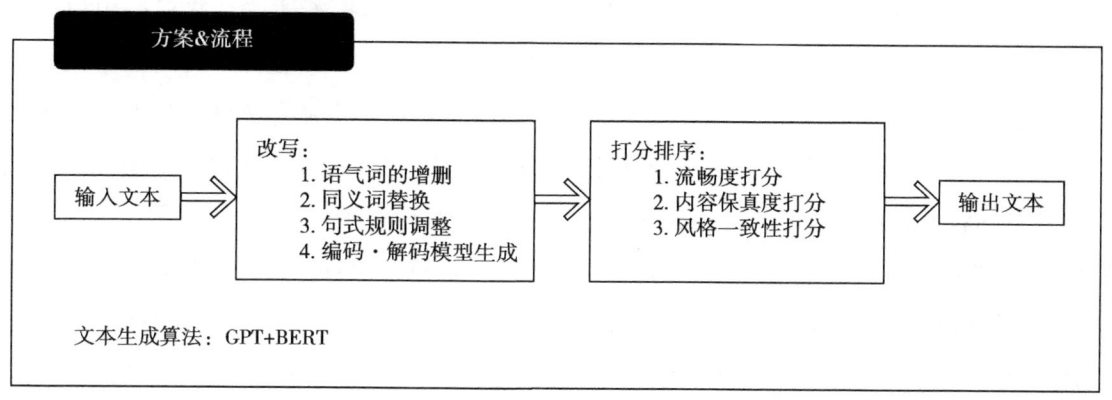

图6 文本生成方案

举个例子，如果问"今天上证指数下降1.22%，北上资金流入106.51亿元"，经过模型处理后，会输出不同的维度添加信息。例如，在北上资金逆势流入的前提下，我们可以增加转折等语义，以增加多样性（见图7）。

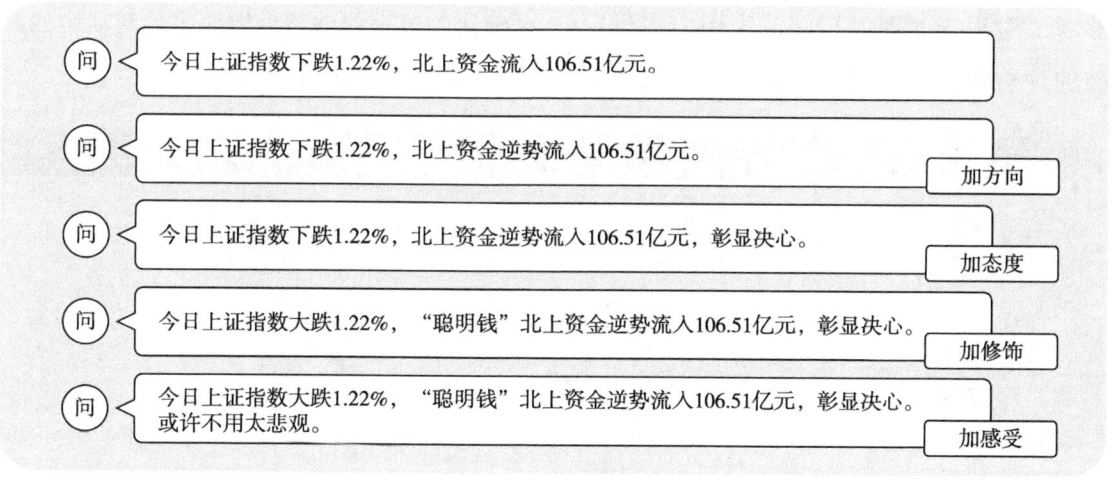

图7 文本生成示例

通常情况下，我们不建议改写答案。在泛化结果时，我们会观察文本变动强度大小，以保证答案的多样性。同时，也要确保泛化后整体的逻辑和语义通顺度，以及风格是否符合财经媒体或新闻的要求等。

在文本生成技术的应用中，最主要的难点是如何保证生成的文本质量和可信度。在金融科技领域中，质量和可信度尤其重要，因为它

五、资产管理及金融科技领域中的多轮对话和金融舆情系统

（一）多轮对话中的 Double-check 技术及应用

多轮对话技术的关键在于有效的对话管理，其目标是使系统能够准确理解用户的意图并生成最适宜的响应（见图8）。实现有效的多轮对话需要应对多个技术挑战，例如对话状态的管理、对话场景的转换以及对话内容的生成等。

首先，多轮对话技术在智能客服环境中具有显著的应用价值。在此环境下，该技术能够通过深入理解用户的需求，迅速为用户提供答案，从而提高客户满意度和服务效率。它同时也能助力客服团队更准确地洞察用户需求，提供更精细化和个性化的服务。

其次，金融理财领域同样能够受益于多轮对话技术的应用。在这个场景下，多轮对话技术能够通过对用户意图的理解，为用户提供更加精准的理财建议，同时根据用户的反馈不断调整建议，以满足用户的需求。此外，它还能帮助金融机构更深入地理解用户的需求和风险偏好，从而提供更个性化的理财服务。

最后，多轮对话技术在金融投资领域也有巨大的潜力。在这个场景中，多轮对话技术能够通过理解用户的需求和风险偏好，为用户提供更加精准的投资建议，并根据用户的反馈不断调整建议，以满足用户的需求。同时，它还能够帮助投资机构更好地了解市场趋势和风险偏好，从而提供更科学和可靠的投资决策支持。

在对话过程中，一个重要环节是"二次确认"（Double-check），这是为了解决可能出现的消歧问题。在多轮对话中，可能会出现模棱两可的问题或系统无法理解的问题，此时进行适当的二次确认能够获取用户的真实意图。例如，当用户询问"新能源领域最牛的公司有哪些"，由于"最牛"可能指的是股价高、公司收入高或利润高等不同的含义，我们需要与用户确认"最牛"是指哪一个方面，以提供更准确的回答。这个二次确认的过程能够帮助解决多轮对话中的消歧问题，从而提高整体的解决效率3%~4%。

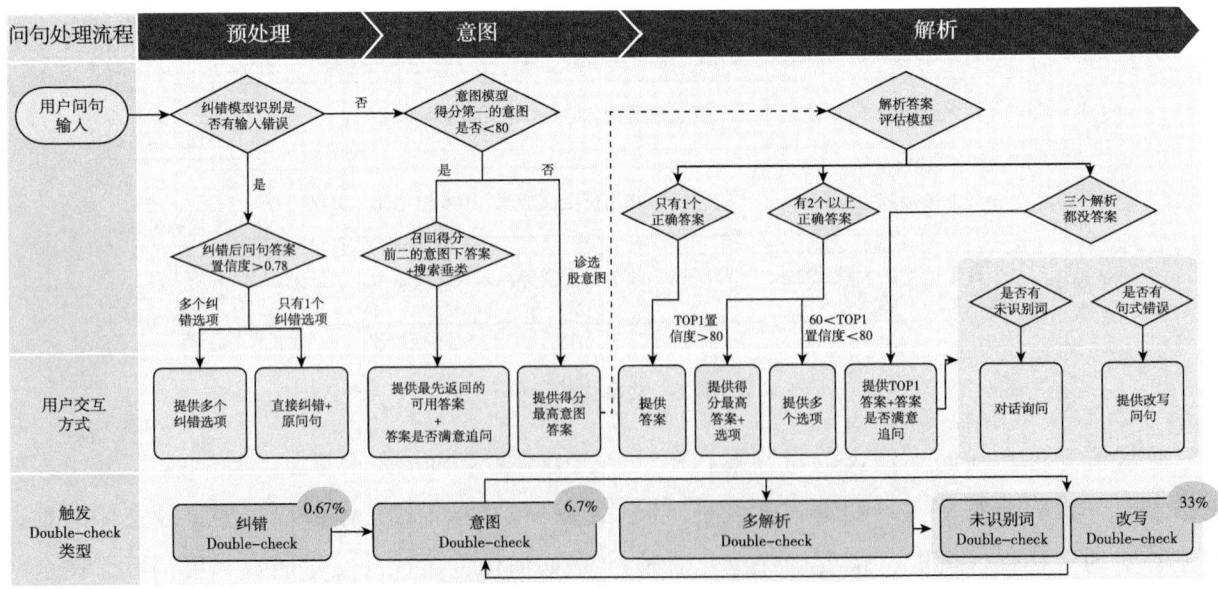

图8 对话中的 Double-check 方案

在金融科技领域，多轮对话技术已被广泛应用于智能客服、智能投顾、智能营销等业务场景中，旨在为用户提供便捷、个性化的服务。行业内的学术界也有很多解决方案，例如北大、加州大学以及欧洲一些大学的方案，我们也进行了比较，总体而言，我们的方案具有一定的竞争力。通过多轮对话系统，用户可以方便地查询个人的资产信息、获得投资建议和了解市场动态等。同时，多轮对话系统还可以提供个性化服务，根据用户的投资偏好和风险偏好提供相应的建议，提高用户的体验和满意度。

（二）金融舆情系统的技术及应用

金融舆情系统是一种基于自然语言处理(NLP)技术的舆情监测和分析系统，其主要应用于金融领域的舆情监测和风险控制。该系统通过对大量金融相关信息进行分析和挖掘，提取关键信息和事件，为金融机构和投资者提供重要参考和决策依据。金融舆情系统主要应用信息过滤、分类、实体识别、情感分析和事件挖掘等技术。其中，信息过滤技术用于筛选与金融业务无关的信息，分类技术可将新闻和文章按主题分类，实体识别技术可从文本中识别出人名、地名、机构名等实体信息，情感分析技术可分析文本中的情感色彩，事件挖掘技术可从大量信息中发现和挖掘重要事件和趋势。

金融舆情系统的应用场景主要包括风险预警、投资分析、市场监测和舆情分析等方面。在风险预警方面，可通过监测和分析市场动态和新闻事件，及时发现和预警可能出现的风险和危机。在投资分析方面，可为投资者提供可靠信息和分析，帮助他们进行决策。在市场监测方面，可监测和分析市场变化和趋势，为金融机构提供决策依据。在舆情分析方面，可对市场热点事件进行分析和挖掘，为金融机构提供市场参考和分析报告。

对于一个金融资讯舆情系统，首先需要进行信息过滤，过滤掉非业务相关的内容。其次，需要使用分类器模型将新闻和文章按主题进行分类，通常垃圾新闻的识别率可以达到95%的精确度和81%的召回率。再次，需要识别出不同舆情中相关的机构名称。最后，结合知识图谱大模型来做整体线上效果的优化（见图9）。

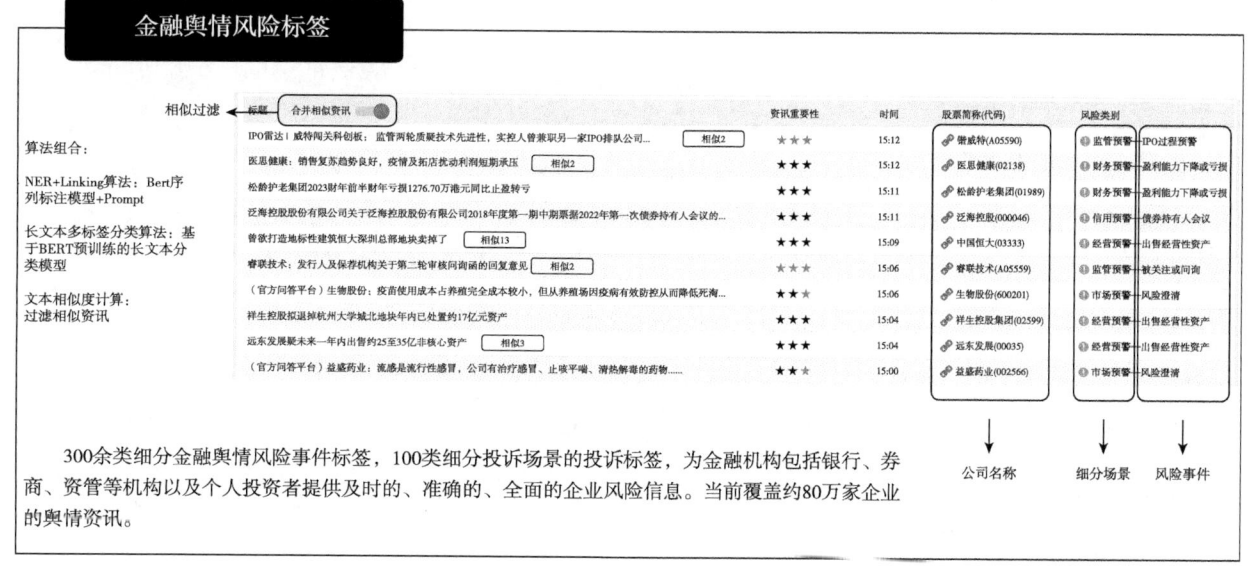

图9 金融舆情风险标签

在舆情中，风险识别不仅需要对资讯实体进行识别，还需要对整个资讯进行分类，并考虑它对证券投资的影响。通常情况下，我们会打上正面和负面的标签，并进一步分析具体的风险因素，例如法人变更。在判断资讯是否为负面资讯时，我们需要分析它的来源和原因。

为了解决这个问题，我们先尝试了计算量较小、速度较快的HCN和HAN网络，但效果一般，HAN的准确率仅为59%。随后，我们尝试了使用较大的模型，考虑到文本篇幅越长，对性能的要求也越高，因此我们选择了参数量最少的tinyBERT模型。相比于HAN，整体准确率提高了10%，达到了69%。我们最新的模型UIE-nano的准确率大约达到了86%，效果较为不错，如图10所示。

模型类型	模型	准确率	提升
常规模型	HCN	36.34%	
	HAN	59.28%	↑22.94%
预训练模型	tinyBERT	69.45%	↑17.25%
	Uie-nano	86.29%	↑16.84%

图10 舆情监控模型及效果

（三）知识图谱和信息抽取技术及应用

1. 知识图谱的构建和推理

知识图谱是一种将实体、概念和它们之间的关系表示为图的知识表示方法。在金融科技领域，知识图谱可应用于风险控制、投资研究、投资顾问和理赔等领域。知识图谱的构建主要包括三个步骤：实体识别、关系抽取和图谱构建。实体识别利用命名实体识别（NER）技术从文本中抽取出实体，例如公司名称和股票代码等。关系抽取则是通过语义解析技术从文本中抽取出关系，例如控股关系和上下游关系等。图谱构建将实体和关系以图的形式表示，并通过推理技术对新知识进行补充和扩展，如图11所示。

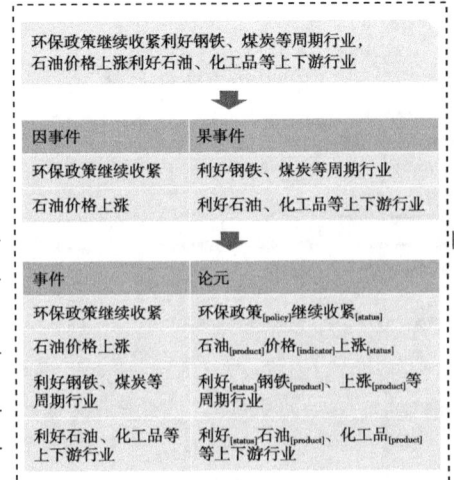

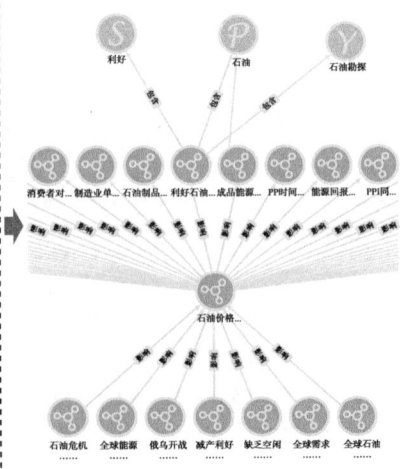

图11 金融事理图谱构建

在整个自然语言处理（NLP）应用中，知识图谱的研究也占据很大一部分。对于风险控制、投资研究、投资顾问和理赔等领域，知识图谱都发挥着至关重要的作用。例如，可以根据知识图谱中不同公司和法人之间的关系，及时推断出相关公司的风险并采取相应的措施。在同花顺，构建和应用知识图谱是一个重要的研究课题。目前，我们已经构建了宏观经济图谱、A股大盘图谱、金融事件图谱等多个图谱。

金融事理图谱是以因果关系三元组为主要节点的知识图谱，用于描述不同金融事件之间的关系和影响。该图谱通过事件抽取技术构建，分为从金融语料中抽取因果关系三元组以及进一步抽取事件论元两个步骤。为了提高抽取效果，采用了mengzi_bert + gplinker框架，并通过数据增强和对抗训练提升模型性能。最终，在事件和论元的抽取上能取得80%以上的F1值，关系抽取F1值也在70%以上。目前已生产超过170万个节点（见图11）。

2. 信息抽取技术

信息抽取是指从非结构化和半结构化的数据中提取结构化信息的过程。信息抽取技术应用于金融科技领域的新闻资讯、公告公示、财务报表等方面。对于长文本的信息抽取，一般通过分段输入预训练模型的方式完成；对于表格的抽取，可以通过表格解析和序列标注等方式实现。为提高模型性能，采用了数据增强技术和合作伙伴的孟子模型，最终F1值能达到96%以上的性能表现（见图12）。

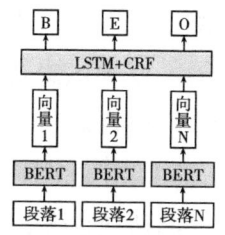

原理：预训练模型抽取段向量+序列分类标注模型

难点：性能瓶颈，标注样本少

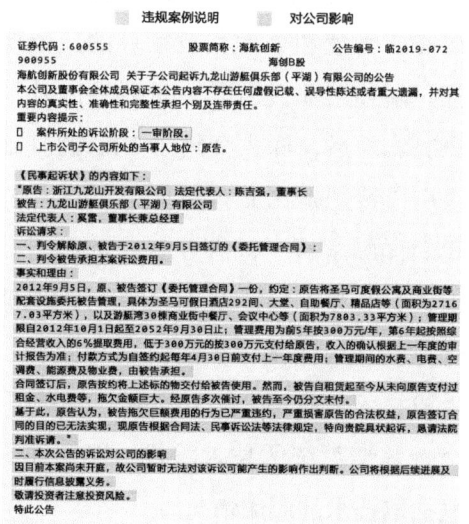

模型	优化增强	F1	提升
word2vec	—	83.15%	
MacBERT-Large	—	89.59%	↑6.44%
Mengzi-base	—	92.38%	↑2.79%
MacBERT-Large	数据增强	95.99%	↑3.61%
Mengzi-base	数据增强+in_trust_loss	96.66%	↑0.67%
Mengzi-base	数据增强+pu_loss	96.67%	↑0.01%

图12 长文本抽取方案及示例

此外，我们还关注表格信息抽取，因为在上市公司公告和研报中，表格非常常见。从NLP的角度来看，表格抽取存在多个难点，如样式不规范、无表头、行列转置、合并单元格等。因此，我们需要深入理解整个表格的含义。目前，我们采用的方法是将每一行和每一列都输入预训练模型，形成行或列向量，然后再经过一个序列标注过程，得到相应结果。整体上，我们的表格抽取准确率达到了约88%。为提高准确率，我们尝试了多种方法，如表头检测和引入attention方式、TreeAttention等。目前，我们的表格抽取准确率已经达到95%以上。整体方案如图13所示。

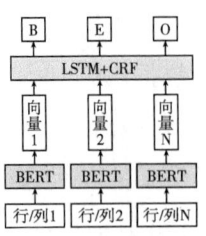

图13 表格抽取方案及实例

六、总结与展望

（一）研究总结

本文全面探讨了自然语言处理（NLP）技术在资产管理和金融科技领域的广泛应用。我们首先阐述了研究背景、重要性以及国内外研究概况。随后，深入介绍了NLP的基础与个性化应用，特别是在证券行业的实践。在第三部分，我们详细解析了问答业务中的解析技术、基础工具、业务流程，以及text2sql的策略和模型优化方法。第四部分关注语义相似度匹配和文本生成技术的应用。第五部分则分享了多轮对话、金融舆情系统的技术实践，以及知识图谱和信息抽取技术的应用情况。

（二）研究不足与未来展望

尽管NLP技术在资产管理和金融科技领域已广泛应用，但仍存在一些难题和业务场景待解决。随着NLP技术的持续进步，其在这两个领域的应用仍有巨大潜力。未来的研究和应用可以聚焦以下方向：

- 提升对话体验和个性化服务：在多轮对话和问答业务中，更深入理解用户语言、行为和意图，以提供更智能、个性化的服务，增强用户体验和满意度。

- 利用更多外部数据和场景：如社交网络数据、舆情数据等，这些数据可以丰富模型训练，提高预测和决策能力。

- NLP技术与其他AI技术的融合：结合计算机视觉、机器学习等技术，可以提升模型效率、准确性和鲁棒性，以满足更多应用需求。

- 推动技术标准化和规范化：确保数据和模型的安全和合规性，需要进一步推进技术标准化和规范化的工作。

（作者单位：浙江核新同花顺网络信息股份有限公司）

参考文献

[1] 张宇航.自然语言处理在金融科技领域的应用[C].2020中国信息通信大会论文集（CICC），2020.

[2] 戴路，潘莉，吴姗.自然语言处理技术助力金融科技标准化建设[C].中国标准化年度优秀论文

（2022）论文集，2022.

［3］毛瑞彬，朱菁，李爱文，周倚文，潘斌强，岳琳. 基于自然语言处理的产业链知识图谱构建［J］. 情报学报，2022，41（3）：287-299.

［4］崔炎炎，刘立新. 网络舆情赋能金融科技股票收盘价预测研究［J］. 统计研究，2022，39（6）：148-160.

［5］Gao, R., Zhang, Z., Shi, Z., Xu, D., Zhang, W., Zhu, D. A review of natural language processing for financial technology［J］. In International Symposium on Artificial Intelligence and Robotics，2021 (11884)：262-277. SPIE.

［6］Chen, C. C., Huang, H. H., Chen, H. H. NLP in FinTech applications: past, present and future［J］. arXiv preprint arXiv:2005.01320.

［7］Chen, C. C., Huang, H. H., Takamura, H., Chen, H. H. An overview of financial technology innovation［J］. In Companion Proceedings of the Web Conference, 2022：572-575.

将ESG融入资产配置框架：战略与战术

王 开 占 易[①]

摘 要：本文探讨了将ESG融入传统资产配置框架的不同步骤。在战略资产配置环节，纳入ESG因素可能改善回报和风险的预测，进一步基于预期回报、风险和ESG绘制有效曲面，并在其上找到确定目标组合。针对欧美市场的实证研究显示，随着对ESG的约束增强，有效前沿将会向右移动。在ESG战术资产配置环境中，风险识别与应对是关键，而ESG评分的上调或下调可以系统地衡量各资产面临的中短期ESG风险或机遇。另外，我们对"反ESG"策略加以思考，通过分析四只"反ESG"基金，我们发现"反ESG"基金并非反对普世的ESG投资价值，而是购买了ESG逆向剔除策略中被剔除的行业。

关键词：ESG 资产配置 有效前沿

一、引言

资产组合的配置策略一般分两步，首先进行战略资产配置（SAA），之后在战略配置的基础上进行战术配置（TAA）（见图1）。SAA确定了组合的长期预期收益与预期风险，而TAA则旨在增厚组合的收益、管理突发的短期风险，最终实现大类资产的最优配置比例。战略和战术资产配置策略对投资组合的构建和管理都十分重要，但我们认为战略配置应该是ESG的重点。从战术上避免重大地缘政治、极端气候变化等风险是有意义的，但气候变化、社会平等和更好的治理是需要战略方法的长期命题，这使战略资产配置策略成为将ESG融入长期资产配置的焦点。下文将探讨将ESG融入资产配置框架的不同切入点。

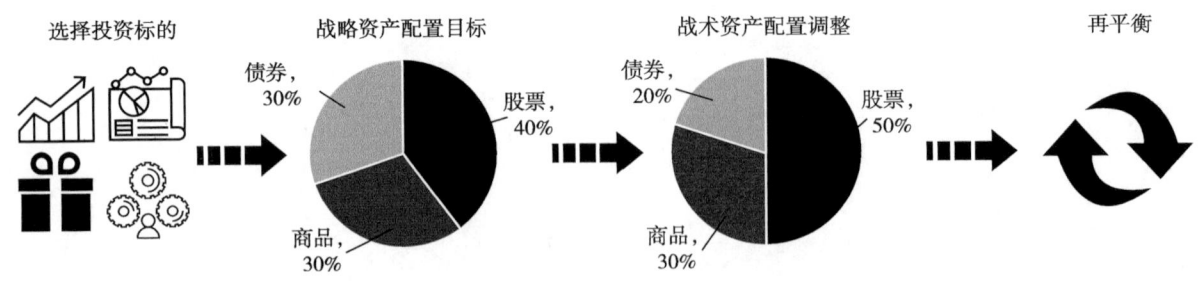

图1 资产配置的一般流程

[①] 王开，国信证券首席策略分析师，研究领域为多资产配置、ESG和宏观策略；占易，国信证券策略分析师，研究领域为自上而下的大类资产配置。

二、ESG战略资产配置：寻找组合的ESG有效曲面

越来越多的投资者开始意识到社会不平等、不道德的公司运营、碳排放、森林砍伐和气候变化正在成为全球共同面临的严峻问题。一方面，投资者可以通过资本市场行为推动将这些问题最小化或将其转化为积极影响；另一方面，环境、社会和治理（ESG）因素也与投资回报与风险紧密相关。根据富时罗素第六版资产所有者调查，2022年全球86%的资产所有者在他们的投资策略中实施可持续投资，高于2021年的76%；44%的受访者将可持续投资和气候考虑纳入他们的战略资产配置（SAA）模型或框架，高于2021年的33%。

目前在学界和投资者之间，对于ESG是否会帮助或损害投资组合的表现存在显著矛盾。这些矛盾的产生可能是由于对何为ESG策略本身就存在分歧，一些投资者将ESG作为判断资产未来回报和风险的考虑因素，就如同其他基本面因素一样；而另一些投资者则将ESG视为投资的非财务目标，与传统的财务目标并列，投资者需要在更高的ESG目标、更高的回报和更低的风险三个目标之间权衡取舍。但同时两者并不冲突，可以既把ESG作为投资的手段，也将ESG作为投资的目标。

投资者将ESG融入原有资产组合的策略分为三类：a类投资者，仅把ESG纳入对组合中资产回报与风险判断的考虑因素，但并不旨在提升组合的ESG水平，ESG是工具而不是目标；b类投资者，把ESG纳入考虑因素，并希望能够在不损害组合的财务目标的同时提升ESG水平；c类投资者，把ESG纳入考虑因素，同时接受牺牲一定程度的财务目标以进一步提升组合的ESG水平。其中包含着两大问题：第一，ESG因素是不是判断资产收益和风险的有效指标，如何基于ESG评级的资产类别的预期回报和风险？第二，投资者要如何实现ESG目标和财务目标之间的权衡取舍，或者有没有在不牺牲财务目标的前提下提升ESG水平的可能性？

为了更具象地理解上述两个问题之间的差异，我们将从战略资产配置的流程来理解ESG融合的不同维度。投资组合构建具有丰富的传统方法，例如均值方差模型、B-L模型、风险预算模型等，我们选取均值方差模型作为切入点。均值方差模型的搭建主要涉及三个步骤，可以将三个步骤分别纳入ESG对原有策略进行调整：第一步是确定相关的投资标的，需要排除缺乏ESG相关数据的资产，或是根据ESG需求进一步筛选投资标的，例如我们使用SPX ESG指数和彭博巴克莱美国全债ESG指数替代原始的指数构建美国股债60/40和30/70组合，这两个指数是对原始指数采用了负面筛选的方法，发现使用ESG标的构建的组合表现优于原始组合，同样地也存在"反ESG策略"将ESG作为标的筛选的负向指标，后文也将对这一策略进一步分析；第二步是预测投资标的的回报和风险，在原有的预测方法中纳入ESG因素可能改善预测结果，使之更接近实际情况；第三步是基于预期回报和风险绘制有效前沿，该前沿上的投资组合能够在既定目标和约束条件下最大化预期回报，之后在前沿上选取组合，融入ESG目标后在二维的风险—回报边界上寻找有效前沿，转换为了在三维层面上寻找均值—方差—ESG的有效曲面（见图2）。步骤二和步骤三实则是对应着前文所述的两个问题，在步骤二中，有效前沿的形态取决于对组合内资产

的预测,而现实中我们很难实现精准的预测,如果将ESG纳入预测模型中能够改善预测结果,那么绘制的有效前沿也将更接近真实前沿,组合的表现也将更符合投资者目标。

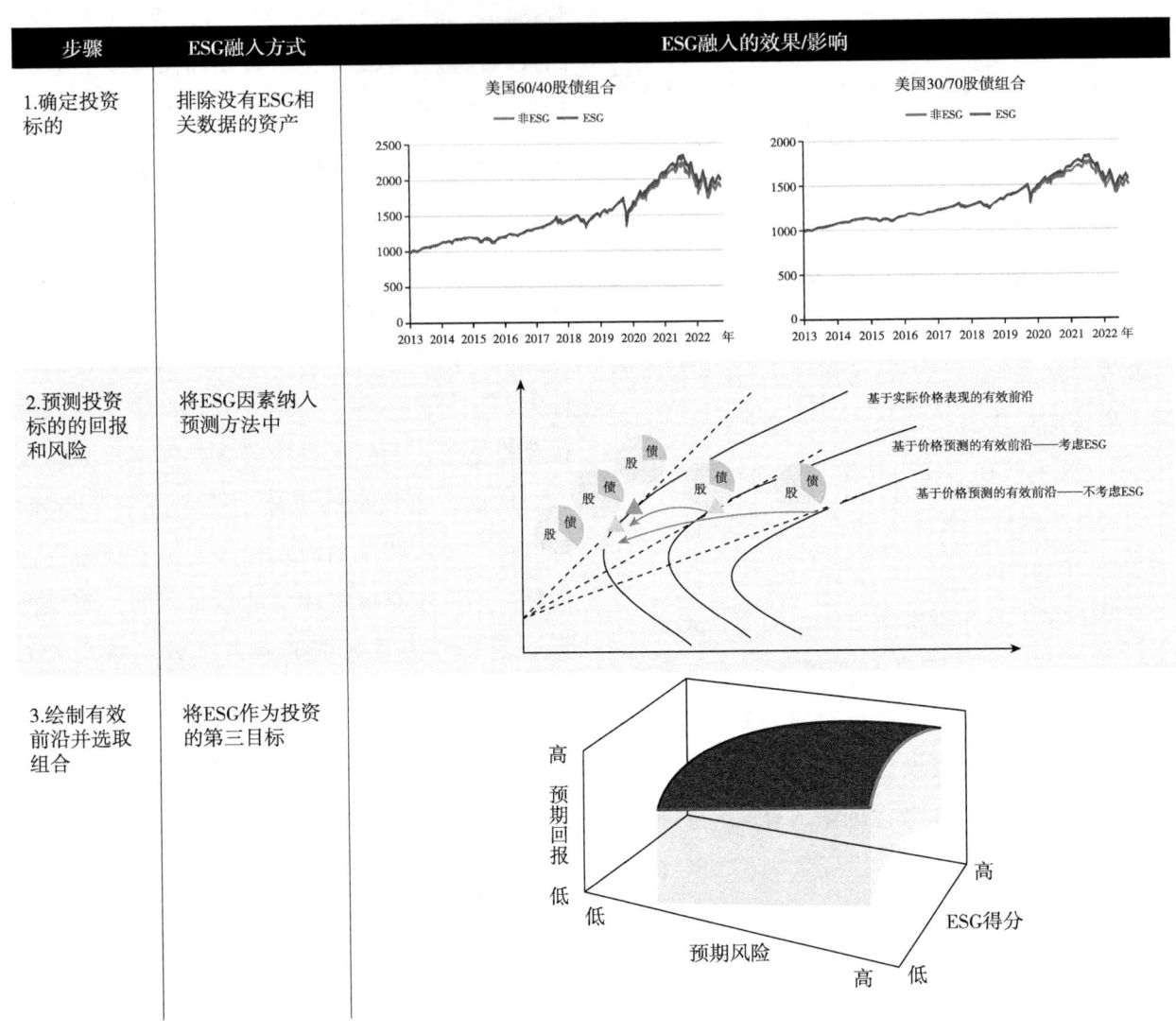

图2 在战略资产配置的三步骤中分别融入ESG的效果/影响

对于传统的投资者来说,其目标仅包含回报和风险,最经典的权衡回报和风险的战略资产配置模型是马科维茨提出的均值—方差模型,它给出了资产组合的均值—方差有效前沿,使投资者可以在有效前沿上找到符合自身需求的组合,例如最大夏普率组合、最小方差组合、目标回报组合、目标方差组合等。因此我们也可以将均值—方差模型的思路进行衍生,在投资者的目标中添加第三个变量——组合的ESG水平(正向)或ESG风险(负向)。这隐含了两个重要的假设:一是资产的环境、社会和治理(ESG)因素可以被一个变量很好地衡量;二是这一个变量可以被连续地测量,而不是离散的值。投资者因而面临回报与风险之间、回报与ESG之间、风险与ESG之间的三种权衡,在二维的风险/回报边界上寻找有效前沿,转换为了在三维层面上寻找均值—方差—ESG的有效曲面。在均值—方差—ESG的有效曲面上的每一个点都代表着实现最大回报、最小风险、最高ESG水平的组合,即固定组合的回报水平,无法找到能够进一步减小风险的同时不损害ESG水平的组合(见图3)。

但是在找到均值—方差—ESG的有效曲面之后,如何确定我们要使用有效曲面上的哪一个组合呢?当二维目标上升为三维,寻找最佳目标组合变得更加困难,就像应用数学家理查德·贝尔曼在考虑优化问题时提出的维度之咒。在学术文献中,在二维的均值—方差有效曲线上找到对于投资者最佳的组合的方法是使用效用函数,寻找有效曲线上能够使投资者获得最大的效用组合(一般情况下假设回报的增长提升投资者的效用、风险的增长降低投资者的效用),而在业界的实践中,投资者难以量化自身的效用函数,一般采取的方法是选取夏普比率最大或是目标回报下的组合。当问题来到三维时,在学术界同样可以使用效用函数的方法,难点在于找到投资者的效用函数,即投资者愿意牺牲多少回报来换更高的ESG水平,或是能够接受提升多少风险来换更高的ESG水平,而业界前沿研究中提出的一些实践方法可以对现实中的投资实践给出指引。其本质在于将三维的问题降为二维的问题去解决,主要存在两种方式:一是明确组合的ESG目标或是确定一个较小的范围,在固定ESG目标的二维平面上找到有效曲线,选取曲线上的最佳夏普比率组合(或其他组合);二是假设投资者没有明确的ESG目标,需要在每一个固定ESG的平面上找到有效曲线上的最佳夏普比率组合,将均值—方差—ESG之间的权衡转换为最佳夏普比率—ESG之间的权衡(见图4)。

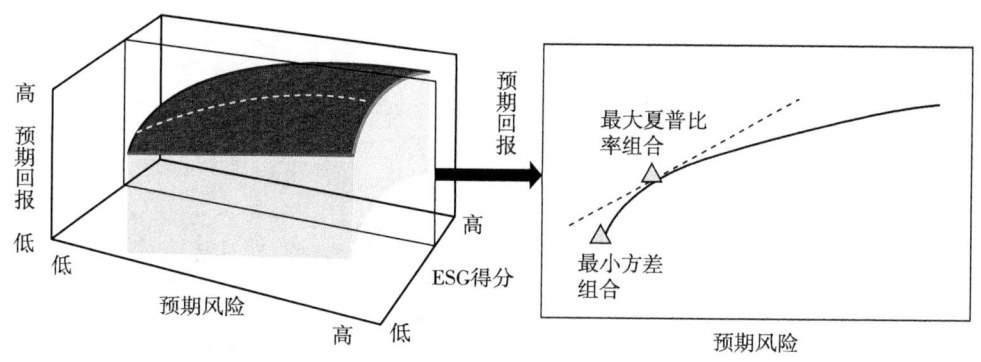

图3 在固定ESG目标的平面上找到有效前沿

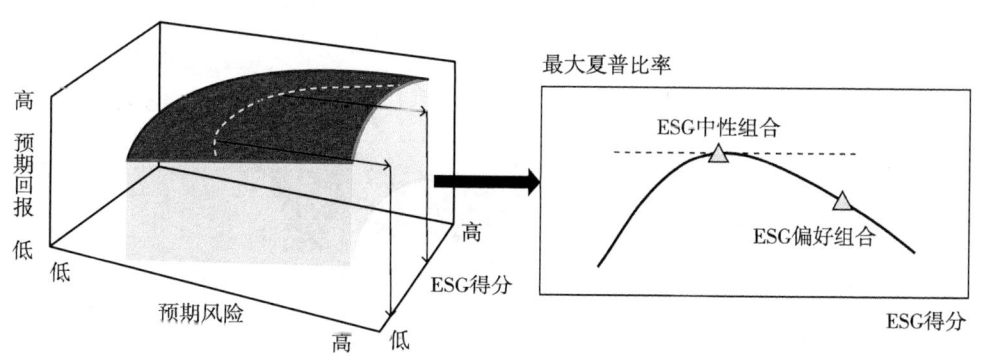

图4 在有效曲面上找到各ESG目标下的最大夏普比率组合

（一）方法一：在固定ESG目标的平面上找到有效前沿

较有代表性的研究包括 Jan De Spiegeleer 博士等人的 *ESG: A New Dimension in Portfolio Allocation*，他们对STOXX欧洲600指数和罗素1000指数的成分股进行了均值—方差—ESG投资组合分析，通过ESG评级和温室气体（GHG）排放强度这两种指标来量化一家公司的ESG表现，分析了执行不同程度的ESG目标时有效的边界是如何变化的。该研究使用2017年9月10日至2019年9月10日的历史回报和协方差作为对未来的预期，投资组合内的资产包括STOXX欧洲600指数中552项具有明晟ESG评级数据的股票，未增加ESG约束时有效前沿上的最小方差组合的加权ESG得分为5.54，有效前沿上的其他组合的ESG得分在5.54到5.58之间。回测结果显示，随着对ESG的约束越强（投资者希望实现的ESG水平越高），有效前沿将会越向右移动，即实现同等回报的组合需要面临更大的风险（或是在同等风险水平下组合的回报率更低）。不过，在ESG目标水平小于7时，这种有效前沿的移动并不显著，意味着在影响原有组合回报和风险特征较少的情况下将ESG水平从5.6提升至7是可行的（见图6）。

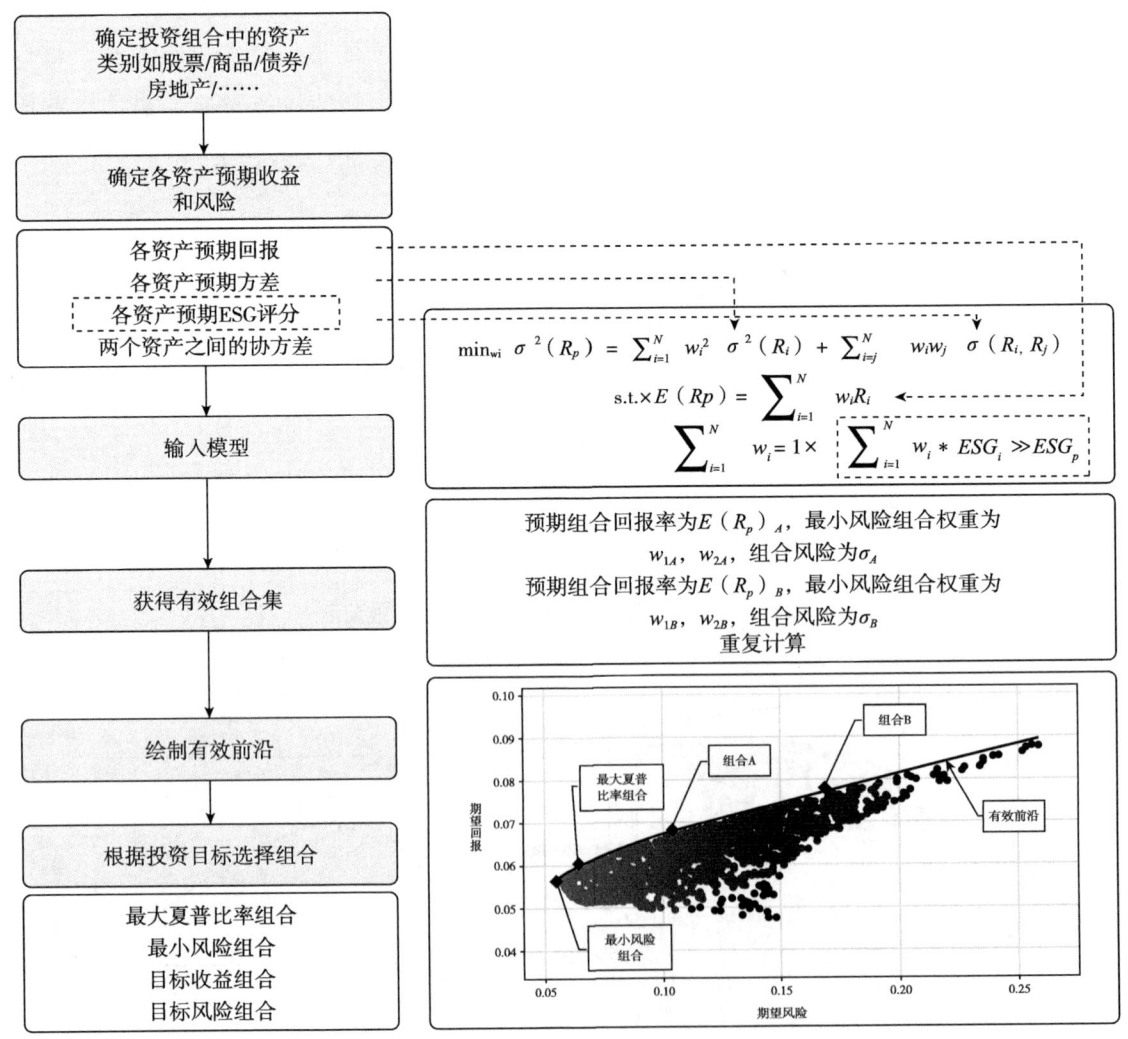

图5 均值—方差（ESG约束）模型使用流程

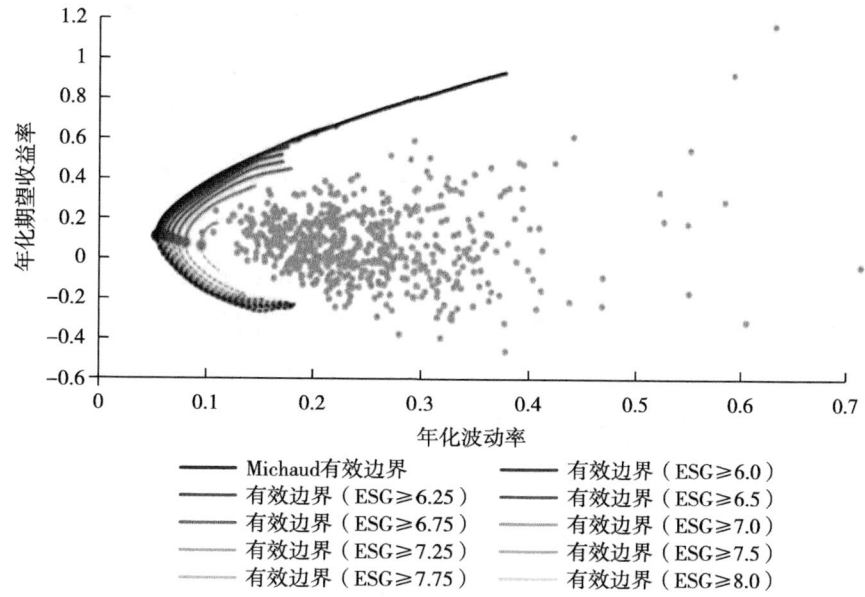

图 6 欧洲股票的均值—方差（ESG 约束）有效前沿

根据 Jan De Spiegeleer 博士等人的研究，观察在不同 ESG 约束下的有效前沿上的最小波动率组合可以发现，提高最小方差投资组合的 ESG 水平并不会带来太多波动性的增长（见图 7）。例如，将投资组合的目标 ESG 得分从 5.54 转移到 6，波动率只会增长 9 个基点。当 ESG 得分低于 7 时，预期回报和波动率都没有很大的变化，而更高的 ESG 目标会导致显著更低的预期回报和更高的波动率。

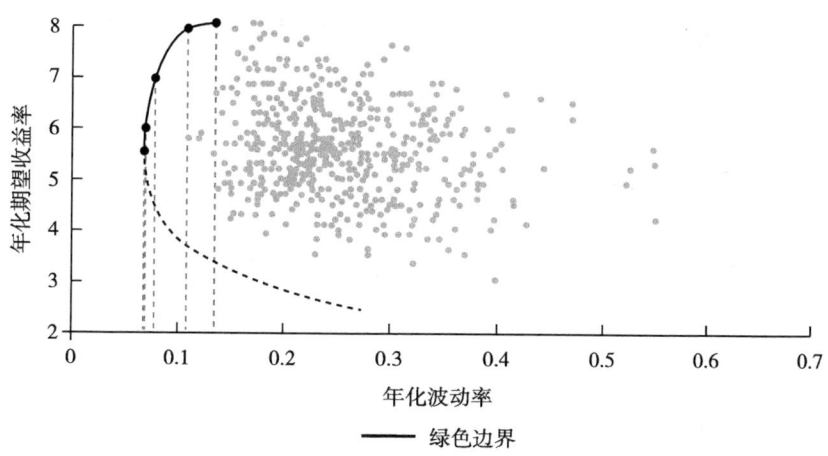

图 7 欧洲股票的均值—方差（ESG 约束）有效前沿

（二）在有效曲面上找到各 ESG 目标下的最大夏普比率组合

较有代表性的研究为哥本哈根商学院教授、AQR 合伙人 Lasse Heje Pedersen 等人的 *Responsible investing: The ESG-efficient frontier*，对美股指数的成分股绘制 ESG—夏普比率有效前沿，首先，对于每一个 ESG 水平找到最高夏普比率组合，将所有 ESG 水平上的最大夏普比率连接起来绘制成 ESG—夏普比率边界。在复盘当中，该研究区分了根据预期绘制的有效前沿和根据实际情况绘制的有效前沿之间的两种情况,两者的区别在于输入均值—方差模型的预期回报和风险是怎么产生的,一种简单的方法是将历史的实际表现作为对未来的预期(前文方法一的研究即采用这一方法,称为事后前沿),更复杂的方式是采用特定的预测方法(例如在该研究中将 ESG 纳入回报和风险的预测方法,使用经 ESG 调整后的 CAPM 模型,称为事前前沿)。首先以碳排放作为环境的代理变量来看,使用或不使用经 ESG 调整后的预期绘制的 ESG-SR 事前前沿十分接近,以实际情况绘制的 ESG-SR 事后前沿甚至相互重叠,这意味着使用碳排放这一环境代理在解释平均回报方面的帮助甚微(见图 8、图 9)。不过即使 ESG 代理是一个较弱的回报预测指标,ESG-SR 边界仍然有用,可以用来量化投资者所面临的权衡,他们牺牲多少夏普比率能够改善他们的投资组合的 ESG 配置。

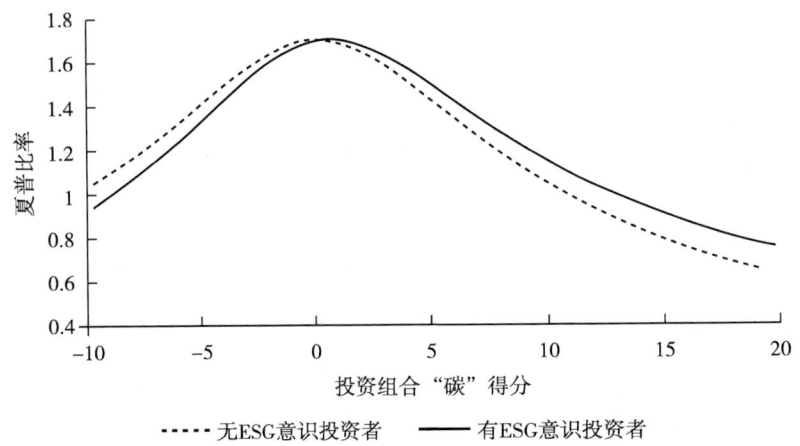

图 8 考虑投资组合"碳"得分的事前 ESG—夏普比率前沿

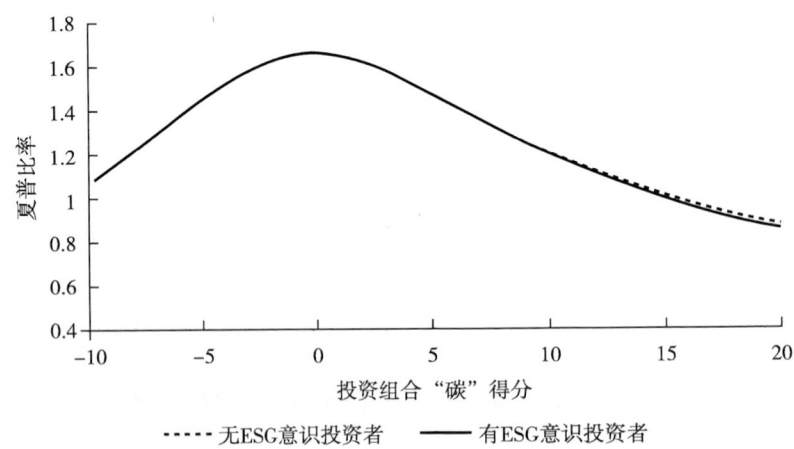

图 9 考虑投资组合"碳"得分的事后 ESG—夏普比率前沿

以明晟 ESG 得分作为 ESG 的代理变量来看,使用或不使用经 ESG 调整后的预期绘制的 ESG-SR 事前前沿差距较大,如果在两个前沿上分别选取最大夏普比率组合,具有 ESG 意识的组合的 ESG 得分明显高于市场的投资组合(见图 10)。此外,这个边界存在明显的不对称性,表明强制低ESG分数将对组合夏普比率造成明显损害，但提高ESG分数对组合夏普比率的影响较小。以实际情况绘制的具有ESG意识和不具有ESG意识的ESG-SR事后前沿相差较小，如果投资者的目标是获得最大夏普比率，那么两个组合将获得十分相近的ESG得分；如果投资者希望在此基础上进一步提升组合的ESG水平，那么在具有ESG意识的ESG-SR有效前沿上可以找到提升ESG水平，但对夏普比率损害较小的组合（见图11）。

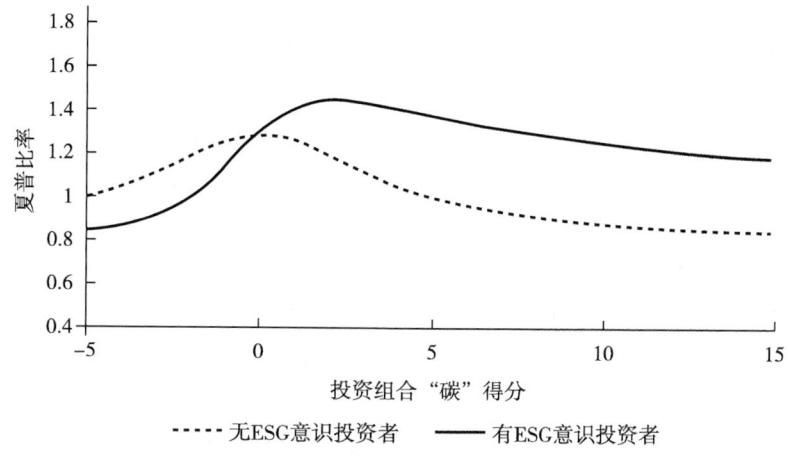

图10　考虑投资组合ESG得分的事前ESG—夏普比率前沿

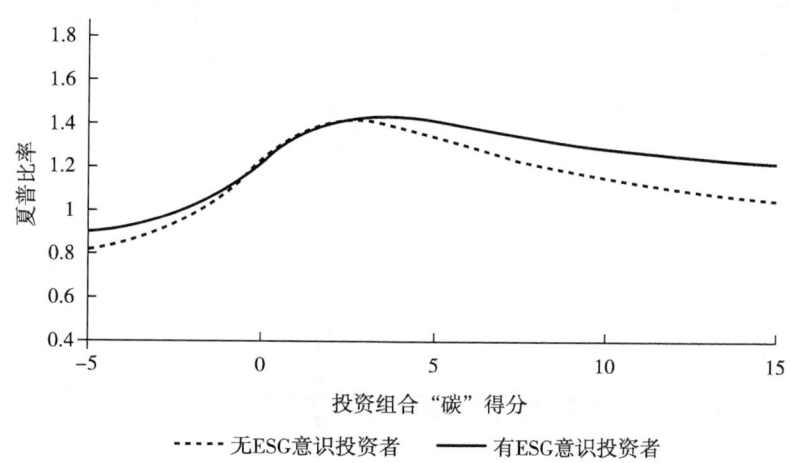

图11　考虑投资组合ESG得分的事后ESG—夏普比率前沿

三、ESG战术资产配置：风险识别与应对

相较于战略资产配置，战术资产配置偏中短期，其目标是通过捕捉中短期内的市场变化或突发风险调整资产组合，对战略资产配置组合进行优化调整。不同资产或子资产类别对市场变化或风险的敏感度不同，可能会造成暂时的价值不平衡，通过在资产类别之间或资产类别内主动调整投资组合的分配来利用这种定价差异。另外，战略资产配置是基于长期宏观经济环境下对资产价格的预测，而忽视了短期机会和风险，战术配置可以对战略组合增厚收益。

在SAA的基础上进行TAA调整主要有两种方法：一是增持或减持原有组合内的资产，也是最常用的方法；二是采用衍生品对冲突发风险，但衍生品的投资难度较大增加了资产配置的复杂程度。根据前文对于欧洲股市和美国股市的实证研究可以发现，将ESG纳入传统的均值—方差模型，可以实现在基本维持组合原有回报和风险的基础上实现更高的ESG表现，但有效前沿均是传统有效边界向右侧移动，意味着融入ESG目标或多或少地对财务目标产生损害，而ESG战术资产配置带来了从ESG角度增厚收益的可能性。采取ESG战术资产配置策略需要两个步骤：一是识别中短期的ESG风险或机会；二是了解不同资产类别或子资产价格对ESG风险或机会的反应，从而调整组合。

（一）识别中短期ESG风险

ESG风险评估的目的是识别可能对公司的价值驱动、盈利能力、竞争定位或股东的长期价值产生影响的因素，这些ESG风险可能会直接或间接影响实体企业的业务运营、现金流、法律或监管责任、声誉、与上下游企业的关系等。这些风险的识别需要具备特定行业和特定公司的专业知识，根据对公司的商业活动、合作伙伴、供应链上下游关系、市场竞争关系、所在国经营环境等方面的全局把握，识别公司面临的重大ESG问题，分析公司在这些问题中的风险和机会暴露（见图12）。同时也需要分析和评估公司管理这些重大问题的水平，实施有效ESG实践的公司面临ESG争议事件的概率较小，并且在此类事件发生时有能力作出更好的响应。

商业活动总览	重大ESG问题	竞争关系	危险信号评估
	由外向内的评估		由内向外的评估
对公司商业进行全局掌握和分析	识别重大ESG问题	识别最重要的竞争对手	分析重大ESG问题中的风险和机会暴露
对公司合作伙伴、供应商进行分析	识别ESG的关键绩效指标	分析对手的ESG表现	分析和评估管理重大ESG问题的水平
对公司经营活动所在国进行分析	对不同的因素赋予权重	分析该市场环境中的ESG表现	识别ESG举措
识别ESG风险集群	制作重大ESG问题名单		识别ESG相关计划和活动

图12 ESG风险识别流程

	环境	社会	治理
风险因素	碳足迹 用水量 废物处理 温室气体排放 对生物多样性的影响 砍伐森林	工资平等 工作场所安全条件 供应商/供应商惯例 侵犯人权 多样性、公平性和包容性 数据隐私	透明沟通 ESG披露 董事会结构和多元化 腐败和欺诈预防 组织诚信和道德 高管薪酬
风险影响	因违法环境法规受到处罚	影响品牌形象和客户忠诚度	违反特定行业的法规
事件	2017年，特拉华国际石油公司（IPC）因环境犯罪违反《清洁水法》被判处130万美元罚款并向威尔明顿市赔偿220万美元	2019年，渣打银行因给予高管比其他员工更优惠的养老金安排而受到投资者的批评	大众汽车承认在2015年伪造了排放测试，这一ESG丑闻使其付出了数十亿美元的罚款、罚金、回购成本

图13 ESG风险类型

（二）不同资产对 ESG 风险的反映

ESG 风险事件给企业带来一定的破坏和成本，经晨星的研究发现，经历过严重负面 ESG 事件的公司平均损失了 6% 的市值，其中必需消费品和公用事业因为 ESG 相关的争议而面临市值下降的风险最大，仅看平均值掩盖了 ESG 风险潜在的巨大的尾部风险。例如，2015 年多伦多交易所前市值最大的制药公司 Valeant 在会计和定价丑闻中损失了 90% 的市值。由于数据的可得性和 ESG 风险的复杂性，我们目前尚未获得历史上不同资产经历的各类 ESG 风险事件回顾，但公司遭遇的负面 ESG 风险事件及其相应的处置情况反映在 ESG 评分中，因此可以 ESG 评分的上调或下调来衡量各资产面临的中短期

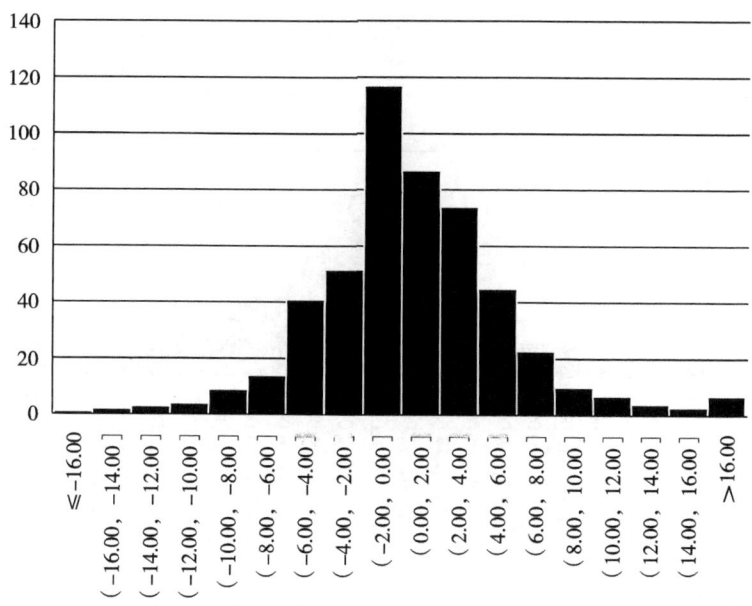

图 14 SPX 指数成分股 ESG 评级上调 1 个月内回报

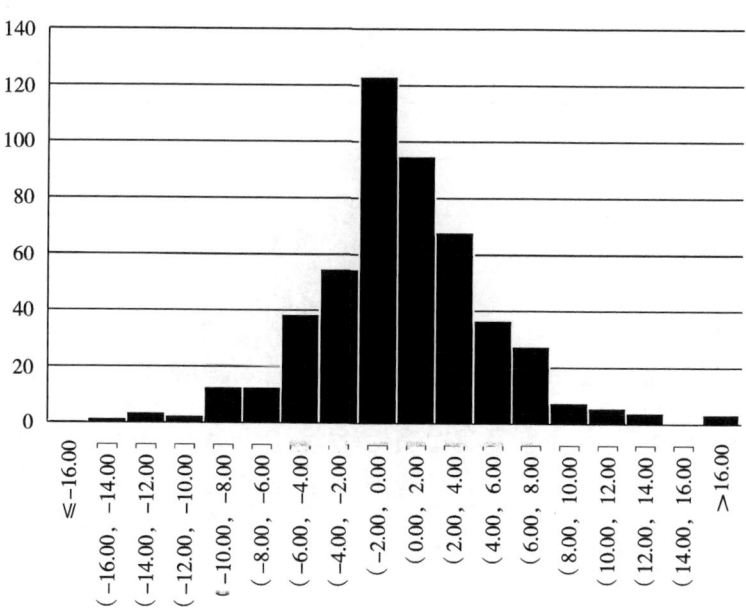

图 15 SPX 指数成分股 ESG 评级下调 1 个月内回报

ESG风险或机遇（见图14、图15）。我们回顾了2021年5月以来美国大盘股遭遇ESG评级调整后的超额回报，尽管在一定程度上ESG上调评分后的回报呈现右偏分布，表明ESG上调后录得正超额回报的概率相对更大；而ESG下调评分后的回报呈现左偏分布，即ESG下调后录得负超额回报的概率相对更大，但整体来看是服从均数为0的正态分布（见图16、图17）。这意味着ESG调整事件不是当月股票价格变动方向的关键原因，也印证了我们认为将ESG融入资产配置框架重点在于中长期战略策略的观点。

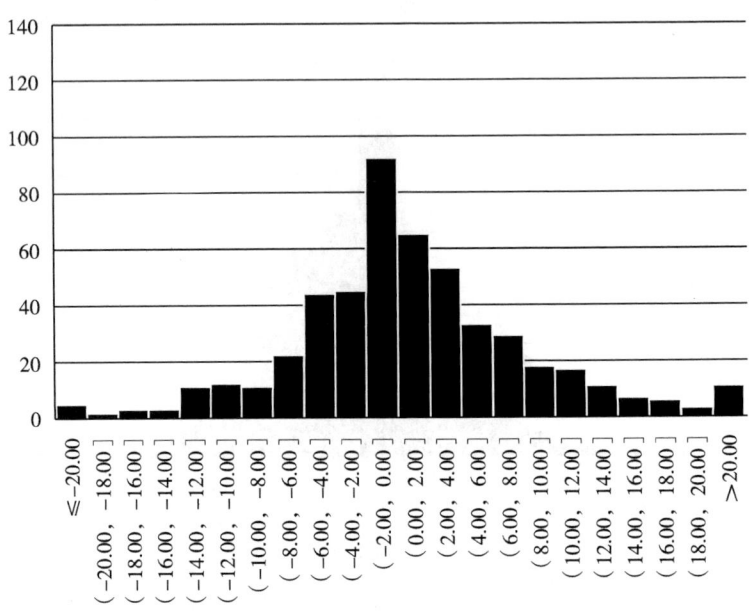

图16　SPX指数成分股ESG评级上调2个月内回报

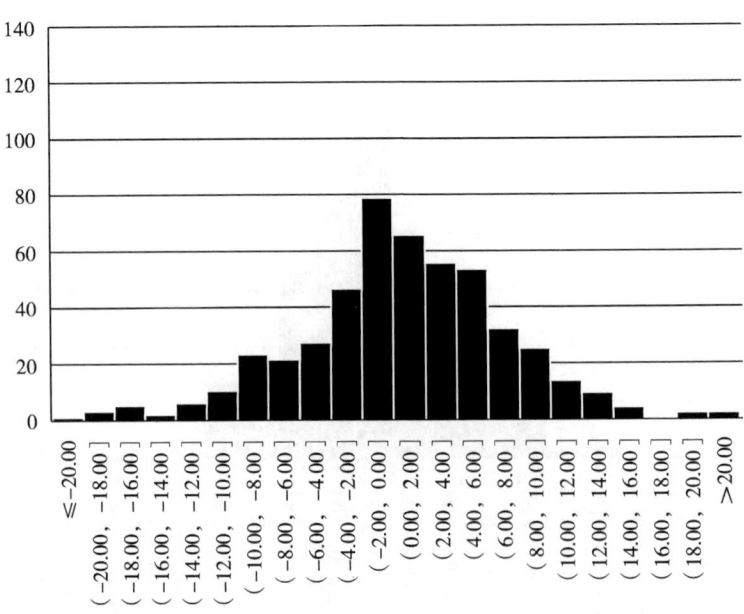

图17　SPX指数成分股ESG评级下调2个月内回报

四、"反 ESG"策略案例研究:"漂绿"与"漂黑"

上文中我们提到,在战略资产配置的第一个筛选标的的步骤中,市场上出现了所谓的"反 ESG 策略",我们在此对其底层逻辑和实际表现一探究竟。自 2022 年 Strive Asset Management 推出第一只"反 ESG"基金 DRLL 以来,海外涌现出以追求高收益为目标,侧重于投资低 ESG 绩效水平行业的"反 ESG"投资浪潮。"反 ESG"基金的投资逻辑在于,由于多年来 ESG 投资的盛行,对低 ESG 绩效水平行业公司投资不足,其股价存在较大的上涨空间,故投资此类公司可以寻求短期收益。为了回答"反 ESG"基金究竟是为了博人眼球还是确有其底层逻辑,我们选取了 BAD、VICE、YALL 和 DRLL 四只"反 ESG"基金,通过分析其资产组合结构,探究其"反 ESG 因子"的真正效益(见图 18)。

- BAD 基金投资组合由 50~65 家美国上市公司组成,包括的类别有:(a)博彩,包括赌场和游戏;(b)酒精和大麻种植、生产和分销;(c)药品和生物技术产品开发与生产。该基金于各个类别的投资权重相同,采用被动投资的策略,追踪 EQM BAD(Betting, Alcohol/Cannabis And Drugs)指数。该指数旨在追踪博彩、酒精/大麻和药品相关的美国上市公司。此外,BAD 还将大麻相关的投资限制在其净资产的 10%。

- VICE 基金的管理模式与流行的 ESG 主题投资背道而驰。其专注于投资负面社会性质业务的美国上市公司,如博彩,包括赌场、体育博彩(电子竞技和赛马场)、彩票服务、博彩技术和设备。VICE 至少将 25% 的资产投资于消费必需品行业。

- YALL 基金持有的投资组合横跨多个行业和市值水平的美国上市公司,并排除支持政治左派即自由主义政治激进主义的社会议程的公司和对业务无关的政治问题发表左倾声明的公司。该基金作为一只主动管理的基金,专注于市盈率低且就业持续多年增长的公司。

- DRLL 基金试图利用股东参与和代理投票的方式干预能源公司的运营。其认为能源公司有一定可能性为了解决日益增加的全球能源需求而放弃政治议程,尤其是 ESG 议程的限制。该基金采用被动管理的方式,追踪主动式美国能源管制上限指数(Solactive United States Energy Regulated Capped Index),投资于广泛的能源相关的美国上市公司,通常包括石油、煤炭和天然气等细分市场的公司。此外,该基金也有可能投资生产可再生能源或替代能源的公司。其对单一公司的投资权重上限为 22.5%,所有权重超过 4.5% 的公司的总权重不超过 45%,并每季度调整一次权重。

简称	全称	成立时间	管理人	费率	管理策略	资产管理规模	投资组合市盈率	投资组合市净率	指数跟踪	1M 收益率	收益率	波动率	3M 最大回撤	最大回撤持续时间	收益率	波动率	1Y 最大回撤	最大回撤持续时间
BAD	BAD ETF	2021-12-22	Toroso Asset Management	0.75%	被动	903 万美元	64.43	2.72	EQM BAD index	−2.26%	−4.25%	17.27%	−9.87%	23d	−4.27%	26.02%	−24.47%	181d
VICE	AdvisorShares Vice ETF	2017-12-12	AdvisorShares	0.99%	主动	899 万美元	17.42	2.98	—	−0.09%	1.17%	14.57%	−7.41%	26d	−4.71%	23.65%	−23.67%	209d
YALL	Good Bless America ETF	2022-02-20	Curran Financial Partners	0.65%	主动	3135 万美元	27.39	6.45		−1.15%	3.71%	19.12%	−7.11%	15d	—	—	—	—
DRLL	Strive U.S. Energy ETF	2022-08-09	Strive Asset Management	0.41%	被动	3.5668 亿美元	8.36	2.49	Solactive United States Energy Regulated Capped Index	1.12%	−3.30%	25.74%	−9.74%	27d	—	—	—	—

图 18 四种"反 ESG"基金对比(2023-03-06)

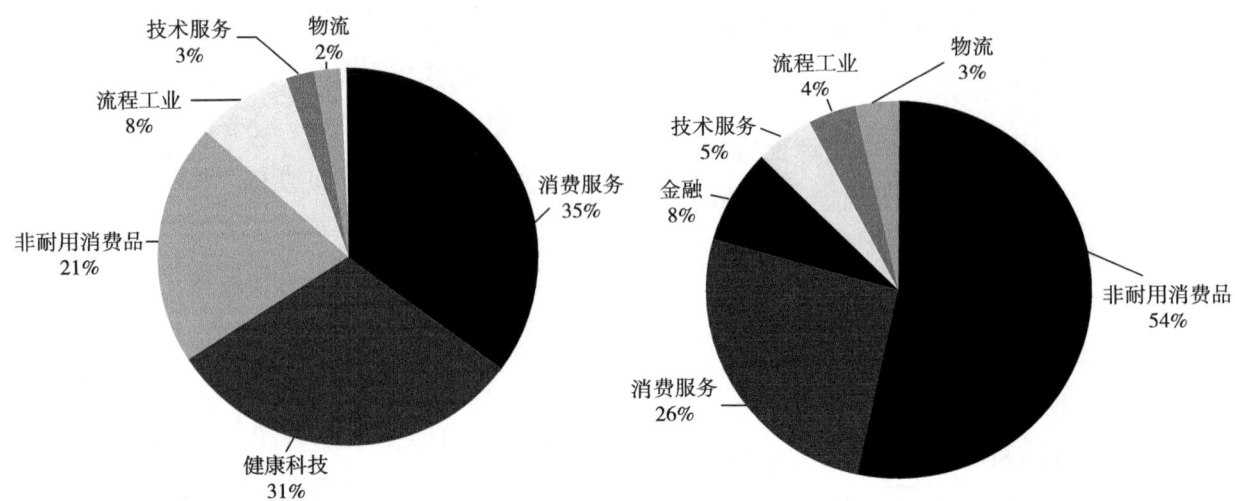

图19 BAD基金投资组合分行业结构（2023-03）　　图20 VICE基金投资组合分行业结构（2023-03）

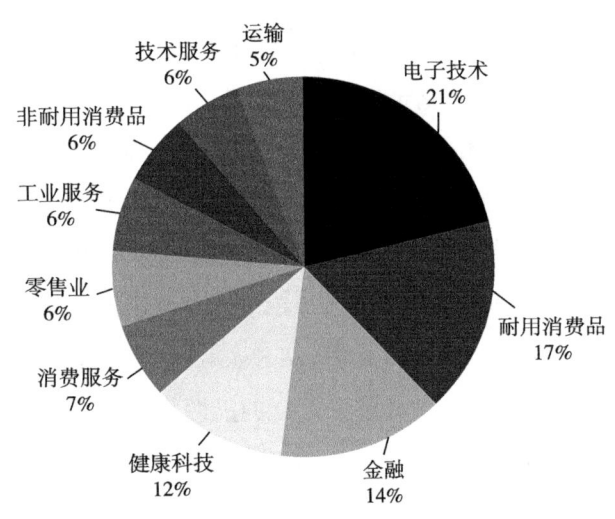 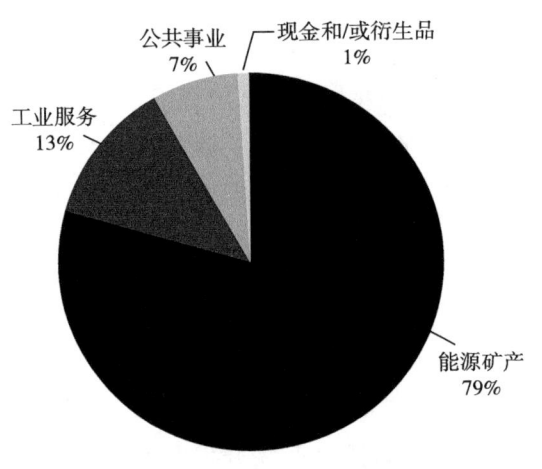

图21 YALL基金投资组合分行业结构（2023-03）　　图22 DRLL基金投资组合分行业结构（2023-03）

从分行业持仓结构来看，YALL投资组合最为多元化，另外三只"反ESG"基金则投资较为集中，尤其是DRLL基金，其投资于能源矿产行业的比例达到了79.39%（见图19至图22）。这表明，"反ESG"基金的资产配置极端性突出，与其说是倡导"反ESG"投资新理念，更像是"押大宝"，非系统性风险较大。根据各"反ESG"基金前十大权重投资标的明晟ESG评级结果，"反ESG"基金所投资上市公司的ESG平均绩效水平较高，普遍在平均水平以上（见图23至图26）。其中，VICE基金所投资的前十大权重上市公司的ESG管理绩效水平为"领先"的公司数量更是达到了半数。由此可见，"反ESG"基金不一定"反ESG绩效水平"。其所声称的"反ESG理念"很可能是以投资"ESG绩效平均水平较低行业"为"噱头"，投资于行业内ESG表现领先的公司，在寻求短期超额收益的可能性下，最大限度地降低投资组合的ESG风险暴露水平。

综上来看，"反ESG"基金并不反对ESG的投资价值。此外，由于"反ESG"基金投资的行业集中性较强，容易受到所投行业市场环境变化的影响，非系统性风险较大。需要注意的是，"反ESG"基金多投资于具有负面社会影响的行业，其投资风潮可能会引发一系列危害环境、影响伦理道德的问题。

公司名称	权重	主营业务	MSCI ESG 评级
RCI Hospitality Holdings, Inc.	5.3%	娱乐设施、餐饮业	—
Responsible investing: The ESG-efficient frontier	5.2%	—	—
LVMH Moet Hennessy Louis Vuitton SE Unsponsored ADR	5.0%	服装、鞋类及配饰设计，其他专业零售——非必需品，个人护理产品，含酒精饮料	AA
Inspired Entertairent, Inc.	4.8%	电子游戏	—
Heineken NV Sponsored ADR	4.8%	含酒精饮料	AA
Pernod Ricard SA Sponsored ADR	4.8%	含酒精饮料	AA
Hershey Company	4.7%	包装食品	AA
Compania Cervecerias Unidas S.A. Sponsored ADR	4.4%	含酒精饮料	A
Boyd Gaming Corporation	4.3%	赌场和博彩、旅店	—
lmperial Brands PLC Sponsored ADR	4.3%	烟草	AA

图 23　VICE 权重排名前十标的及其 MSCI ESG 评级（2023-03）

公司名称	权重	主营业务	MSCI ESG 评级
Compania Gervecerias Unidas S.A. Sponsored ADR	0.0353	含酒精饮料	A
Anheuser-Busch InBev SA/NV Sponsored ADR	0.0269	含酒精饮料、非酒精饮料	AA
Wynn Resorts, Limited	0.0265	赌场和博彩、旅店	BB
Molson Coors Beverage Company Class B	0.0262	含酒精饮料	AAA
DraftKings, Inc. Class A	0.026	赌场和博彩、应用软件	—
Brown-Forman Gorporation Class B	0.0254	含酒精饮料	A
Everi Holdings, Inc.	0.0254	赌场和博彩、数据与交易处理	—
Las Vegas Sands Corp.	0.0249	赌场和博彩、旅店	BBB
Sportradar Group AG Class A	0.0247	赌场和博彩	—
MGM Resorts International	0.0245	赌场和博彩、旅店	BBB

图 24　BAD 权重排名前十标的及其 MSCI ESG 评级（2023-03）

公司名称	权重	主营业务	MSCI ESG 评级
Tesla, Inc.	13.0%	汽车、可再生能源设备	A
NVIDIA Corporation	8.9%	半导体元件	AAA
Boeing Company	5.9%	飞机与零部件、国防、运输管理与服务	BBB
Danaher Corporation	5.2%	生命科学和诊断、污染控制设备	AA
Charles Schwab Corp	5.1%	财富管理、机构经纪商	BBB
Amgen Inc.	4.8%	生物科技	AA
Gostco Wholesale Gorporation	4.7%	大型零售商	A
Broadcom Inc.	4.1%	半导体元件	BBB
Charter Communications, Inc.Class A	3.9%	有线和卫星	BB
Schlumberger N.V.	2.9%	油田服务与设备	AA

图 25　YALL 权重排名前十标的及其 MSCI ESG 评级（2023-03）

公司名称	权重	主营业务	MSCI ESG 评级
Exxon Mobil Corporation	22.1%	勘探及生产、基本及多种化学制品、特种化学品	BBB
Chevron Corporation	15.1%	精炼与营销、勘探及生产	A
ConocoPhillips	6.5%	勘探及生产	A
Schlumberger N.V.	4.1%	油田服务与设备	AA
EOG Resources, Inc.	3.7%	勘探及生产	A
Marathon Petroleum Corporation	3.2%	精炼与营销、中游—油气	A
Occidental Petroleum Corporation	2.9%	勘探及生产、基本及多种化学制品、中游—油气	BBB
Valero Energy Corporation	2.8%	精炼与营销、生物燃料	A
Phillips 66	2.6%	精炼与营销、中游—油气	A
Pioneer Natural Resources Company	2.5%	勘探及生产	A

图 26　DRLL 权重排名前十标的及其 MSCI ESG 评级（2023-03）

五、结论：ESG 内嵌到资产配置框架中

本文探讨了将 ESG 融入传统资产配置框架的不同步骤。资产组合的配置策略一般分两步，首先进行战略资产配置（SAA），之后在此基础上进行战术配置（TAA）。SAA 确定了组合的长期预期收益与预期风险，而 TAA 则旨在增厚组合的收益、管理突发的短期风险，最终实现大类资产的最优配置比例。目前在学界和投资者之间，对于 ESG 是否会帮助或损害投资组合的表现存在显著矛盾，这些矛盾的产生可能是由于 ESG 融入策略的路径不同。

ESG 战略资产配置：寻找组合的 ESG 有效曲面。战略投资组合构建具有丰富的传统方法，我们选取均值方差模型作为切入点，对它的三个步骤分别纳入 ESG 对原有策略进行调整：第一步是确定相关的投资标的，需要排除缺乏 ESG 相关数据的资产，或是根据 ESG 需求进一步筛选投资标的；第二步是预测投资标的的回报和风险，在原有的预测方法中纳入 ESG 因素可能改善预测结果，使之更接近实际情况；第三步是基于预期回报、风险和 ESG 绘制有效曲面，并在其上找到确定目标组合。步骤二和步骤三融入 ESG 的本质区别在于前者把 ESG 作为手段，而后者把 ESG 作为目标。

在组合的 ESG 有效曲面上找到目标组合。当二维目标上升为三维，寻找最佳目标组合变得更加困难，可以借鉴业界前沿研究中提出的一些实践方法，其本质在于将三维的问题降为二维的问题去解决：一是明确组合的 ESG 目标或是确定一个较小的范围，在固定 ESG 目标的二维平面上找到有效曲线；二是假设投资者没有明确的 ESG 目标，需要在每一个固定 ESG 的平面上找到有效曲线上的最佳夏普比率组合，将均值—方差—ESG 之间的权衡转换为最佳夏普比率—ESG 之间的权衡。针对欧洲市场和美国市场的实证研究显示，随着对 ESG 的约束越强，有效前沿将会向右移动，即在维持组合原有的投资标的的情况下，实现同等回报的组合需要面临更大的风险。不过，ESG 水平提升目标在一定范围内这种对回报的牺牲有限。

ESG 战术资产配置：风险识别与应对。相较于战略资产配置，战术资产配置偏中短期，其目标是通过捕捉中短期内的市场变化或突发

风险调整资产组合，对战略资产配置组合进行优化调整。不同资产或子资产类别对市场变化或风险的敏感度不同，可能会造成暂时的价值不平衡，通过在资产类别之间或资产类别内主动调整投资组合的分配来利用这种定价差异。ESG风险可能对公司的价值驱动、盈利能力、竞争定位或股东的长期价值产生影响的因素，这些风险的识别需要具备特定行业和特定公司的专业知识，ESG评分的上调或下调可以系统地衡量各资产面临的中短期ESG风险或机遇。我们回顾了2021年5月以来美国大盘股遭遇ESG评级上调和下调后的超额回报，整体来看服从均数为接近0的正态分布，意味着ESG上调和下调事件与当月股票价格变动方向的关系较小。

"反ESG"策略案例研究："漂绿"与"漂黑"。我们选取了BAD、VICE、YALL和DRLL四只"反ESG"基金，通过分析我们发现"反ESG"基金并不反对ESG的投资价值，但由于投资的行业集中性较强容易受到所投行业市场环境变化的影响，非系统性风险较大。另外，"反ESG"基金多投资于具有负面社会影响的行业，对环境和伦理道德是一次挑战。既然ESG基金有结果导向的"漂绿"风险，那么也不排除为了基于募集规模和结果导向的"漂黑"贴标。

（作者单位：国信证券股份有限公司）

参考文献

［1］De Spiegeleer J, Höcht S, Jakubowski D, et al. ESG: A new dimension in portfolio allocation［J］. Journal of Sustainable Finance & Investment, 2021: 1–41.

［2］Pedersen L H, Fitzgibbons S, Pomorski L. Responsible investing: The ESG-efficient frontier［J］. Journal of Financial Economics, 2021, 142（2）: 572–597.

［3］Yoram Lustig, Shannon Toy, Robert Panariello, Thomas Poullaouec. Adjusting asset allocation for ESG preferences［EB/OL］.https://www.troweprice.com/institutional/au/en/insights/articles/2022/q3/adjusting-asset-allocation-for-esg-preferences-apac.html.

"固收+"理财产品管理模式的新探索

——基于动态资产配置模型的决策依据

杨志伟　蒋亦炜

摘　要： "固收+"作为过去一段时间市场中关注度较高的投资策略，其"稳健低波"的特点深受投资者的追捧，不同梯队的理财子公司也相应地推出了采用"固收+"策略的理财产品。2022年8月监管机构明确了"固收+"的定义，既规范了市场行为，也奠定了"固收+"产品持续稳定发展的基础。

本文首先探讨了该策略的本质与风险收益特征，并分析了该策略在基金和银行理财的应用现状，最后提出了基于量化模型的"固收+"管理方法。

关键词： "固收+"策略　理财产品　大类资产配置

一、"固收+"概述

（一）"固收+"策略的定义

"固收+"这一概念最早诞生于基金公司对旗下产品的宣传营销活动中，最初并无明确定义。从投资标的的角度来看，"固收+"基金多指以债券作为底仓，同时配置一定比例的权益资产，通过适当放宽净值波动以换取收益增强的基金产品；从基金产品的分类来看，则主要包括混合债券型一级基金（一级债基）、混合债券型二级基金（二级债基）、偏债混合型基金，以及一部分股票仓位较低的灵活配置型基金。

2019年，由于资管新规的推出，银行理财产品面临净值化转型，产生替代需求。同时，叠加A股当时的结构性牛市行情，"固收+"基金开始快速发展，其低风险、收益稳健的特征备受投资者青睐。2019—2021年，"固收+"基金承接了大量银行理财资金，市场规模迅速做大。但进入2022年后，权益市场大幅下行，"固收+"基金的业绩也受到拖累，普遍出现了亏损和净值回撤，幅度甚至超出了该类产品的投资者的风险承受能力。在此契机下，2022年8月相关监管部门发出规定，仅允许基金合同中约定的权益资产（股票、可转债、可交债）合计投资比例在10%~30%的产品以"固收+"的名义进行宣传营销。至此，"固收+"基金告别了过去模糊不清、界限不明的阶段，正式迈入规范化发展的新历程。

（二）"固收+"的风险收益特征

我们首先根据东财概念分类标准，提取全市场全部"固收+"概念基金。截至2022年9月30日，剔除收费方式区分（A/C）后共计1384只"固收+"概念基金。然后根据监管机构的指导意见，剔除自2022年以来，每一季度权益资产比例都不满足要求的基金，共计438只。最后再加上灵活配置类基金中满足"固收+"要求的低权益仓位基金，共计192只。汇总后，满足权益投资比例位于10%~30%区间的一级债基、二级债基、偏债混合型基金和灵活配置型基金的数量分别为5只、360只、581只和192只，共计1138只；净资产规模分别为311.75亿元、9059.41亿元、5461.50亿元、1684.83亿元，共计1.65万亿元（见表1）。

表1 "固收+"基金概览

基金类型	基金数量（只）	数量占比（%）	合计规模（亿元）	规模占比（%）
一级债基	5	0.44	311.75	1.89
二级债基	360	31.63	9059.41	54.85
偏债混合型	581	51.05	5461.50	33.06
灵活配置型	192	16.87	1684.83	10.20
"固收+"合计	1138	100	16517.49	100

资料来源：Choice，规格公司整理。

通过对比"固收+"基金与股票型和纯债型基金的风险收益特征可以发现，"固收+"基金既可以在权益市场较好的年份充分享受股票上涨带来的收益，也可以在权益市场不好的时候有效地控制回撤和损失（见图1、图2）。

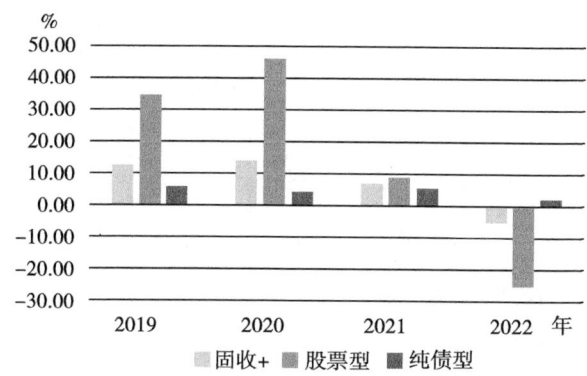

图1 不同类型基金年化收益率对比

（资料来源：Choice，规格公司整理）

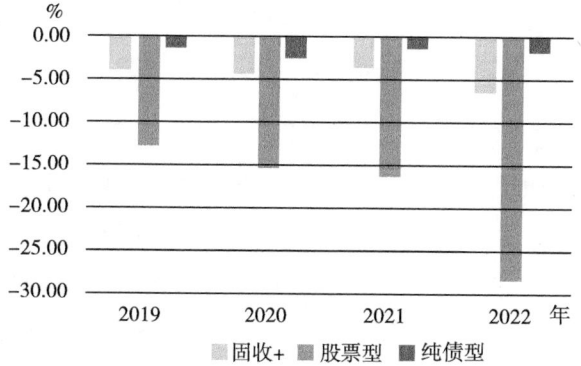

图2 不同类型基金最大回撤对比

（资料来源：Choice，规格公司整理）

（三）"固收+"的定位

2019年以来，"固收+"迎来了发展的黄金时段。据统计，2019—2021年，以"固收+"名义发行的基金规模总计超过1万亿元。截至2021年末，全市场共计1560只"固收+"基金，规模达到2.73万亿元。但当时"固收+"没有明确界定范围，导致其中不同基金的权益比例差异极大，部分基金的权益比例甚至达到了50%。在权益市场表现不佳的阶段，会极大地影响投资人的持有体验。

进入2022年后，受俄乌冲突、美联储加息、国内经济下行等诸多因素影响，权益市场大幅回调，部分权益仓位较高的"固收+"基金同样经历了较大的回撤，明显与其宣传的"稳健低波"相悖。对于风险偏好普遍较低的个人投资者来说，收益未能达到业绩基准尚可以接受，但若跌破净值则会直接击穿其心理防线，引发赎回潮。而赎回压力的加大又会反向作用于市场，引发进一步的下跌，陷入恶性循环。至此，规范"固收+"定义，明确权益资产比例已势在必行。根据《中国基金报》报道，多家基金公司在下半年接到窗口指导，要求对于基金合同定义的投资组合中权益资产占比上限超过30%的产品，不能在宣传时将其称作"固收+"基金，也不能按照"固收+"基金的特征对其进行推广。此次明确"固收+"基金的投资范围以及宣传口径，使其得以回归原本的风险收益特征，更突出其稳健性，真正践行投资者适当性匹配原则。

二、"固收+"在理财产品中的应用

（一）"固收+"理财产品的现状

2020年后，"固收+"理财产品迎来快速发展。进入2022年后，股票市场波动加大、持续下行，"固收+"理财产品发行放缓，但根据中信证券统计，截至2022年6月，"固收+"产品存续数量为25630只，约占全部理财产品数量的70%（见图3）。

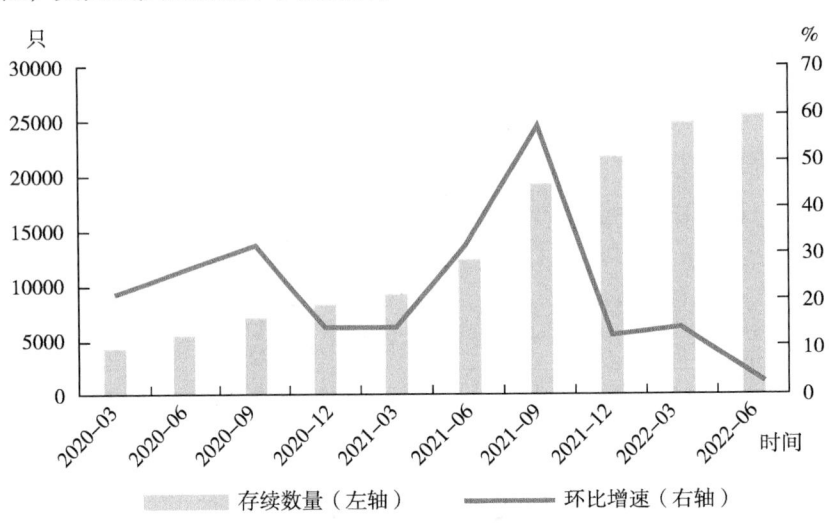

图3 "固收+"理财存续产品数量

（资料来源：普益标准，中信证券研究部）

（二）"固收+"对于理财子公司的意义

"固收+"理财产品的大发展，很大程度上是源于以下两个因素的共振效应：

第一，理财产品的净值化转型诉求。2018年，随着资管新规和理财新规相继落地，银行理财市场迎来重大的转折点。两大文件直指"刚性兑付"、期限错配等理财市场顽疾，明确了银行理财"受人之托、代人理财"的业务本质。随着3年过渡期的结束，净值化理财产品规模占比从2018年的27%上升到了2021年末的93%。银行理财正式开始和其他资管机构同台竞技。但在全面净值化时代，银行理财产品的净值波动明显增加，甚至有可能产生本金损失，投资体验与以前"刚性兑付"相比明显较差。但若全部投资于货币市场或国债市场，收益率又无法形成相较于其他资管机构的竞争力。因此，布局权益资产是大势所趋。但受限于银行自身投研与科技能力建设尚处早期阶段、银行理财客户的风险偏好处于较低水平，银行理财势必不能完全依靠权益投资。因此，固收与权益相结合的"固收+"策略成了银行理财参与净值化市场竞争的较合理、可操作的选择。

第二，个人投资者的稳健理财需求。首先，以固收类资产为主，票息保护策略能够实现稳定收益、控制回撤的效果，具有绝对收益属性，符合大部分理财产品受众的风险承受能力；其次，通过配置权益类资产，可提高产品的业绩基准上限，形成增强收益的预期；最后，我国市场在多数情况下存在"股债跷跷板"效应，"固收+"理财产品在两种资产上都有敞口，可以在一定范围内灵活调整配置比例以应对不同的市场环境，一定程度上达到风险对冲的目的，以实现资产的稳健增值。

除此之外，理财子公司（或商业银行）还可以发售不同权益资产配置中枢的理财产品，建立差异化的产品管线，以满足不同群体的理财需求。

三、大类资产配置模式的现状和探索

（一）决定"固收+"风险收益特征的核心——大类资产配置

"固收+"投资组合的构建大体分为两个步骤：首先是大类资产配置，即确定固收资产和权益资产的比例；然后才是类属资产配置，即具体到某一类资产的投资策略，包含择时和个券选择等。大类资产配置决定了投资组合的系统性风险暴露（对应的是基准收益情形，即我们常说的 β），笔者认为，其是"固收+"投资组合的风险收益特征的核心决定因素。在不同的市场环境下，一个适合的大类资产配置比例能在很大程度上影响其阶段性收益。

以上文中筛选出的"固收+"基金为例，统计全部基金 2020 年、2021 年、2022 年的平均权益仓位，剔除尚未成立或成立不满一年的基金。然后每一年按仓位由高到低排序，并筛选出当年平均权益仓位最高的前 20% 和平均权益仓位最低的后 20%，统计其收益特征的差异（见表 2）。

表 2 不同权益比例基金风险收益特征

	2020 年	2021 年	2022 年
权益市场行情	A 股 "V" 形走势，主要指数全年收涨	A 股宽幅震荡行情，结构分化	截至 2022 年 10 月末，A 股整体下跌趋势
平均回报——高权益仓位	19.90%	7.83%	-5.77%
平均回报——低权益仓位	9.16%	7.21%	-2.69%
差异是否显著（99% 置信水平）	显著	显著	显著

注：由于样本数据不符合正态分布，本文对于差异是否显著采用 Mann-Whitney U 检验。

根据统计数据可以看出，不论权益市场涨跌如何，不同权益仓位基金收益率之间的差异都是显著的。因此，对于不同的市场情况，采用适合的大类资产配置比例是尤为重要的。某些极端市场环境下，一个恰当的配置比例甚至能直接决定产品的收益特征。当然，这一切的前提条件是要基于客户的风险收益要求，在客户的容忍度范围内进行大类资产配置。

（二）公募基金"固收+"管理模式

当前市场中，公募基金公司对于"固收+"的管理模式大致可以分为四类，每一类对于大类资产的配置比例都有不同的确定方法。

1. 股债统一管理型

采用这种模式的"固收+"基金管理人一般为传统的二级债管理人，基金经理的过往投资履历通常集中在债券投资方向，擅长宏观经济分析，在权益仓位中枢的基础上做大类资产的轮动。股票持仓部分主要来源于公司重点股票池，通常以行业龙头为主，以此降低对于公司基本面跟踪的压力（见图 4）。

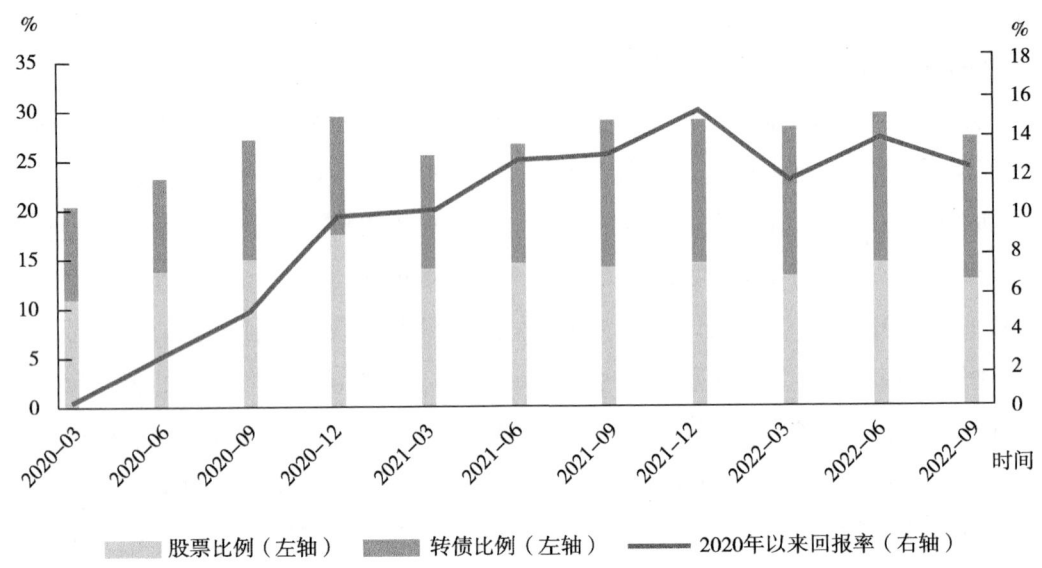

图4 股债统一管理型，以000045.OF（工银瑞信产业债债券A）为例

（资料来源：Choice，规格公司整理）

2. 团队管理型

大型基金公司通常会设立专门的混合资产投资部门或者团队，由部门或者团队统一确定大类资产配置比例，具体产品可以在一定的空间内适当偏离总体配置中枢。部门或团队内的每位基金经理都有各自负责的投资品类、分工合作，具备在具体资产品类内部实现超额收益的能力。一般来讲，该种管理方式下，产品的策略容量通常较大，且业绩弹性相比其他管理模式更大（见图5）。

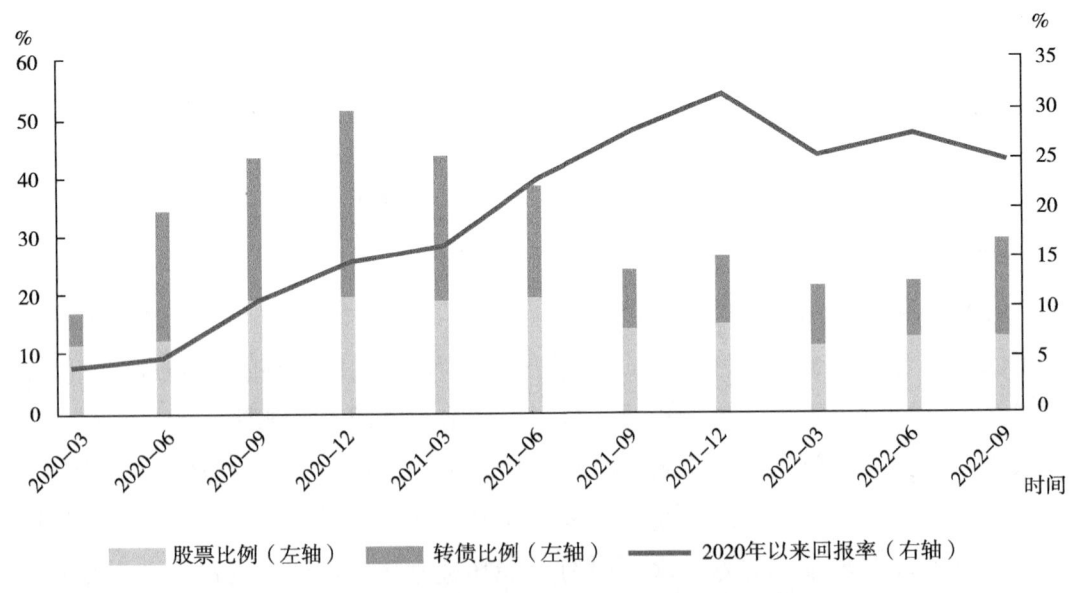

图5 团队管理型，以007128.OF（天弘增强回报债券A）为例

（资料来源：Choice，规格公司整理）

3. 固定双基金经理型

这种模式下，"固收+"产品由股债两位基金经理固定搭配进行管理。通常来说，债券基金经理负责大类资产配置，确定每个阶段的股票投资比例，股票基金经理则负责具体个股的投资。该管理模式比较考验基金经理之间配合的默契程度，若两位基金经理投资框架高度相容，且以往有过共同管理产品的经历，则业绩确定性较高（见图6）。

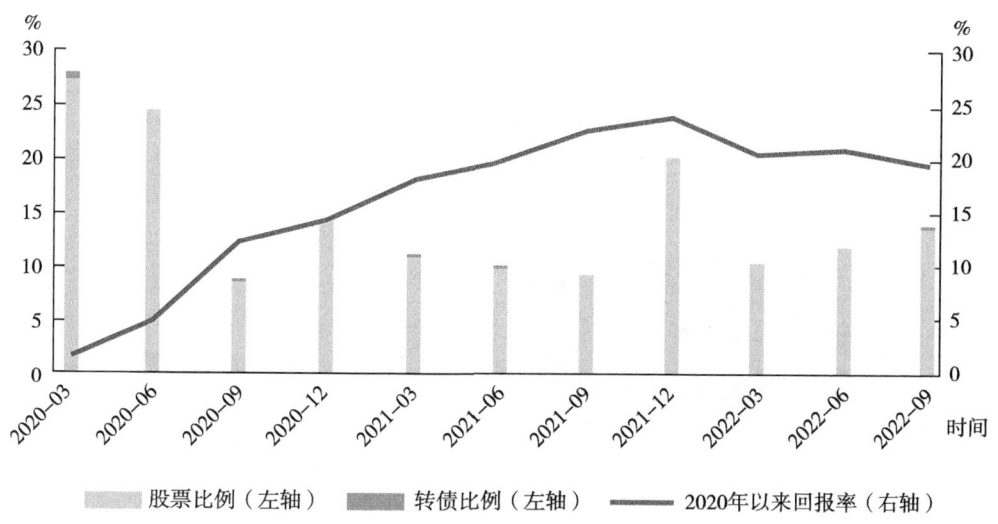

图6 双基金经理型，以007725.OF（招商瑞文混合A）为例

（资料来源：Choice，规格公司整理）

4. 股债分隔管理型

此模式下，"固收+"基金的固收和权益部分分别由两位基金经理独立管理，每人对自己投资的大类资产负责。大资产配置参照产品合同，二者之间几乎不需要频繁的协同合作。采用这种模式管理的基金，业绩波动往往较大、不够稳定，在此不再举例。

5. 当前管理实践小结

根据对上述管理模式的分析以及笔者的走访调研，当前"固收+"投资组合的管理实践大多建立在"基金经理自主形成的投资分析框架所输出的主观判断"之上，虽有定量分析为投资决策提供数据支撑，但却难以避免情绪这一干扰因素。

（三）大类资产管理模式探索

笔者认为，除根据业已成型的投资框架形成的主观判断之外，在确定大类资产配置比例时（尤其是权益资产），基于量化模型输出的客观信号能否一定程度上规避情绪的干扰，为"固收+"产品的大类资产配置决策提供更多维度的决策依据？

为此，笔者分别采用了两种逻辑彼此独立的量化资产配置模型构建"固收+"投资组合，对其自2010年以来的业绩表现进行实证回测：一方面验证此类方法能否实现"固收+"产品的风险收益目标，另一方面验证此类方法在权益资产的调仓信号方面是否具有参考价值。

1. 风险平价模型

传统的股债60/40组合，其绝大多数风险来自权益资产，这使该类组合与权益资产的波动高度相关，在类似于2008年国际金融危机中表现很差，并未起到分散投资组合风险的目的。目前风险平价模型是国际市场主流的大类资产配置模型之一，其核心思想是平均分配各资产对投资组合的风险贡献度（风险指代波动），通过该模型可以优化得出风险分散条件下的大类资产配置比例。

笔者尝试使用以下四类资产构建风险平价模拟组合，如表3所示。

表 3　构建风险评价模型

资产类型	大盘股	中小盘股	固收（短期）	固收（长期）
替代变量	沪深 300 指数	中证 500 指数	中债—短融总指数	中债—综合指数
风险占比	25%	25%	25%	25%

资料来源：Choice，规格公司整理。

回测了该模拟组合[①]2010 年 1 月 1 日至 2022 年 10 月 31 日的业绩表现，区间业绩走势与风险收益特征如图 7 和图 8 所示。

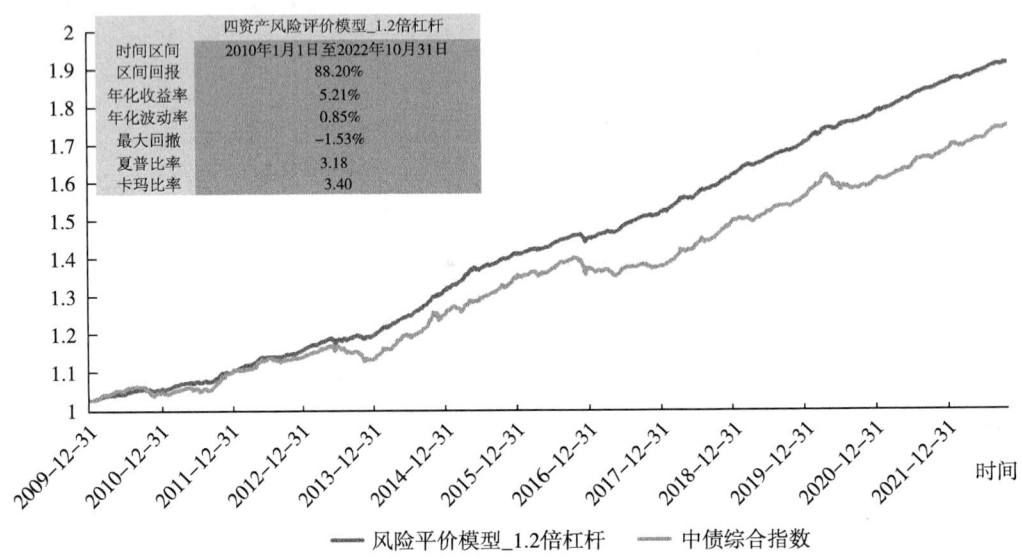

图 7　风险平价模型净值曲线

（资料来源：规格公司整理）

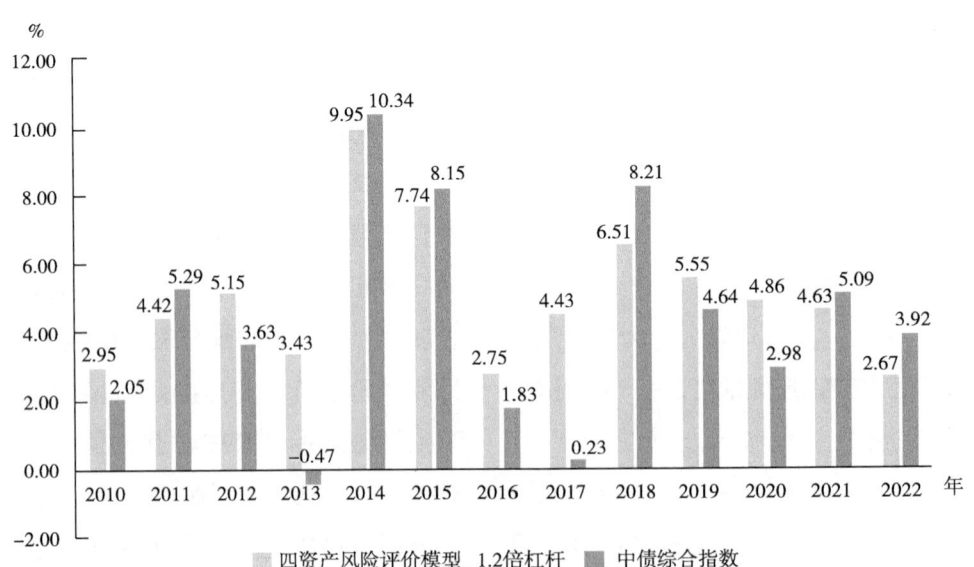

图 8　风险平价模型年度收益

（资料来源：规格公司整理）

---

① 参照一般"固收+"产品，设置杠杆水平为 120%。

可以看出，相较于中债—综合指数（区间年化收益率为4.44%），该模型对组合波动控制较好，有一定的收益增强效果（年化超额收益0.77%），在回测区间内，每年均实现了正收益，在多数年份取得了超额收益。由于股票资产的波动率显著大于债券资产，股票资产在该模拟组合当中的配置比例较低（最小仓位0.64%、最大仓位8.76%、平均仓位2.6%，仓位中位数为2.28%）。

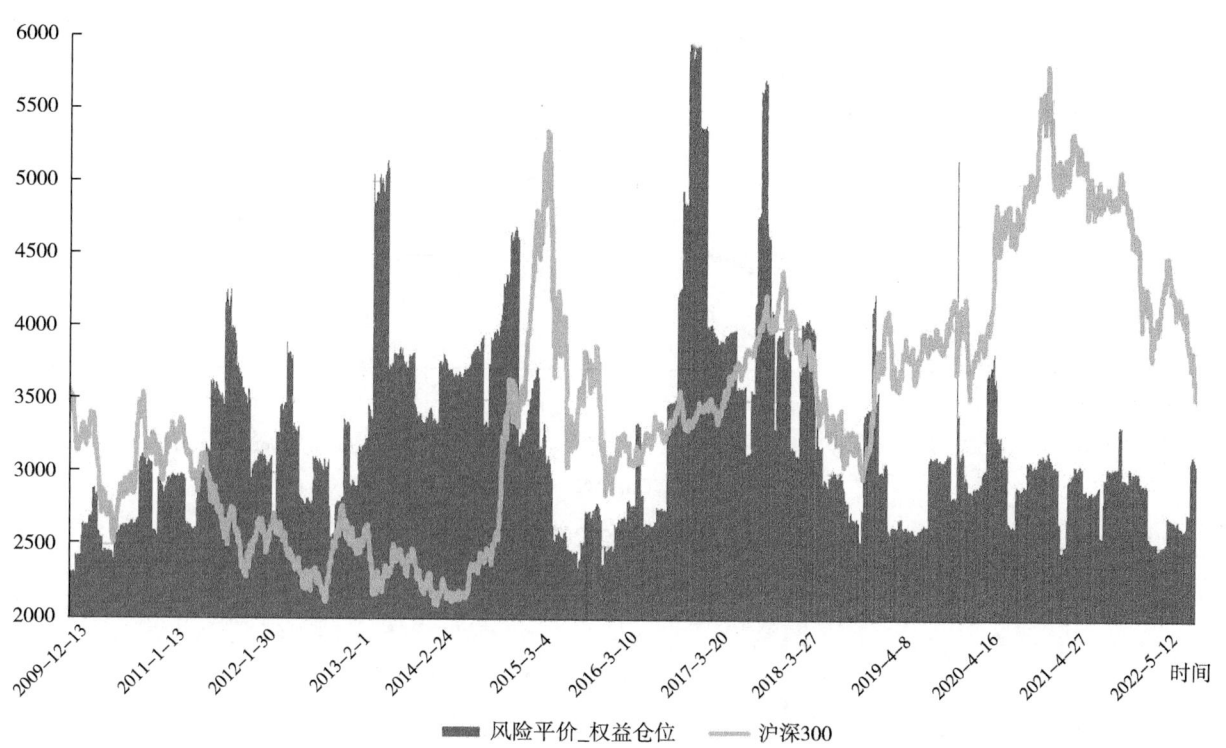

图9　风险平价模型权益仓位变动

（资料来源：Choice，规格公司整理）

从权益资产的调仓信号来看，该模型在股票市场无明显运行趋势且窄幅震荡、趋势性运行方向保持一段时间之后，通常会发出增配权益资产的信号；而在股票市场原有运行趋势出现一段时间的反转之后，则发出减配权益资产的信号（见图9）。

由于该模型将风险定义为波动率，各类资产配置比例的分配除自身波动水平之外，还会受组合内其他资产类别波动水平的变动而被动地调整，因此单就权益资产的调仓信号而言，并无明显的"左侧"或者"右侧"特征。

对于"固收+"产品所追求的增强收益目标，该模型在短期内的效果并不稳定，但在年度收益层面，稳定性比较强。与此同时，该模型的调仓频率并不过于频繁，在实操中的可行性有一定的保障。

2. 梯度动态配置模型

梯度动态配置模型是笔者自主研发的股债资产配置模型。该模型的核心思想是：（1）以资产比价分析和趋势跟踪投资，实现收益的增

---

① 股票资产和债券资产的配置中枢分别为15%和85%，其中，股票资产的配置比例在0～30%动态调整。

强；（2）以动态资产再平衡的方式，实现回撤的控制。

采用与前述风险平价模拟组合相同的四类资产，笔者回测了该模拟组合[①]2010年1月1日至2022年10月31日的业绩表现，区间业绩走势与风险收益特征如图10和图11所示。

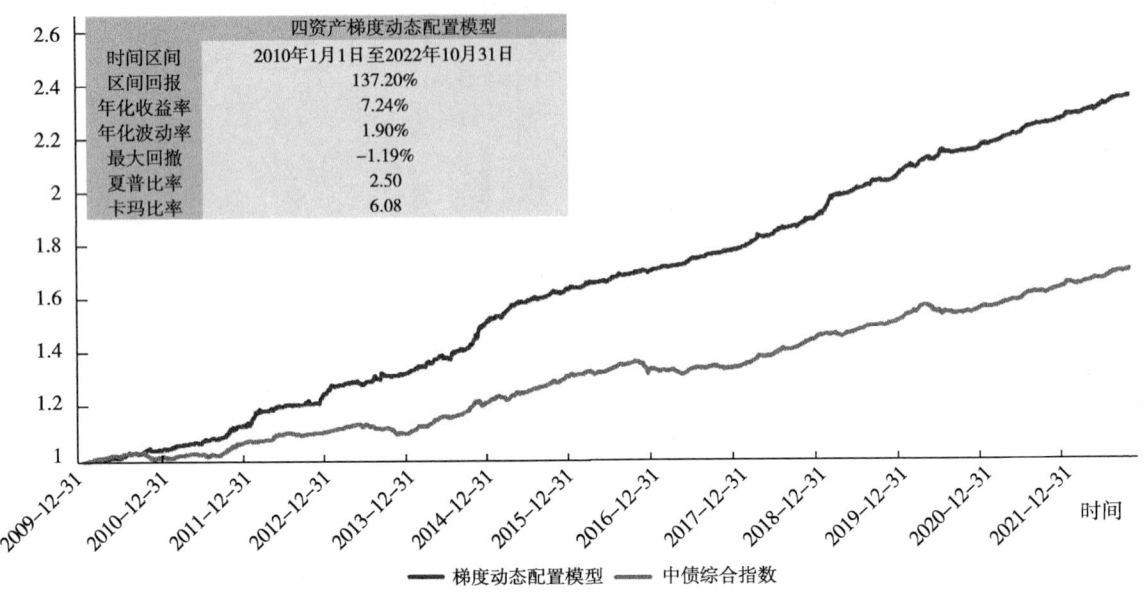

图10　梯度动态配置模型净值曲线

（资料来源：规格公司整理）

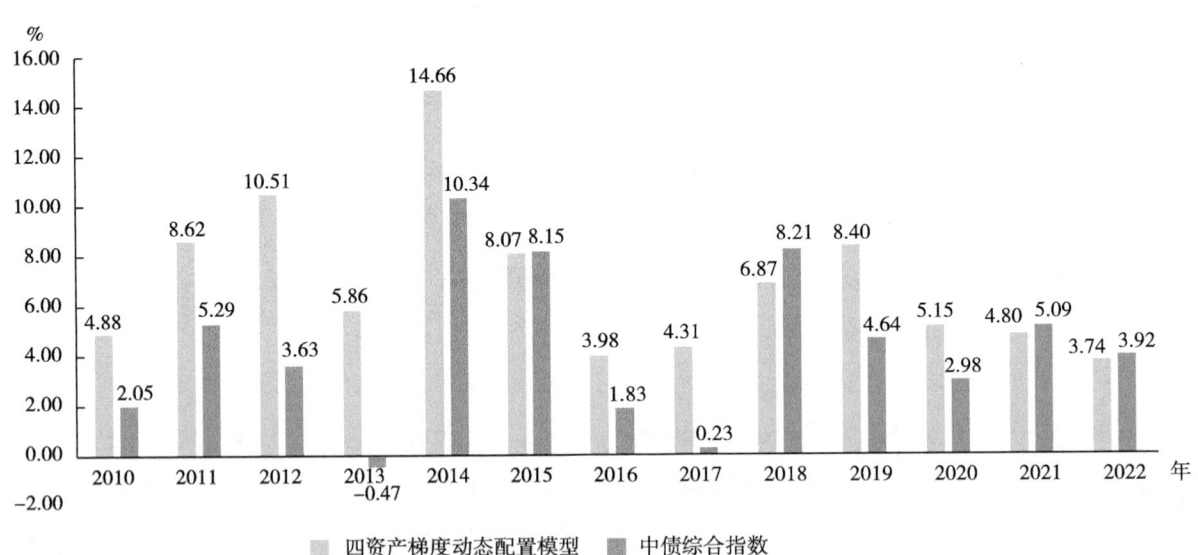

图11　梯度动态配置模型年度收益

（资料来源：规格公司整理）

可以看出，相较于中债—综合指数（区间年化收益率为4.44%），该模型的收益增强效果较好（年化超额收益2.8%），回撤水平控制得也较为理想，在回测区间内，每年均实现了正收益，在绝大多数年份可以取得超额收益。

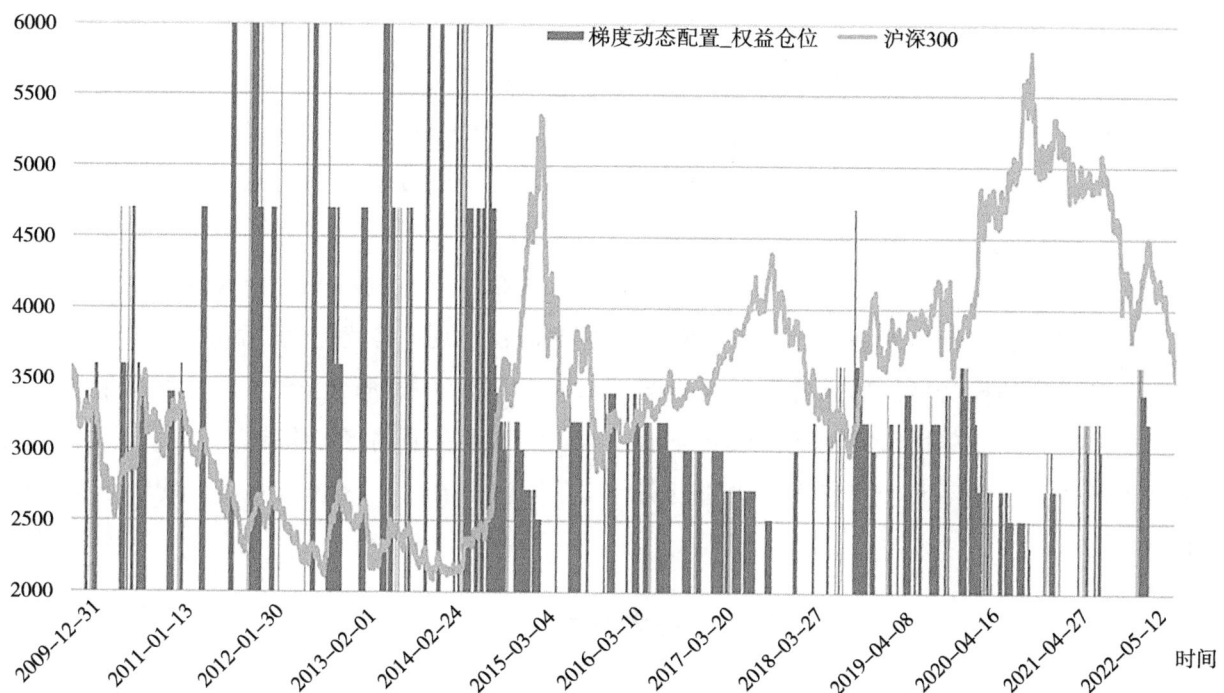

图 12 梯度动态配置模型权益仓位变动

（资料来源：Choice，规格公司整理）

从权益资产的调仓信号来看，由于采用了趋势投资的方法，该模型在股票市场出现向上运行的趋势时发出持有权益资产的信号，在股票市场出现向下运行的趋势时发出清仓权益资产的信号，在是否持有权益资产方面表现出明显的"右侧"特征；此外，该模型还基于资产比价理念，在权益资产的上涨过程中逐步降低权益资产的配置比例，因此也表现出一定的"左侧"特征（见图12）。

对于"固收+"产品所追求的增强收益目标，该模型虽然在短期和长期两个时间维度上的效果均较好，但是，对于一个非高频操作的投资组合而言也有显著的缺陷，就是在趋势并不明朗的市场环境中，调仓信号比较频繁，存在一定的实操难度。

3. 小结

通过对上述两个量化资产配置模型的实证回测分析，笔者认为：

首先，在实现"固收+"产品控制回撤水平的同时增厚收益方面，整体上达到了预期的效果，相较于中债—综合指数均体现出更优的风险收益特征。

其次，在辅助调整权益资产配置比例方面，在实操层面都或多或少存在一些制约因素，但是两个模型在顶部区域和底部区域所发出的调仓信号是大致同向的，能够为"固收+"产品的管理人提供相对客观的决策依据。

最后，除上述两个主要目标外，在产品设计的过程中，通过调整权益资产的配置中枢，还可以进一步开发不同风险收益特征的"固收+"产品，以满足不同风险偏好的投资者。

四、总结

2022年，"固收+"告别了过去"野蛮生长"的时期，正式步入了规范、透明的监管时代。对投资者而言，在10%～30%的权益资产比例限制之下,"固收+"产品相对稳健的风险收益特征更加明确,有利于投资者权益保护;对理财子公司而言,出现净值大幅波动进而出现投资者巨额赎回的可能性降低了,有利于理财子公司的稳健发展。

与此同时,这也对"固收+"产品的管理提出了更高的要求。产品的基金经理或投资经理根据业已成型的投资框架形成的主观判断至关重要,但又难以规避情绪的干扰,可能会出现过度谨慎或自信等不利于投资者权益的投资决策。

本文通过引入量化资产配置模型的方法,对于高波动权益资产在"固收+"产品当中的配置比例和配置时机进行了研究和探索,以期对"固收+"产品的投资管理提供另一个维度的决策依据。

相信在不久的将来,会有越来越多的创新管理方法出现,持续优化"固收+"产品的风险收益特征,为投资者实现资产稳健增值目标的同时带来更优质的持有体验。

(作者单位:北京规格委外技术有限公司)

参考文献

[1] 明明,章立聪.宣传口径收紧,"固收+"基金未来如何发展[R].中信证券,2022.

[2] 曹春晓,刘洋."固收+"基金发展复盘与简析思考[R].方正证券,2022.

[3] 张冰洁.从"刚性兑付"走向代客理财:银行理财开启全面净值化新篇章[N].金融时报,2022-08-15.

[4] "固收+"基金的四种主要管理模式[R].旅行者与投资,2022.

[5] Ricard C.Grinold, Ronald N.kahn. Active Portfolio Management: A Quantitative Approach for Producing Superior Returns and Controlling Risk [M]. 2014.

新时代银行理财子公司发展 FOF 业务研究

姚逸彬

摘 要：本文分析了 FOF 业务对理财子公司发展的重要意义，并从制定 FOF 业务发展策略及投资方案、完善 FOF 业务全流程管理、构建客户、产品、渠道生态、培养 FOF 投研人才、打造 FOF 运营科技系统等多个方面为理财子公司发展 FOF 业务提出了相应建议。

关键词：理财子公司　FOF 业务发展　FOF 业务管理

一、我国银行理财子公司发展 FOF 业务的政策框架和工作进展

FOF（Fund of Funds）即基金中的基金。根据《公开募集证券投资基金运作指引第 2 号——基金中基金指引》，基金中基金（FOF）是指将 80% 以上的基金资产投资于经中国证监会依法核准或注册的公开募集的基金份额的基金。相较于普通基金，FOF 基金以基金作为主要投资标的，从而达到分散风险、平滑收益的目的。从运作模式上看，可以将 FOF 视为金字塔式的投资管理体系（见图1），其中，处于金字塔顶层的是 FOF 母基金，各类子基金处于中间层，各类资产处于底层。FOF 母基金投资经理以各类子基金为投资标的，持有各类子基金构成的投资组合。子基金投资经理致力于投资以股票、债券、大宗商品为代表的各项底层资产。因此，多层次、嵌套式的投资模式是 FOF 的核心标志。

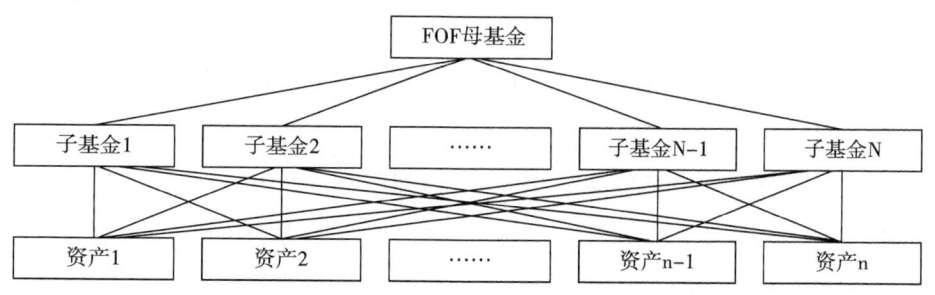

图1　FOF 运作模式的金字塔体系

2014 年以来，我国制定实施了一系列关于 FOF 业务的政策法规，也由此基本形成了我国银行理财子公司开展 FOF 业务的政策框架。

2014 年 8 月，中国证监会颁布并实施了《公开募集证券投资基金运作管理办法》，首次提出公募基金 FOF 的概念，公募 FOF 的法律地位正式确立。

2016 年 9 月 23 日，中国证监会正式发布并实施《公开募集证券投资基金运作指引第 2 号——基金中基金指引》，对基金中基金的定

义、分散投资、基金费用、基金份额持有人大会、信息披露等内容进行了规范，确定了我国公募FOF的运作模式，为国内公募FOF基金的发展铺平了道路。

2017年4月24日，中国证监会下发《基金中的基金（FOF）审核指引》。2017年10月，首批6只公募FOF产品正式发行并于短期内完成募集，FOF基金正式起步，作为创新型基金产品正式在市场上扬帆起航。

2018年3月2日，中国证监会发布了《养老目标证券投资基金指引（试行）》，从而为基金行业以FOF为主要形式开展养老目标证券投资基金业务做好了制度准备，以养老为目标的目标日期和目标风险基金正式引入中国基金市场。

2018年4月27日，经国务院同意，中国人民银行、中国银保监会、中国证监会、国家外汇管理局联合印发《人民银行 银保监会 证监会 外汇局关于规范金融机构资产管理业务的指导意见》（以下简称资管新规），正式开启以正本清源、防控风险、转型发展为特征的资产管理新时代。随后，作为配套政策，中国银保监会于同年9月28日公布了《商业银行理财业务监督管理办法》，并于同年12月2日公布了《商业银行理财子公司管理办法》（以下简称理财新规）。资管新规、理财新规等系列监管新政的出台落地，标志着资管行业统一监管基本框架的完成，商业银行理财业务开始回归本源，正式进入资管2.0时代。

2022年4月21日，国务院办公厅《关于推动个人养老金发展的意见》这一重磅文件的正式发布，标志着我国第三支柱个人养老金制度正式起航。2022年10月26日，人力资源社会保障部、财政部、国家税务总局、中国银保监会、中国证监会联合发布《个人养老金实施办法》，对个人养老金参加流程、资金账户管理、机构与产品管理、信息披露、监督管理等方面作出具体规定。2022年11月4日，中国证监会公布《个人养老金投资公开募集证券投资基金业务管理暂行规定》。2022年11月17日，中国银保监会发布《商业银行和理财公司个人养老金业务管理暂行办法》。上述政策的出台开启了资本市场服务养老事业的全新篇章。

在FOF相关政策法规的指导推动下，我国公募FOF和银行理财子公司FOF业务获得了快速发展。截至2022年末，我国公募FOF的数量由2017年末的10只增加至379只，管理规模由2017年末的130亿元扩大至2379亿元，虽然公募FOF在公募基金总规模中的占比仅为0.9%，但复合增长率达1609%，发展潜力大、前景好。与之相适应，我国银行理财子公司的FOF业务发展也很快速。根据中国理财网数据，截至2023年2月，银行理财子公司共存续FOF理财产品311款，其中国有银行理财子公司是发行FOF产品的主要来源，占比达37.9%。在国有银行理财子公司中，工银理财遥遥领先，共有47款FOF产品；农银理财次之，共有36款FOF产品；随后是中邮理财，共有20款FOF产品；建信理财FOF产品发行数量为14款；中银理财有1款FOF产品。股份制银行理财子公司也在不断发力，FOF产品发行数量在2020年末开始大幅增长，其中信银理财"一马当先"，截至2023年2月，产品发行数量达86款；随后是民生理财，共有21款FOF产品。此外，城商行也纷纷涉足FOF领域，杭银理财有37款产品，徽银理财有17款产品，宁银理财有5款产品等。总体上看，我国FOF类银行理财产品投资期限偏长、风险适中、投资门槛整体较低。

二、我国银行理财子公司发展FOF业务的重要意义

银行理财子公司布局FOF产品、发展FOF业务，有利于发挥银行理财的特有优势，发展前景非常好，对于推动新发展阶段银行理财子公司高质量发展具有谋篇布局的战略性意义。

第一，银行理财子公司发展FOF业务符合理财产品的净值化管理要求。银行理财业务脱胎于传统商业银行体系，背靠商业银行信用，在过往发展路径上具有类存款、类信贷的特征和天然隐性刚兑的特点。资管新规的出台旨在打破刚兑、实施净值化管理，让资管业务"回归本源"。资管新规明确要求，各金融机构的理财产品应当实行净值化管理。相较于银行理财产品，公募基金早已完全实行净值化管理。银行理财子公司发展FOF业务，将公募投资基金作为投资标的，能够使银行理财产品通过间接的方式将其净值与底层资产的市场价格挂钩，有助于银行理财产品净值化转型的稳步推进，满足资管新规的净值化管理要求。

第二，银行理财子公司发展FOF业务是促进实现新型委外模式转型的关键路径。FOF是银行理财子公司探索新型委外模式的必然选择。《商业银行理财业务监督管理办法》第三十八条强调了银行理财产品自身的投资管理职责，现行银行理财子公司的完全委托模式不符合监管要求。而FOF产品模式可以将大类资产配置以及投资管理人选聘等投资管理职能留在银行理财内部，同时又可以充分利用市场优秀投资能力为自身所用，作为传统银行理财委托投资模式转型的重要路径选择。

第三，银行理财子公司开展FOF业务是丰富其理财资产图谱的重要手段。银行理财具有受众群体广泛、风险高度敏感的特点，不适合大比例投资于股票等权益类资产，而FOF类产品整体的定位在于追求长期稳健型收益，以分散投资、侧重资产配置、追求长期稳健收益为特点。因此FOF产品能够承接大量银行理财客群的稳健性投资需求。FOF产品也可以扩大投资者的实际可投资范围，同时投资于商品、量化对冲、海外QDII等多样化的资产，利用它们之间的低相关性和低门槛创造更稳健的投资体验。银行理财子公司可以利用FOF来填补中等风险及中等收益产品空白。养老金市场的发展也将为银行理财子公司FOF业务带来源源不断的资金流入。

第四，银行理财子公司发展FOF业务是其落实大类资产配置的最佳实践。运用大类资产配置，充分发挥多元化投资优势，是FOF的重要特征。银行理财子公司发展FOF业务，能够充分发挥大类资产配置优势，更灵活地跨品种、跨地区、跨市场、跨资产进行资产配置；其投资标的更加广泛，可促进实现股票、债券、商品和海外市场的多元化配置。

三、新时代我国银行理财子公司发展FOF业务的对策建议

（一）制定和实施符合银行理财子公司实际的FOF业务发展和投资策略，引领FOF业务高质量发展

银行理财子公司应坚持解放思想、实事求是、与时俱进，一切从实际出发，制定适合的FOF业务发展策略及投资方案，特别是FOF产品的大类资产配置方案等。现代投资理论与实践都证明，资产的投资组合情况可以解释投资绩效中80%以上的因素。各类FOF产品形式虽有所不同，但核心的理念却没有变化，资产配

置依然是构建FOF投资组合的基石。当前，银行理财子公司发展FOF业务，在策略上需要重点考虑两个方面：一是以绝对收益策略为切入点。与融资类产品相比，目标日期、目标风险等FOF投资策略在投资收益或市场波动等方面对客户吸引力不足。银行理财子公司应采取绝对收益策略，合理设置标的资产比重，在控制风险的前提下，为客户提供稳定的回报，提升产品的吸引力。二是统筹好FOF业务发展的质与量的关系。银行理财子公司要持续优化经营发展的结构和效益，科学安排好投融资总量、规模、结构、节奏和价格，着力提升净值化管理成效，助力改善市场预期、提振市场信心。在FOF业务发展质量稳步提升的基础上，要进一步保持发展规模的合理增长，统筹实现"质"的有效提升和"量"的合理增长。

（二）把握FOF的业务模式和运营规律，不断完善银行理财子公司FOF业务全流程管理

银行理财子公司在明确FOF产品定位、结合投资者的风险偏好进行FOF产品设计的基础上，应重点做好以下五个方面的工作，不断完善公司FOF业务全流程管理。

第一，加强客户风险收益特征分析，设定投资管理目标。组合目标包括对绝对收益和相对收益的要求、所能承受的波动率、最大回撤、风险价值和条件风险价值等。组合目标主导着投资管理过程中的各个环节以及所有投资决策。银行理财子公司应根据客群的收益率要求，来合理确定FOF投资标的范围、投资期限和投资目标。

第二，开展大类资产分析，进行战略资产配置。根据FOF产品设定的投资目标，进行战略层面大类资产分析，预测不同资产类别在投资期限内的收益、风险和相关性，自上而下构建合适的投资策略组合，做好战略资产配置工作。

第三，开展"定量+定性"分析，进行战术资产配置。在战略资产配置的基础上，结合宏观经济、基本面分析、流动性分析等，进行战术资产配置。在定量分析基金数据方面，重点进行净值分析，通过多种比率来判断基金。在定性分析方面，重点进行管理人调查，通过对子基金投资人进行尽职调查来确定核心基金池。

第四，动态组合管理，实现组合的调整和再平衡。当基础市场环境、基金业绩发生重大变化时，FOF管理人需要作出灵活的应对和调整，确保投资组合在预期中的风险收益水平上运行。在组合比例偏离资产配置目标的情况下卖出占比偏高资产，买入占比偏低资产，回到目标比重。

第五，构建风控体系，防范化解业务风险。FOF产品因其特殊的结构，常见风险主要包括底层基金资产风险和管理人风险两个部分，其他相关风险还包括操作风险、流动性风险等。银行理财子公司可借助金融科技手段构建风险计量模型和预警模型，全面提升风险管理的效率和质量。对于底层基金的风险，应建立科学的投资决策制度，以基金池为基础，配以不间断的标的基金业绩跟踪机制来加强底层标的的风险管理。对于管理人风险，应从信息采集、模型评价、日常监测三方面来控制风险，充分借用金融科技技术和手段，及时、完整、准确地收集和汇总相关信息，从配置、选基、择时等角度为管理人提供业绩指标参考，考察管理人履约、逻辑、专注度等方面特质，准投稳持，慎重决策，为投后风险管理提供参考依据。

（三）把握"从价值出发，尊重投资本质"的原则，有效推进FOF业务拓展

银行理财子公司拓展FOF业务，应提升客户陪伴、产品创设、投资研究、资产配置等各方面专业能力，积极构建成熟均衡的客户生态、风格清晰的产品生态、协同融合的渠道生态，促进形成平衡协调可持续的理财业务新生态。

1. 在构建客户生态方面

银行理财子公司要充分发挥现有银行渠道优势，加强存量客户的维护和增量客户的拓展，按照"抓大不放小"的原则做好精准营销，构建成熟均衡的客户生态。不论是个人、私银还是法人客户，银行理财子公司都应借助互联网和移动终端，面向不同客群提供全生命周期的"陪伴式"服务，积极向客户传递长期投资、价值投资理念，不断丰富完善现有的客户生态体系。在投资者教育方面，银行理财子公司应充分发挥银行渠道优势，通过线上线下多渠道加强FOF类理财产品的宣传力度，切实强化投资者教育和服务，力求让投资者全方位了解FOF模式，避免造成对新产品的盲目排斥。

2. 在构建产品生态方面

（1）构建梯度清晰的产品系列。加强FOF产品研发，做好FOF产品定位工作，建立风格清晰的产品生态，根据投资者的需求和风险收益偏好，打造有梯度的产品系列，构建多元化、系统化、品牌化的资管产品体系，为客户提供在风险相对可控前提下较为稳健的收益。持续深化产品的精细化供给，分客群打造适销对路的供给策略。

（2）重点布局养老产品体系。深入分析投资者对养老财富规划的需求，加快布局养老主题FOF产品。银行理财子公司布局养老FOF产品有利于汇集长期稳定资金，进行跨周期的资产配置以及长期价值型投资，以实现风险更小、收益更稳定的投资策略。

（3）创新特色主题产品发行。在FOF产品细分领域（包括但不限于绿色金融、双碳、ESG、乡村振兴、区域定制、专精特新、跨境存款等领域）进一步实现产品创新，加快发展创新型特色主题FOF产品，打造差异化竞争优势，积极助力经济平稳运行，努力挖掘具备较高性价比的优质资产。

（4）提升资金端产品设计和销售能力。长期稳定的资金来源是保证FOF收益水平的关键。银行理财子公司可通过以下三个方面来获取长期稳定的资金：一是可发行具有一定期限的封闭运作产品，减少客户非理性行为对投资收益的影响；二是顺应大众理财线下转线上的趋势，满足线上网站、APP、微信等终端的推介、咨询和直销等定制化需求；三是探索FOF与保险机构、家族信托、养老信托、消费信托、服务信托、慈善信托的有机结合，为解决投资者的养老、医疗、子女教育、慈善公益等实际需求问题提供综合性的一揽子金融服务。

3. 在构建渠道生态方面

银行理财子公司应积极构建大资管协同融合的渠道生态，拓宽投资渠道，拓展销售渠道，进一步完善产品营销体系和渠道建设，并积极发展代销业务，以提供更便捷、高效、优质的理财服务。短期来看，应加大力度，同渠道能力较强的银行开展代销合作，同时优化手机银行、网上银行等自助购买渠道，突破物理渠道和销售人员不足的限制，实现对更多客户的覆盖和服务。中长期来看，随着银行理财转型的推进、投资者心智的不断成熟、其他代销机构销售行为的规范，银行理财子公司应推动与券

商、第三方财富管理机构等的对接合作，扩展销售渠道。

（四）以提升FOF专业能力为核心，推进FOF人才队伍和业务支撑体系建设

加强FOF业务管理团队建设，提升专业化水平。银行理财子公司应加强FOF业务人才队伍建设，积极培养专门侧重资产配置的FOF管理团队。建立基金管理人研究体系、市场风格研究体系以及大类资产研究体系，形成科学的择基准则和规范的产品开发流程，不断提升FOF类理财产品的专业性，使公司FOF产品获得更强的市场竞争力。

建设完善的投研体系，培育专业的基金研究团队，着力提升大类资产配置能力、基金甄选能力。大类资产配置能力是银行理财子公司发展FOF业务必须重点建设的核心能力。投研体系建设是银行理财子公司持续开展FOF业务的基石。完备的投研体系可以使FOF业务的投资过程更加系统化、规范化，对各类资产在宏观经济波动中的表现有更加清晰的认识，为银行理财子公司开展FOF大类资产配置和管理提供有力支撑。

建设完善的基础设施系统。银行理财子公司需要建立一套覆盖前台、中台、后台较为完善的基础系统设施，不断提升FOF业务决策和运行效率。建设管理人评价体系，对FOF管理人的投资偏好和风格漂移进行量化。建设全流程化风控系统，对子基金进行风险监控，通过对底层子基金的运作跟踪，及时反映运行状况，有效识别潜在风险。建设估值和会计核算系统，支持业务从启动、运作到终止全生命流程的财务核算处理，准确测算产品净值。搭建信息收集和披露平台，打通公司内外部的信息通路，及时获取行业、同业外联信息，并准确向投资者披露相关信息。

开拓智能运营新模式，建立同业领先的金融科技壁垒。银行理财子公司应全面推进数字化转型，深化金融科技赋能，不断丰富服务场景和运营生态，为公司发展FOF业务打造高质量新引擎和核心竞争力。积极开拓智能运营新模式，比如针对中国市场的特色情况创新风险管理技术，通过驾驶舱等运营手段实时监测投资组合和子基金的各项风险指标和运作情况，主动管理子基金的风险，提高标的筛选、风险预警和管理的智能性、及时性和精准性，解决短期波动过大与长期配置目标之间的矛盾。积极挖掘智能投顾新赛道，基于大数据、机器学习和区块链等前沿技术，将公司内的基金筛选等能力单独打包，形成模块化的对客服务输出。根据投资者的风险偏好、投资需求和资本流动性等特征，为其定制相应的基金投顾组合，在提升投资配置能力的同时，为客户更快速地深度发掘资管产品并提供个性化动态解决方案，提升客户服务体验。

（作者单位：中国工商银行业务研发中心）

参考文献

［1］巴曙松. 多管理人基金（FOF/MOM）投资模式与金融科技应用展望［J］. 清华金融评论，2017（5）.

［2］韦亚，张琳. FOF模式与商业银行理财业务转型［J］. 青海金融，2021（4）.

［3］曹森，季吉子. 资管新政下银行理财布局FOF和MOM产品的战略研究［J］. 中国城市金融，2019（2）.

［4］陈昊. 资管新规下的银行公募基金产品配置研

究——基于FOF/MOM模式的配置思路[J].金融理论与实践,2018(9).

[5] 李真,石一玮.公募FOF科学选配"全攻略"[J].现代商业银行,2021(10).

[6] 冯科,曾庆松,何小锋.基金中基金(FOF)理论研究进展[J].中央财经大学学报,2019(8).

[7] 郝鹏.基金公司布局FOF产品的战略研究[J].特区经济,2014(8).

[8] 何小锋,胡渊.金融机构投资私募股权"基金的基金"——基于案例的研究[J].改革与战略,2008(12).

[9] 杨德行.银行理财配置FOF/MOM的模式分析[J].清华金融评论,2016(10).

[10] 何小锋.FOF在中国有巨大的发展前景[J].资本市场,2010(7).

[11] 胡诗阳,祝继高,陆正飞.商业银行吸收存款能力、发行理财及其经济后果研究[J].金融研究,2019(6).

[12] 郑翔文.FOF在中国:发展历程、市场格局与产品解析[J].金融市场研究,2021(2).

[13] 石寄华.中国公募FOF发展的机遇和挑战[J].清华金融评论,2020(6).

[14] 丁鹏.FOF组合基金[M].北京:电子工业出版社,2017.

[15] 李倩.我国FOF基金发展及资产配置现状分析[J].环球场,2020(32).

[16] 杜迎辉.FOF(基金)发展及应用研究[J].金融理论与实践,2008(9).

[17] 禹久泓,杨逸青.构建公共财政作为私募股权基金母基金的框架[J].财政研究,2009(2).

[18] 董明璐.FOF在中国——后金融危机时代背景下的挑战与机遇[J].经济视角(下旬刊),2010(11).

[19] 潘东,滕飞.银行理财的净值化转型[J].中国金融,2018(20).

[20] 宋江立.我国公募FOF的发展及应用研究[J].现代管理科学,2018(6).

[21] FOF全解析[J].中国总会计师,2017(10).

[22] David F Swensen.Pioneering Portfolio Management—An Unconventional Approach to Institutional Investment[M].北京:中国人民大学出版社,2015.

[23] 陈少强,郭骊,郑紫卉.政府引导基金演变的逻辑[J].中央财经大学学报,2017(2).

[24] 肖星池,冉博文,吕斓琪,等.中美FOF发展对比分析及对中国的启示[J].现代经济信息,2016(7).

国债期货市场发展及前景展望

李 杰 冯洁莹 黄诗婷

摘 要：本文对比了国内外国债期货市场规模、主要品种，对国内监管情况和期货交易策略进行了深入分析与说明，同时结合实证的方法验证了国债期货交易价格发现、增厚组合收益的功能与作用。

关键词：国债期货市场 国债期货品种 国债期货监管 国债期货策略

国债期货市场是重要的衍生品市场之一，具有促进现货市场流动性、价格发现等重要作用，是主要的管理利率风险的工具之一。相较国外成熟市场及国内现货交易市场，我国国债期货市场体量明显较小。随着监管体系的完善、投资者结构的丰富、上市品种的增加，国债期货策略将愈加丰富，国债期货市场有望进一步快速发展。

本文分为如下几部分：第一部分通过全球衍生品发展情况回顾及海外活跃利率衍生品合约对比，说明我国国债期货仍有较大的发展空间；第二部分回顾我国国债期货的发展情况；第三部分介绍国债期货品种的优势和当前国债期货市场监管情况；第四部分介绍国债期货主要策略，并以跨品种套利为例，演示期限利差交易策略的收益情况；第五部分为总结，随着市场扩容、投资者结构丰富，有利于我国国债期货市场和债券市场进一步发展。

一、国际期货及期权市场发展概况

2020年以来，权益、固收、大宗商品价格波动较前几年明显加大，期货和期权作为重要的风险管理工具，交易量逐年上涨，近两年交易量增速达到30%以上。从种类上看，权益类期权和期货交易量增速较高，2021年权益类期权和期货成交量占总成交量的76.39%；其次为大宗商品期权和期货，2021年占总成交量比例为15.22%；利率期货交易量增速较低，2021年成交量占总成交量比例为8.39%，自2018年起成交量小幅波动，未见显著增长（见图1）。

从持仓量上看，随着近两年交易量的上升，持仓量明显增长。各品种的持仓量占比较稳定，其中，权益类期货及期权持仓量占比约72.75%，利率期货及期权持仓量占比17.39%，商品期货及期权占比9.86%（见图2）。

利率期货及期权是全球衍生品市场的重要品种，其交易量和持仓量整体呈现逐年上涨的态势，增速近几年有所放缓（见图3）。

根据美国期货业协会数据，北美及欧洲的利率期货及期权最为活跃。其中，北美利率期货及期权占全球交易量的52%，欧洲占比约25%，拉丁美洲占18%，亚洲仅占5%（见图4）。

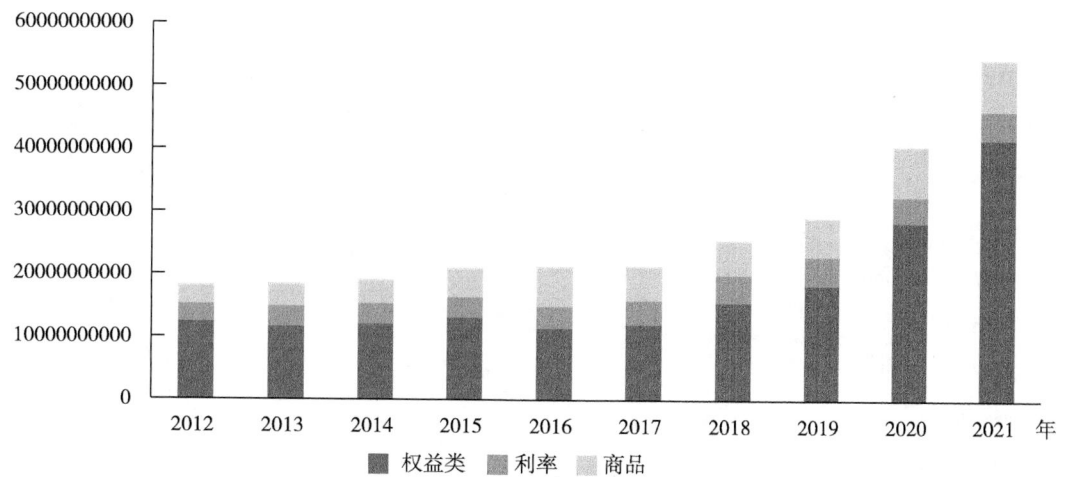

图 1　全球期货及期权交易量

（资料来源：美国期货业协会）

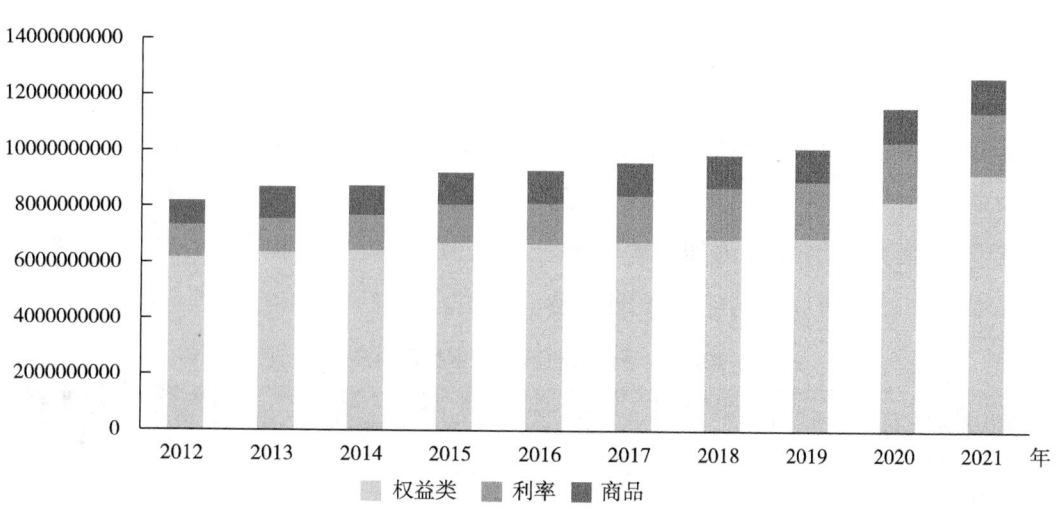

图 2　全球期货及期权持仓量

（资料来源：美国期货业协会）

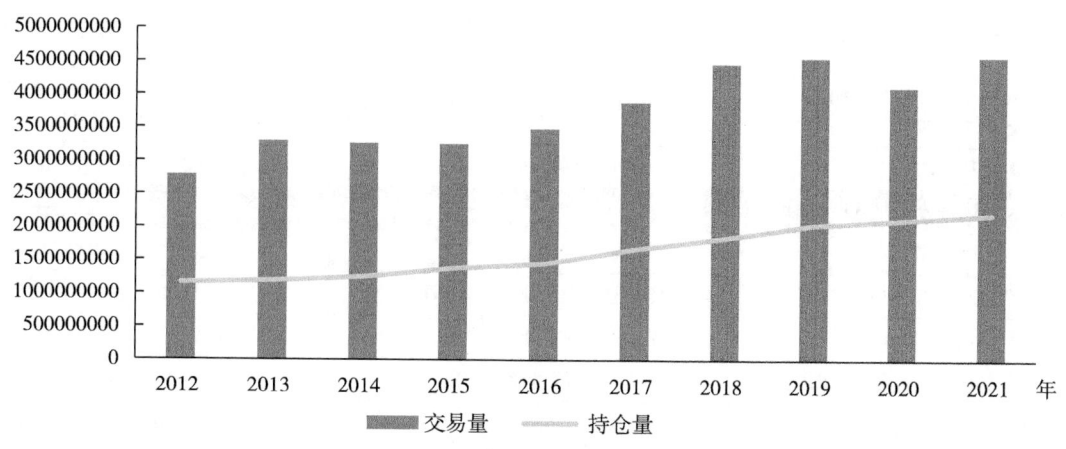

图 3　利率期货及期权的交易量及持仓量

（资料来源：美国期货业协会）

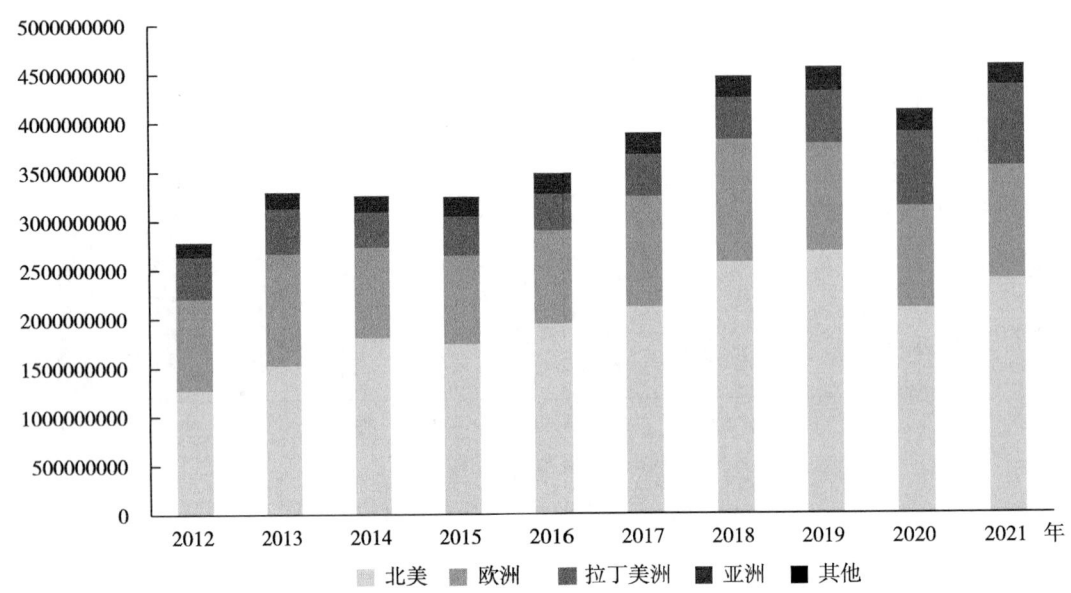

图4 利率期货及期权交易量（按地区）

（资料来源：美国期货业协会）

利率期货及期权主要分为短端利率期货及期权和国债期货及期权。过去三年最活跃的利率衍生品合约及债券衍生品合约如表1所示。国债衍生品品种中，美国和德国的国债期货最为活跃。美国、德国的利率衍生品已覆盖整条收益率曲线，3个月短端至30年长端，以3个月、10年、5年的期货交易最为活跃。

表1 2019—2021年最活跃的利率衍生品合约及债券衍生品合约

成交最活跃利率衍生品合约		
2021年	2020年	2019年
1天银行间存款利率期货（巴西期货交易所）	1天银行间存款利率期货（巴西期货交易所）	3M欧洲美元期货（CME）
3M欧洲美元期货（CME）	3M欧洲美元期货（CME）	1天银行间存款利率期货（巴西期货交易所）
3M欧元利率期货（ICE）	1天银行间平均存款利率期权（巴西期货交易所）	3M欧洲美元期权（CME）
1天银行间平均存款利率期权（巴西期货交易所）	3M欧洲美元期权（CME）	1天银行间平均存款利率期权（巴西期货交易所）
3M英镑利率期货（ICE）	3M欧元利率期货（ICE）	3M欧元利率期货（ICE）
成交最活跃债券衍生品合约		
2021年	2020年	2019年
10年美国国债期货（CBOT）	10年美国国债期货（CBOT）	10年美国国债期货（CBOT）
5年美国国债期货（CBOT）	5年美国国债期货（CBOT）	5年美国国债期货（CBOT）
欧洲美元中期收益曲线期权（CME）	10年德国国债期货（Eurex）	10年德国国债期货（Eurex）
10年德国国债期货（Eurex）	2年美国国债期货（CBOT）	2年美国国债期货（CBOT）
10年美国国债期权（CBOT）	10年美国国债期权（CBOT）	10年美国国债期权（CBOT）

资料来源：美国期货业协会。

二、我国国债期货

我国国债期货于2013年在中国金融期货交易所上市，目前挂牌交易的有2年、5年、10年期限3个品种，基本覆盖了收益率曲线。与成熟市场相比，我国尚欠缺1年以下品种及30年超长端品种。2018年，我国推出了30年期国债期货仿真交易，合约代码为"TL"。我国国债存量具有较大规模，均衡分布于各期限，且流动性较好，为关键期限期货品种的活跃交易打下坚实的基础。截至2022年8月31日，国债余额约24万亿元（见图5）。

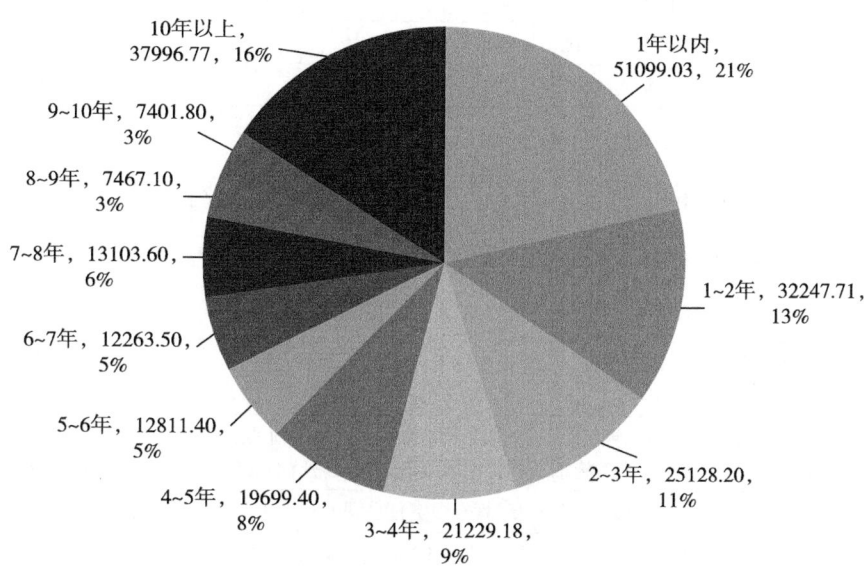

图5　国债余额（亿元）及占比（截至2022年8月31日）

（资料来源：中国金融期货交易所，Wind）

如图6所示，我国国债期货市场持续发展，持仓量和成交量持续增长。截至2021年末，国债期货的持仓量为319070，对应面值约3500亿元，相比国债余额比例较低。

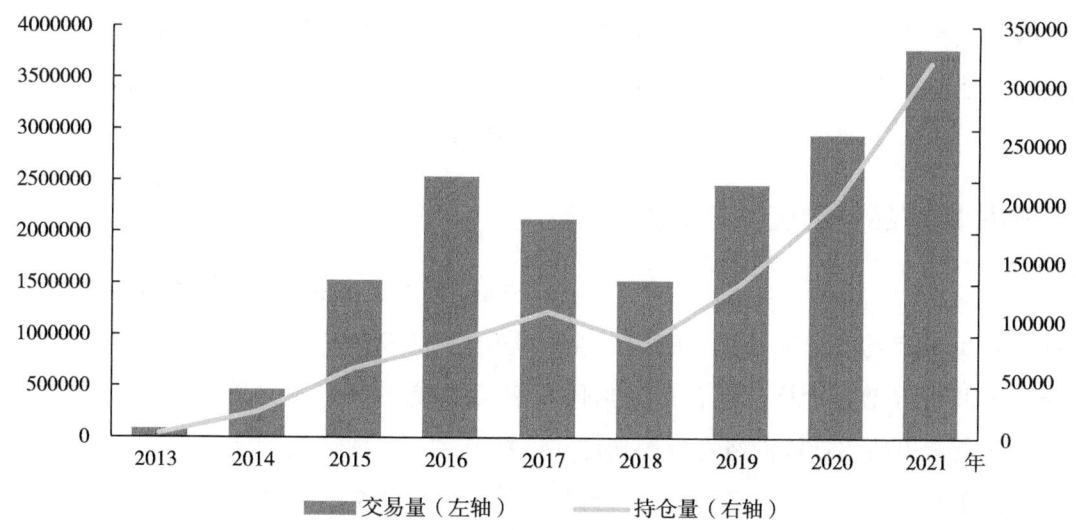

图6　国债期货交易量及年末持仓量

（资料来源：中国金融期货交易所，Wind）

与成熟市场相比较，我国国债期货交易量也相对较低，仍有较大的发展空间。根据美国期货业协会数据，2021年全球范围内交易最活跃的40个利率期货及期权合约中，国内成交最活跃的国债期货品种——中金所10年期国债期货排名第39位（见表2）。

表2 2021年全球范围内交易最活跃的40个利率期货及期权合约排名

排序	合约名称	2021年成交量
3	美国10年期国债期货，CBOT	469746624
4	美国5年期国债期货，CBOT	281860840
6	德国10年期国债期货，Eurex	202679077
39	10年期国债期货，中金所	16378492

资料来源：美国期货业协会。

从投资者结构来看，近两年，我国国债期货市场持续扩容。2020年，财政部、人民银行、证监会和银保监会联合发布公告，正式允许商业银行和保险机构参与中金所国债期货交易（见表3）。

表3 2020年我国发布的公告

2020年2月21日	财政部、人民银行、证监会、银保监会联合发布《关于商业银行、保险机构参与中国金融期货交易所国债期货交易的公告》
2020年3月1日	中金所发布《关于商业银行参与国债期货业务试点有关事项的通知》，修订并发布《中国金融期货交易所会员管理办法》等12个实施细则和《中国金融期货交易所期货公司会员资格管理业务指引》
2020年3月3日	中债登发布并实施《中央国债登记结算有限责任公司债券作为期货保证金业务操作指引》
2020年4月10日	商业银行参与国债期货业务启动活动在中国金融期货交易所举行，工行、中行、交行等获准成为交易结算会员
2020年6月23日	银保监会发布《保险资金参与国债期货交易规定》，修订发布《保险资金参与金融衍生产品交易办法》和《保险资金参与股指期货交易规定》

国债期货参与者除个人外，主要为基金和券商，均以交易户为主，投机性较重，基差波动较大。银保资金参与国债期货，有利于扩大国债期货市场容量，满足配置户的利率风险管理需求。

三、国债期货品种的优势与期货市场的监管

期货主要反映市场对未来预期，锁定的是远期价格，因此可以增加价格信息含量。国债期货作为利率类衍生品，具备价格发现的功能，为收益率曲线的构造提供信号，有利于提升债券市场的流动性，使价格更加准确地反映市场信息。同时，国债期货特有的交割制度使其成为天然的做空工具。相较于同属利率类衍生品的利率互换而言具有更高的市场流动性，同时场内集中清算和保证金制度降低了交易对手信用风险，使其具备交易简单高效、成本低廉、估值透明统一等优势。

第一，国债期货具备价格发现的功能。根据Michael W. Brandt、Kenneth A. Kavajecz、Shane E. Underwood关于国债期货市场与现券市场的价格发现功能的研究，现券市场中的订单流及期货市场中的交易是移动收益率曲线的重要因素。在现货及期货市场中，订单流驱动市场价格。从交易主体的角度，做市商提供市场流动性，对市场价格波动没有长期影响；投机交易员顺着交易方向推动市场价格；而交易所

会员可能由于对冲的需求,交易方向与投机交易员相反。例如,期货市场中交易长端的投机交易员的净订单流倾向于使利率曲线走陡,而交易所会员的净订单流倾向于使曲线走平。从跨市场联动角度,现券市场与期货市场的互相影响,每个市场的订单流对当下的价格波动具备额外的解释效力。尤其在现券市场中2年期和5年期的净订单流对现券和期货市场的价格波动有显著的解释效力。同时,价格发现的方向和程度会受回购融资利率、流动性等因素影响。

第二,国债期货是天然的做空工具。国债期货交割制度中包含了最廉券及期货卖方对交割券的选择权,导致国债期货具有负凸性,即在价格下跌的过程中,跌幅较现货更大。同时,国债期货合约流动性好、开平仓方便等优点,增加了其做空的便利性。

第三,国债期货相较于利率互换在标准化程度、交易对手风险、估值等方面有优势:(1)国债期货属于标准化产品,每日保证金结算,投资者包括个人与机构,在场内竞价交易。而利率互换属于非标准化产品,交易达成当日没有资金往来,待到期日进行结算,我国仅允许机构投资者参与,场外交易,撮合成交。(2)国债期货定价以对应基础资产的投资收益为标的,而利率互换市场中最常见的利率标的都是基于银行资金来源的成本利率,如回购FR007、拆借利率Shibor3M等,与债券投资收益不完全匹配。(3)国债期货在场内竞价交易,无交易对手风险。而利率互换通过询价成交,条款定制导致流动性弱,在市场剧烈波动的情况下可能找不到合适的交易对手,从而产生敞口风险。(4)交易模式、操作流程及风险管理上,两者也有不同。国债期货需要关注保证金账户的变化,而利率互换需要关注交易对手的授信额度。(5)估值方面,国债期货按每日结算价进行结算,而市场对利率互换的折现曲线及估值模型无统一标准。

随着我国金融改革深化持续推进,越来越多的投资者开始投资我国债券市场,这些专业机构投资者出于风险管理的需求,对国债期货市场的进一步发展有着强烈诉求。随着我国商业银行和保险公司加入国债期货市场,有利于不断提升交易定价能力、敞口管理能力、风险监控能力和系统支持能力,国债期货市场有望做大做强,吸引更多投资者,推动我国金融市场健康稳定发展。

此外,期货市场的平稳运行和功能的发挥离不开有效的监管。欧美期货市场有较长的发展历史,对期货市场的运行和监管也有丰富的数据和研究资料,对于我国期货市场发展及监管有较大的借鉴意义。

在西方期货市场的发展过程中,对期货市场的关注包括保证金水平的设定与调整、涨跌幅限制、对现货市场的影响和过度投机的监管。

根据Michael L. Hartzmark(1986)的研究,保证金应主要用于防范交易对手风险,边际调整保证金对期货市场价格表现和投资者结构影响有限。经验表明,保证金水平的变动影响投资者的交易成本,较低的保证金水平更有利于提升期货市场的流动性;若大幅提升保证金水平,期货市场投资者结构和价格表现会受到显著影响。但若市场深度下跌,再小幅调整保证金水平的影响会被放大。若限制投机交易,调整保证金比例不是合适的工具,而是通过更直接的监管措施更有效,如仓位限制等。

Christopher K. Ma、Ramesh P. Rao、R. Stephen Sears(1989)研究了美国国债期货的涨跌

幅限制政策对市场的影响。解释引起市场波动的理论，主要为信息假设（新信息进入市场引发市场价格变化和波动率变化）和过度反应假说（市场波动由交易噪声导致）。对美国国债期货市场而言，涨跌幅限制是有效的，在触及涨跌停价格后，市场波动率下降了。价格触及涨跌停价格后，整体上趋于稳定或反转，因此回到了此前的价格区间。这个结果与过度反应假说相一致，表明涨跌停限制在价格发现的过程中是有帮助的。值得注意的是，Brennan（1986）的理论分析表明，涨跌停限制要发挥稳定市场的作用，取决于投资者行为假设和市场条件。换言之，涨跌停限制不一定适用于所有的期货品种。

我国曾在20世纪90年代开办过国债期货试点交易，但当时利率市场化机制尚未完善、政府对国债市场的干预和期货市场过度投机等原因，导致了"327"国债期货事件，万国证券由于巨亏濒临破产。

总结我国自身经验，借鉴海外研究成果，我国建立了三级监管体系，证监会是主要的监管机构，交易所为一线监管，行业协会协助监管。

证监会的职责是以服务和保障期货市场的规范发展为基本目标，尊重市场规律，借鉴国际经验，以保障投资者的利益为核心，努力保证期货市场的公正、透明、有效，为投资者创造良好的市场环境；做好规划行业发展；调整行业内部关系，维护市场"三公"原则和保持市场的可持续发展工作；监管期货经营机构的财务安全性、业务合规性、主体合法性，提高市场公信力，保证市场的安全与稳定。

交易所通过合约设计、会员管理、交易监管、结算监管、头寸监管、交割监管和信息管理、异常和争议处理等方式对市场进行监管。其中，涨跌停板是重要的制度设计之一，其设立、调整对市场有显著的稳定作用和信号作用。关于过度投机、操纵市场等行为，建立了专门监管标准和处理程序，限制自买自卖、频繁报撤单、大额报撤单等行为。

协会的自律管理作为重要补充，在人员培训、资格考试等方面发挥作用。

从当前国债市场套期保值效率、相对买卖价差、触及涨跌停板次数等情况看，国债期货市场展现出了良好的流动性，与利率债现券市场有较高的协同性。

四、国债期货交易策略

常见的国债期货交易策略包括期现对冲、跨期套利、跨品种套利等。此外，也可以通过国债期货调整组合的久期，把握收益率曲线变动的机会，通过不同期限的品种，利用收益率曲线的走陡或走平构建交易策略，降低组合的净值波动，增厚组合收益。

期现套利策略是指考虑期货与现货之间的价差，考虑基差预期走势及资金成本，进行套利交易，主要分为正向套利、反向套利、骑乘策略及交割套利。此类策略的可行性取决于机构的资金成本，实际交易过程中，跨市场构建合意组合的操作难度较大。

正向套利是指买入CTD现券，同时做空转换因子数量的国债期货。当国债期货净基差小于0时，现券价格低于国债期货价值，可以通过正向套利获利。

反向套利是指卖空CTD券，同时买入转换因子数量的国债期货。当国债期货净基差大于0时，现券价格高于国债期货的价值，可以进行反向套利。实务中，进行反向套利需考虑债券借贷成本和资金成本等,操作难度较大。

骑乘策略是指购入现券剩余期限长于可交割券期限的现券,卖出国债期货,将期货合约不断移仓换月,直至现券被纳入可交割券后平仓。在收益率曲线陡峭程度可覆盖国债期货的移仓对冲成本时,可以使用本策略。

交割套利是指购入旧券,卖出国债期货,到期日用购入的旧券交割,收益来自旧券的流动性折价。

跨期套利着眼于同一个国债期货品种两个季度合约之间的价差。在市场情绪较高时,近月合约较远月合约更快上涨,跨期价差走阔,通过构建买入近月合约、同时卖出远月合约的组合获益。在市场情绪较弱时,通过反向操作获益。

跨品种利差交易着眼于不同期限的国债期货合约,通过收益率曲线的变动获益,分为期限利差和蝶式套利。期限利差是指,预期收益率曲线走陡时,买入2年期合约,卖出10年期合约;若预期收益率曲线走平,则买入10年期合约,卖出2年期合约。蝶式套利则着眼于曲线的凹凸性,预期曲线变凸,则买入2年期合约和10年期合约,卖出5年期合约;若预期曲线变凹,则买入5年期合约,卖出2年期合约和10年期合约。

以5年、2年的期限利差为例。利用收益率曲线变动均值回归的特征构建组合,买入1手2年期国债期货合约(TS),卖出1手5年期国债期货合约(TF)。图7为组合价格变动与中债国债收益率曲线5年、2年期限利差走势。期限利差走阔时,收益率曲线走陡,组合价格上行;而期限利差收窄时,收益率曲线走平,组合价格下行。考虑到2年期国债票面为200万元,而5年期国债期货票面为100万元,计算价格时调整为2*TS-TF。本组合并非久期中性,价格随着现券收益率上行或下行有少量敞口风险。

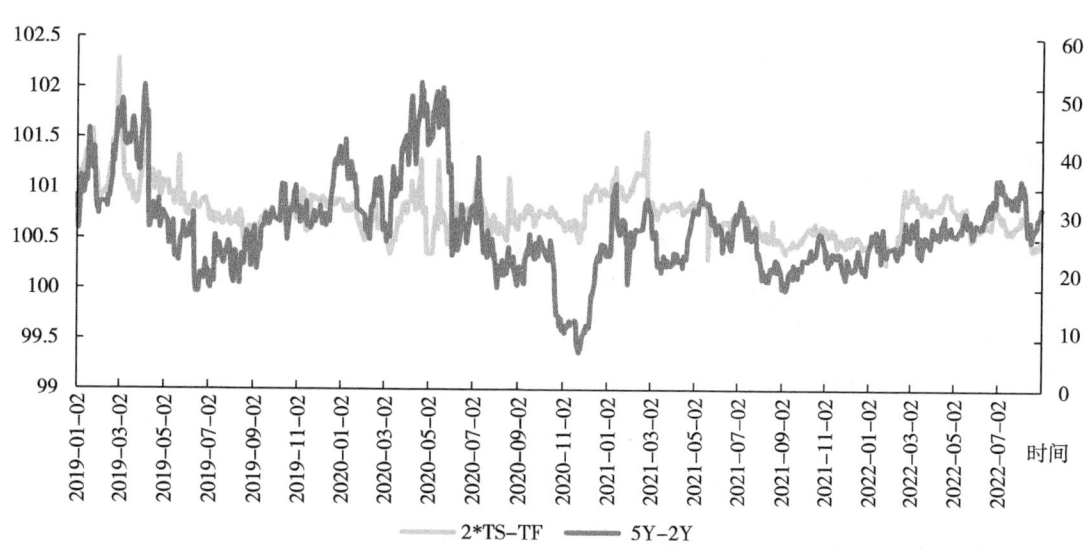

图7 组合价格变动与中债国债收益率曲线5年、2年期限利差走势

(资料来源:Wind)

以半年时间段为基准,当收益率曲线的期限利差和期货价差均低于过去半年的20%分位数时,做陡曲线,买入TS,卖出TF;当收益率曲线的期限利差和期货价差均超过80%分位数时,做平曲线,卖出TS,买入TF。按照上述策略回测,假设保证金占用率40%,则收益情况

表现如图 8 所示。

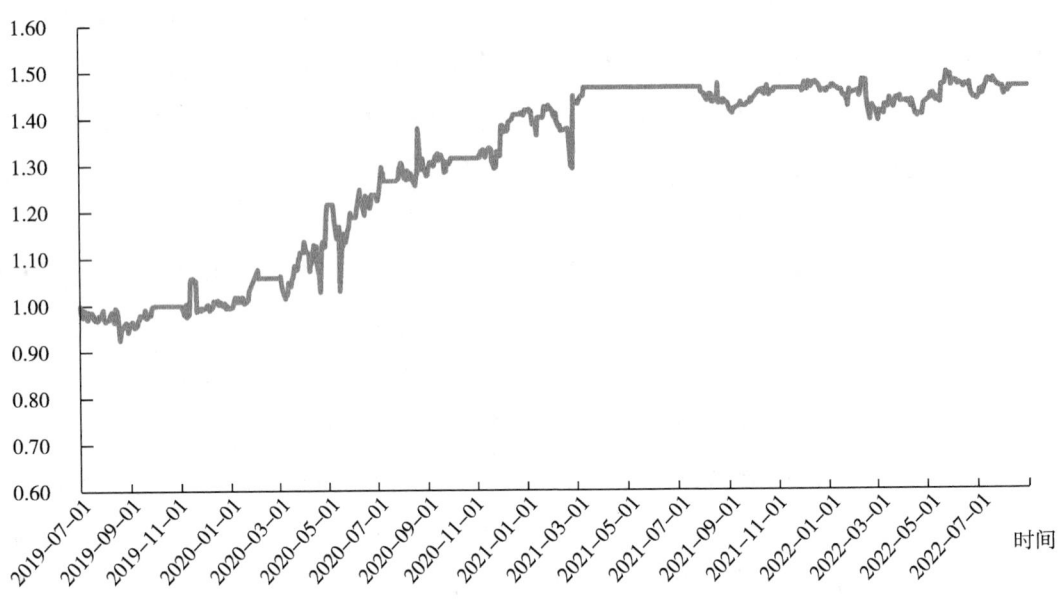

图 8　收益情况（以半年时间段为基准）

以三个月时间段为基准，当收益率曲线的期限利差和期货价差均低于 20% 分位数时，做陡曲线，买入 TS，卖出 TF；当收益率曲线的期限利差和期货价差均超过 80% 分位数时，做平曲线，卖出 TS，买入 TF。按照上述策略回测，假设保证金占用率 40%，则收益情况表现如图 9 所示。

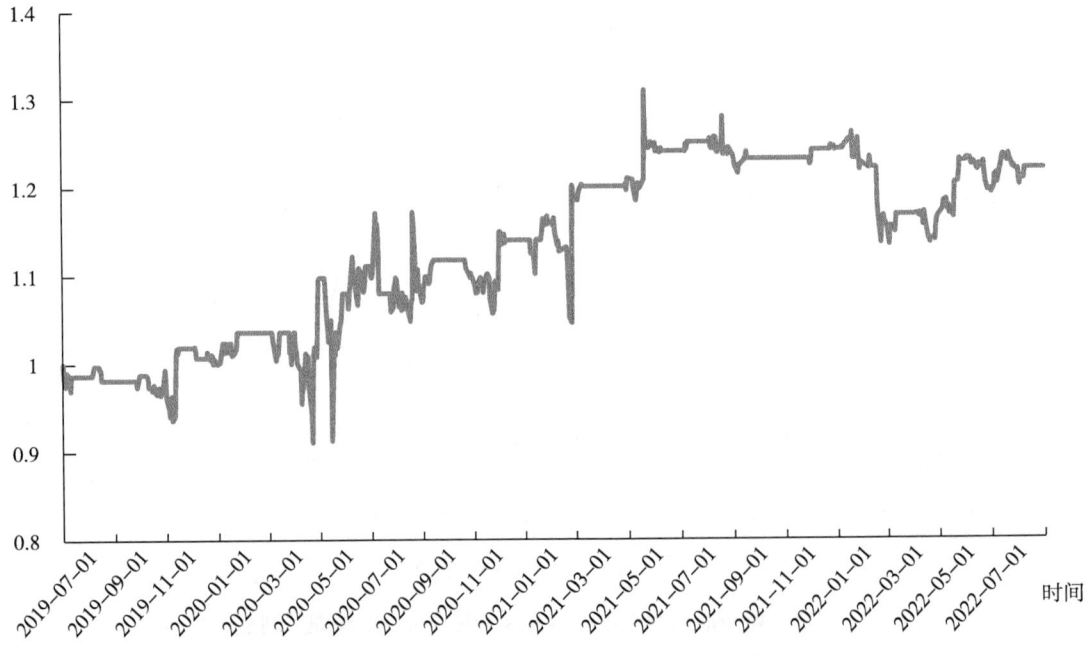

图 9　收益情况（以三个月时间段为基准）

以上策略证明，收益率曲线期限利差展现出了均值回归的特征。国债期货交易策略灵活，以举例的跨品种套利中，做平和做陡曲线时，可以用现券、利率互换等代替期货品种，有利于更好地进行价格发现，同时增厚组合收益。

五、国债期货市场发展展望

目前我国国债期货市场保持健康发展，我国10年期国债期货是流动性好、交易最活跃的品种之一。随着银行、保险机构的加入，国债期货市场持续扩容，但与世界发达市场相比，从交易量、持仓数量看，我国国债期货仍有较大的发展空间。

在产品体系上，我国国债期货已经覆盖了2年、5年、10年品种，30年国债期货在进行仿真交易，超长期限国债期货将填补专业机构投资者对超长期限国债利率风险管理的需求。同时，在国债期货稳步发展的基础上推出国债期权，进一步丰富场内避险工具，形成更加完备的国债期货产品体系。

在投资者结构上，引入更多中长期资金，有助于提升银行、保险机构等专业投资者的经营稳健性，也有利于提高国债期货价格代表性，改善国债期货市场运行质量。当前，国债期货对国债的对冲效果表现较好，而信用债由于信用利差波动较大，信用组合利率风险的管理难度较大。长期来看，随着国债期货市场不断扩容，有望促进信用债市场定价有效性，促进债券市场的进一步发展。

（作者单位：申港证券股份有限公司）

参考文献

［1］葛岩.商业银行运用国债期货开展利率风险管理的策略探讨［J］.国际商务财会，2022（6）.

［2］诸懿青.关于我国商业银行参与国债期货市场的思考［J］.科技经济导刊，2020（13）.

［3］中金所：2021年国债期货市场运行报告［R］.债券，2022（3）.

［4］Michael L. Hartzmark, The Effects of Changing Margin Levels on Futures Market Activity, the Composition of Traders in the Market, and Price Performance, The Journal of Business, Part 2: Futures and Options Markets, 59（2）：S147–S180.

［5］Michael W. Brandt, Kenneth A. Kavajecz, Shane E. Underwood, Price Discovery in the Treasury Futures Market, The Journal of Futures Markets, 2007, 27（11）：1021-1051.

［6］Christopher K. Ma, Ramesh P. Rao, R. Stephen Sears, Limit Moves and Price Resolution: The Case of the Treasury Bond Futures Market, The Journal of Futures Market, 1989, 9（4）：321-335.

中国信托公司流动性管理体系建设初探

张晓伟　李卓钰

摘　要：信托行业发展以来经历了多次行业变革与政策调整。信托公司的流动性管理一直存在诸多矛盾，建立完善的流动性管理体系建设能有效化解信托公司各类风险，助力信托行业长期健康发展。本文从理论上完整地设计了信托公司流动性管理体系，并以华润深国投信托有限公司为例进行实证研究。

关键词：信托　流动性　体系

一、信托行业历程概述

1919年聚兴城银行上海分行成立中国第一个信托部，1921年中国第一家专业信托公司——通商信托公司成立，信托公司自此登上中国金融历史舞台，开始历经长足的发展。概括而言，中国信托行业的历程主要分为五个阶段。

（一）萌芽阶段：兼营中诞生

1917年上海商业储蓄银行保管部的设立，标志着中国人独立经营金融性信托的序幕拉开。1921年中国第一家标明为"信托公司"的企业——通商信托公司成立，信托公司正式诞生。经历了二十余年的起伏，到1949年中华人民共和国成立时，全国共有14家信托公司存续。

（二）起步阶段：接管与合营

1949年人民银行上海市分行信托部正式成立，标志着新中国成立了自己的信托机构。自1951年起，人民银行在上海、天津等城市分行设立的信托部陆续缩减业务项目，直至1952年国内全行业公私合营全部停办，原有信托业务停止，中国信托业的发展告一段落。

（三）恢复阶段：信贷的信托

1979年，中国国际信托公司作为改革开放后的第一家信托机构宣告成立，标志着我国开始恢复信托行业经营。随着1980年人民银行下达《关于积极开办信托业务的通知》，信托业务大规模开展，但主要被用作突破信贷额度的工具。到1982年底，全国各类信托投资机构已有620多家，在吸引外资、搞活地方经济方面起到了一定的积极作用，但由于盲目竞争、乱设机构等问题加大了金融风险。

（四）整顿阶段：发展中探索

中国信托行业目前主要经历了六次大的整顿。前五次大整顿主要发生在1982年至1999年。第六次大整顿发生在《信托法》颁布之后的2007年。

1982年人民银行下发《关于整顿国内信托投资业务和加强更新改造资金管理的通知》，开始第一次信托业整顿，主要清理非金融机构设立的信托公司，改变信托机构过多过乱的局面，协调信托业和银行业的宏观调控关系。

1985年《关于进一步加强银行贷款检查工作的通知》及《金融信托投资机构资金管理暂行办法》的发布，第二次信托业大整顿开始。1986年人民银行颁布规定要求银行停办信托贷款和信托业务，以避免信贷和货币投放失控。

1988年中国经济过热和通胀激增的现象空前严重，信托业的迅猛发展为银行转移资金提供了渠道，加剧了固定资产投资失控的现象。同年人民银行开始更为严厉的第三次信托业整顿，以控制货币、稳定金融秩序，致使信托公司从745家锐减为339家。

1993年中央决定进行宏观调控整顿金融秩序，第四次信托业的整顿开始。1995年通过的《商业银行法》要求银行与信托分业经营、分业管理。信托公司的筹备和设立均需由人民银行批准和核发许可。到1997年末，中国信托投资公司减少至242家。

1999年由于信托行业的大量不良资产和支付危机可能引发的行业系统性风险和区域性风险，国务院开始对信托业的第五次清理整顿，使210多家信托机构退出市场。自此，信托公司退出证券经纪业务和股票承销业务的经营。

（五）规范阶段：《信托法》时代

2001年起相继实施的《中华人民共和国信托法》《信托公司管理办法》《信托公司资金信托管理暂行办法》等法规为信托事业的发展奠定了制度基础。2003年银监会成立并直接监管信托公司，使信托公司的发展空间得到一定程度的拓展，信托业务更趋规范。

2004年底银监会发布一系列通知，要求信托公司增强运营和信披的透明度，规范经营管理，避免系统性风险。2005年中国信托业协会的成立标志着信托业走向自律。2007年银监会开始信托业的第六次清理整顿，去掉了原"信托投资公司"中的"投资"二字，从而强调信托公司的本源属性。2008年起，信托业展开一系列业务创新——私募股权信托投资、公益信托、房地产信托投资基金、债券及期货交易等业务陆续开展。

经过多年的规范发展，信托业于2012年底超越保险业成为第二大金融产业，发展壮大为中国金融业不可或缺的组成部分。2018年"资管新规"发布之后，信托资产规模有所回落。2022年《关于调整信托业务分类有关事项的通知》征求意见稿的出台，标志着信托业进一步回归受托服务的本源。

二、当前问题简析

伴随着信托公司管理资产规模的增长，信托公司流动性风险与日俱增。流动性风险事件的爆发往往是金融机构倒下的导火索，从长期资本管理公司到贝尔斯登，从雷曼兄弟到北岩银行，金融机构基本面的变化往往最先体现在流动性的枯竭，无论是保证金的追加要求，或者授信额度的收紧，或是客户的挤兑等同时发生，同一时间对流动性的多重打击最终演变为对金融机构的致命一击。此外，当整个市场的温和环境突变、资金面骤紧时，未做好资产负债管理及流动性管理体系建设的金融机构往往最先出现问题。

与其他金融机构相比，信托公司在流动性管理方面存在着天然的劣势：一方面，监管部门尚未出台专门针对信托公司流动性风险管理的办法，未设定流动性风险管理的相关监管指标，信托行业也未形成成熟的自律性、流动性风险管理指标，普遍缺乏未雨绸缪的管理意识；另一方面，信托公司无论是在资金融入渠道还是在资产融通流转方面都颇受掣肘，处理流动性风险事件的能力和工具较为有限。

在资金端来源方面,《信托公司管理办法》规定,"信托公司不得开展除同业拆入业务以外的其他负债业务,且同业拆入余额不得超过其净资产的20%"。因此,信托公司虽为持牌金融机构,却无法通过发行债券、质押贷款等方式建立长期、稳定的资金来源,仅能通过不超过7天的同业拆入解决资金需求。然而同业拆入的前提是已获得交易对手给予的授信额度,授信额度的多少取决于信托公司本身的信用质量及声誉等综合因素,并非所有信托公司都能获得足额的拆入授信额度。此外,虽然中国信托业保障基金有限责任公司可通过流动性支持和反委托收购业务帮助信托公司补充流动性,但信保基金对于以上方式的使用均有相关限制和提款要求,在金额和时效性方面可能无法完全满足信托公司的流动性需求。

在资产端方面,近年受房地产调控政策叠加监管政策收紧、经济下行压力较大的影响,房地产和城投非标资产质量显著下降,信托业务层面产生的风险违约事件增加,潜在的"刚性兑付""资金池期限错配"等信托业务风险容易传导为信托公司自身的流动性风险。以上情况一方面产生以信托公司自有资金承接风险资产或支持产品流动性的需求,进一步消耗自有资金流动性;另一方面导致信托资产流转渠道受阻、资产融通变现能力下降,抑制了自有资金流动性的补充。

综上所述,信托公司在流动性管理方面与其他金融机构仍然存在差距,需要进一步完善流动性管理体系搭建,增强抵御流动性风险的能力,以应对未来的市场挑战。

三、应对方案设计

流动性管理体系的建立健全应当在公司全面风险管理体系下进行,通过建立科学的流动性管理机制以完善流动性管理策略、政策和程序,确保流动性需求能够及时以合理成本得到满足,最终构建符合信托公司自身特点的流动性管理体系。具体而言,流动性管理体系的建设主要着眼于风险监控和操作交易两个层面,覆盖流动性风险本身以及引发流动性风险的其他重要风险因素,包括市场利率波动、交易对手违约、操作失误等,作用于流动性整体风险防范(见图1)。

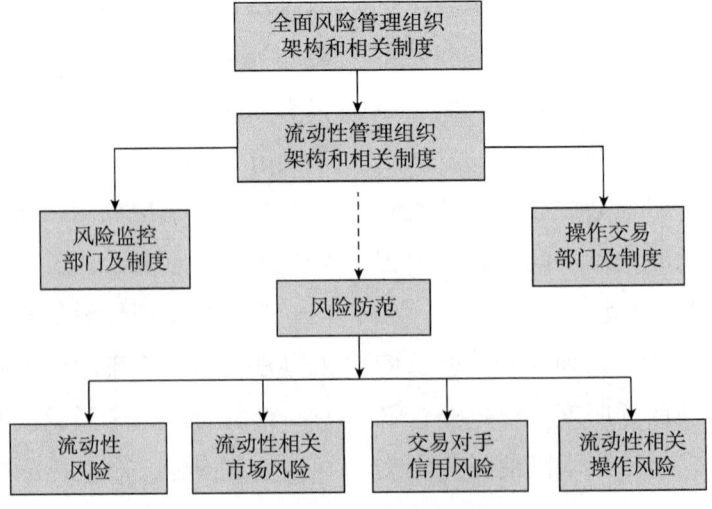

图1 全面风险管理组织架构和相关制度

风险监控层面主要是对流动性风险实施有效识别、监测和控制，建立健全流动性风险管理制度，设计风险监测计量指标并进行事后评价，纳入相关部门业绩考核。风险监控需要明确公司前台、中台、后台相关部门的职责，确定监测频率，对信托公司自有资金和信托产品流动性分别设置相应指标并定期进行压力测试。在具体指标方面，对于自有资金可设定流动性覆盖率、流动性比率、净稳定资金比率等指标；对于开放式信托产品可根据变现能力对备付资产进行分级，计算各级备付资产的流动性覆盖率；对于封闭式信托产品在设立前需充分评估底层资产的现金流情况及抵（质）押物的折现比例。

操作交易层面主要是根据信托公司流动性管理的实际情况规范日常交易操作流程，提升流动性资金的使用效率，规范流动性资金的投资和融资行为，此处主要涉及自有资金。信托公司自有资金流动性投资的范围较为灵活，可投资于货币基金、银行理财、同业存单、逆回购等高流动性金融产品。虽然投资以上类型产品的风险整体上较低，但信托公司仍需建立流动性管理操作指引及相关白名单，对流动性操作过程中的操作风险和交易对手信用风险进行管控。

此外，在建设流动性管理体系时，应当重点关注三个方面：审慎性，即审慎评估各类风险对流动性的影响，保持合理备付水平；分散性，即对资金端、资产端的要素（品种、期限、交易对手等）进行管理，防止过度集中引发的流动性风险；协调性，即保持资金端、资产端在品种、风险、期限上的合理匹配，防范错配风险。

四、实证分析

本文以华润深国投信托有限公司（以下简称华润信托）为例进行实证分析。华润信托成立于1982年，由华润金控投资有限公司（归属于华润集团，华润集团2022年世界五百强排名第66位）持股51%，深圳市投资控股有限公司（2022年世界五百强排名第372位）持股49%。华润信托在结构金融、证券投资、财富管理、资产证券化、普惠金融、资产管理等诸多领域形成了独特的专业专长，为遍布海内外的高净值客户、高效益企业和高成长机构投（融）资者提供了优异的、定制化和差异化的金融解决方案。华润信托位列2021年信托公司综合实力第一名，2022年末管理资产规模约1.5万亿元。

在公司全面风险管理体系下，2022年华润信托结合经营战略、业务特点、财务实力、融资能力、总体风险偏好及市场影响力等因素建立了较为完善的流动性管理体系，形成"一体两翼"的布局，即风险管理部门为主体，表内、表外流动性管理部门两翼协同，在风险管理和操作交易层面均有所覆盖。

在风险监控层面，华润信托将流动性风险管理嵌入公司组织架构，从公司治理层面明确各部门职责，夯实流动性风险管理的"三道防线"：自有资金管理部门和资产管理部门作为第一道防线，分别负责对公司自有资金和主动管理类标品信托产品制定、评估并执行相关管理细则，进行短期流动性跟踪、预测，上报流动性风险管理报告、报表，落实备付资产的足额；风险管理部门作为第二道防线，负责拟定公司的流动性风险管理政策、风险偏好、风险限额及流动性风险应急计划，牵头开展流动性风险识别、监测和控制，建立流动性风险管理报告机制，并对各部门流动性风险管理执行情况进行评价；审计部门作为第三道防线，负责审查评价流动性风险管理的充分性和有效性，对于发现的问题要求相关部门制订整改方案，并跟进整改效果。

在操作交易层面，华润信托分别建立了自有资金和主动管理类标品信托产品的流动性管理操作相关制度，对流动性投资实施白名单管理并定期更新，严格把控流动性投、融资行为中的操作风险和信用风险。此外，华润信托将拆借交易对手的拓展和同业客户关系的维护也作为流动性管理体系中重要的一环。华润信托目前已获得二十多家交易对手给予的超300亿元的授信额度，较2018年的180亿元授信额度增长近1倍，且交易对手结构逐渐丰富，具有较强的抗风险能力。其中，国有大型商业银行和全国性股份制商业银行可提供较为稳定和成本较低的资金，城农商行、民营银行可在季末等信贷额度管控关键时点较为灵活地拆出资金，财务公司可作为资金来源的重要补充。以上类型的交易对手共同构筑了华润信托同业拆借资金的来源，且随着华润信托与同业机构合作的不断拓展而逐步增加。

综上所述，信托行业当前正处于加速转型、辞旧迎新、回归本源的关键阶段，更需要完善的流动性管理体系来保驾护航。一方面，建议监管机构和行业协会尽快制定行业层面的流动性管理体系构建标准；另一方面，各家信托公司应将流动性管理体系提升到战略高度，形成自上而下的管理意识，确保转型发展平稳有序进行。

（作者单位：华润深国投信托有限公司）

参考文献

[1] 中国信托业协会.信托监管与自律[M].北京：中国金融出版社，2012.

[2] 巴曙松，李凌.信托业：调整中的洗牌与创新——2008年中国信托业发展回顾[J].金融管理与研究，2009（3）.

[3] 武飞.中国信托业发展的历史演进[J].浙江金融，2013（8）：49-51.

[4] 谢祖江.信托公司流动性风险管理及应对措施研究[J].质量与市场，2022（304）：184-186.

我国中小银行财富业务转型的挑战与机会

王 剑 段卓懿

摘 要：截至2022年底，资管新规过渡期结束已近一年，我国理财市场基础设施建设基本完善，尽管权益和债券市场波动加剧，居民理财需求仍保持高涨。与此同时，大银行和中小银行理财业务能力两极分化的趋势也越发明显，其中大行理财业务马太效应显著，而部分中小行资管业务不进则退。本文结合我国理财市场现状，深入分析当前中小银行理财业务面临的种种压力，进而探讨中小银行转型代销的现实可能性与必要性，并提出切实可行的代销渠道建设方法。

关键词：银行理财 财富管理 资管新规

一、当前中小银行理财业务发展现状

截至2022年6月底，我国理财业务规模已突破29万亿元，当前银行理财业务发展如火如荼，考虑到理财子公司具有品牌影响力大、盈利能力强、资本消耗低等特点，银行申请设立理财子公司热情高涨。截至2022年9月底，全行业共有30家银行理财子公司获批，28家正式成立，六大国有银行于2018年底至2019年中率先获得牌照，此外还包括股份制银行10家、城商行7家、中外合资企业4家，而农商行中只有重庆农商行成功获批。

目前国有大行基本实现将资管业务转给理财子公司管理，而中小银行还是依托资管部或金融市场部。从产品存续角度来看，理财子公司扩张迅速，农商行规模缓步提升。根据中国理财网数据，截至2022年6月底，理财公司存续产品11771只，占全市场比例达到33.0%，存续规模19.14万亿元，同比增长91.21%，占全市场的比例达到65.66%；城商行存续产品10715只，存续规模34.693万亿元，同比下降8.22%；农村金融机构存续产品8598只，存续规模12.029万亿元，同比增长14.12%；股份制银行存续产品1835只，存续规模41.861万亿元，同比下降39.75%；大型银行存续产品768只，存续规模1.08万亿元，同比下降72.47%。

相对国有大行和股份制银行，以农商行为代表的广大中小银行参与资管业务较多，但竞争力偏弱，体现在发行产品多、募集资金少等特点。《中国银行业理财市场半年报告（2022年上）》显示，截至2022年6月底，全国共有253家银行机构和25家理财公司新发行理财产品。从新发产品数量看，农村金融机构以37.3%的占比位列第一；城商行和理财公司分别以29.9%和24.6%的占比紧随其后；大型银行和股份制银行仅各占3.9%和3.4%。但从募集资金规模角度看，农村金融机构以最大的产品规模募集了最少的资金，仅占比2.7%；城商行与之类似，仅占比8%；而尽管理财公司新发产品数量占比仅为四分之一，募资规模却达到54.5%，表明单个产品募集资金能力较强。

无论从新发产品还是存续产品来看，理财子公司都是理财市场的最主要的参与者。无论在投研体系、销售渠道还是资本规模，传统中小银行资管部相对不占优势，未来中小银行面临着沉重的理财业务转型压力。

二、当前中小银行理财业务面临诸多压力

（一）监管要求较高，很多中小银行不具备成立理财子公司的条件

尽管中小银行参与理财业务意愿较强，但目前获批成立理财子公司的城（农）商行仅有8家。此外，目前已有广东顺德农商行、兰州银行、长沙银行、威海市商业银行、甘肃银行、贵阳银行等20多家中小银行提出申请设立理财公司。与中小银行申设热情相对的却是趋严的审批态势：2020年有9家理财公司获批成立，而2021年仅有渤海银行、恒丰银行、上海银行等5家银行获批筹建理财子公司，其中渤海银行和恒丰银行属于股份制银行。而截至2022年10月，银保监会仅批准北京银行一家筹建北银理财。对理财子公司趋严的牌照审批态度可谓越来越明确。

对于中小银行来说，成立理财子公司的门槛需要满足一系列评级、经营、资本等硬约束条件。以资本维度为例，根据2019年5月银保监会颁布的《商业银行理财子公司净资本管理办法（试行）》，银行理财子公司应当持续符合下列净资本监管标准：第一，净资本不得低于5亿元人民币或等值自由兑换货币，且不得低于净资产的40%；第二，净资本不得低于风险资本的100%。整体来看，设立和发展理财子公司，需要"财大气粗"的母行持续支持。

同时，设立理财子公司"软实力"的约束也不可忽视，例如银行专业理财师水平、理财产品设计能力等。我国许多中小银行资产规模与理财规模都较小，独立运营理财公司的条件尚不成熟，即使勉强开设并且风险可控，由于理财业务缺乏规模效应，运营成本高昂，也难以盈利，短期可能并不明智。做一个简单测算，一家精品型的资产管理机构业务及管理费用约1.5亿~2亿元，考虑到当下理财产品以固收为主，费率一般在40~50个基点，如果要实现盈亏平衡，这对应300亿~400亿元理财管理规模，这已超过大多数中小银行现有资管规模。

整体来看，中小银行资管部与理财子公司在多个维度上有较大差距。中小银行资管部一般脱胎于表内金融市场条线，和资产管理机构的投研体系迥异。这体现在，一是重配置缺交易，传统资管部一般对存单、信用债等资产持有至到期为主，缺乏对资产的交易和流转能力。二是重风险控制，缺机会挖掘，传统资管部常基于信用风险控制的角度理解各类资产，但缺乏对成长性、风险收益比的综合考量。比如类似本轮地产债的投资机会该类机构难以把握。三是重债券非标，缺风险资产。中小银行缺乏权益资产配置和交易能力，同时对转债、REITs、衍生品等新资产、新策略理解偏少。当然，理财子公司在相关领域也在探索中，目前已做出了较成功的尝试，比如从非银金融机构挖掘人才，并提供有吸引力的激励体系；通过FOF或MOM形式委托资金，交给投资能力强的资管机构等。

根据《中国银行业理财市场半年报告（2022年上）》披露，理财子公司配置债券比例为66.2%，其中以信用债为主，存款及同业拆借

类为19.4%，配置非标资产比例为7.4%，权益类资产为2.2%，公募基金产品为4.2%。中小银行资管部数据暂无官方具体披露，但模式分化较明显。草根调研了解，部分农商行资管部以"本地信用债+本地城投非标"为主，而部分城商行披露委外投资接近三分之一。我们认为目前中小银行的资产配置模式并非"健康"，以非标资产为主可能导致未来遇到监管政策约束和合意资产不足的问题，而过多依靠委外则会弱化自身投资能力且让渡较多管理费收入。目前中小银行获得理财子公司牌照主要依托母行的资产规模实力。作为唯一一家成功获批并正式成立理财公司的农商行，重庆农商行2022年中报的披露总资产规模约为13158亿元，是我国规模最大的农商行，也是我国资产超万亿元的两家农商行之一，资产规模甚至超过了相当部分的城商行，有一定实力满足独立法人运营理财公司的条件。然而我国有4000多家中小银行，绝大多数规模都在百亿元及以下，既无法满足严格的监管要求，也难以形成体系性的投研模式。

（二）大资管新规要求净值化管理，对投行能力、系统建设等要求提高，中小银行开展理财业务成本投入过大

资管新规过渡期结束后，银行资管业务基本完成了净值化转型。2018年资管新规发布，开启了金融机构理财产品规范化的新时期，新规要求金融机构打破刚兑，将传统依托资金池的刚兑产品转变为净值型产品，让投资者自负盈亏，形成良好的风险意识。随后，监管部门陆续出台了一系列细化政策，对金融机构理财销售、流动性、净资本等提出了更明确具体的要求。资管新规的过渡期到2021年底正式结束，目前已经全面实行，金融机构净值化转型总体表现良好。半年报数据显示，截至2022年6月底，净值型理财产品在理财产品存续余额中占比95.09%，同比增长16.06%，几乎占据理财市场的绝大部分。首先拿到理财公司入场券的工、农、建、交四大行也率先实现理财产品全面净值化转型。股份制银行理财公司也加快了净值化转型步伐，净值型产品占比超90%。从整个理财市场来看，资管产品净值化比例为87%，较2018年末提高了41%，净值化转型取得了良好成果。

但对于大部分中小银行而言，高业务成本叠加外部市场波动下，净值化转型可能成为"压死"理财业务的"最后一根稻草"。严格的净值化转型规定，对银行资产管理、投研能力提出更高要求，而中小银行理财管理规模较小，大都在1000亿元以下，理财产品数量较多但募集资金数量极少，投研能力不强，并不具备成立理财公司的条件，也不具备大规模开发和管理净值型产品的能力。目前资管部使用的投资系统、风控系统、运营系统等都在不断更新迭代，净值型产品相对传统资金池产品在运营上并非一个量级。资管部通常会购买恒生系统、Wind系统等以获取必要权威数据，也可能使用自身研发的系统，比如若干家银行理财子公司就依托母行金融科技子公司进行服务，同时也对阿拉丁（Aladdin）等海外资管机构的量化系统表示有兴趣，投入规模均在亿元级别以上。行业开展理财业务的整体成本尚没有官方披露，参考国内外成熟的资产管理机构，智力密集型的业务模式导致总成本中占比最大的是人力成本，约占业务管理费一半以上，其次是营销投入和设备投入。对理财子公司而言，目前管理费结构中，人力成本预计在银行母行部门和公募基金之间，投研人员激励高于银行部门，但与公募基金尤其是头部机构相比差距较大；资金成本占比较低，渠道建设成本主要与母行分成比例有关；随着数字化建设投入增加，系统建设成本预计持续加大。

中小银行即使满足严格的审批条件，成功开设理财子公司，能否持续运营也是未知数。银行需要足够的专业人才、成熟的系统建设能力和科学的管理模式，才能支撑理财公司的运营，而中小银行天然有着资产规模小和经营范围窄的劣势，缺乏规模经济和范围经济效应，很难支撑理财公司的持续发展。从人员配置来看，理财子公司以投研人员、产品人员为主，但各维度都在增加，近期来看营销人员和权益投研人员数量显著增加；后续有可能设立分公司。草根调研来看，一般理财子公司人员规模在300~400人，传统大银行资管部在100人左右。相比之下，中小银行资管部整体在30人上下，对人才的缺乏主要包括净值型产品下的投研、产品设计、营销等条线人员，目前对这类人才大多面向非银机构尤其是公募基金招聘，也会从银行金融市场条线和投行部门招聘。

此外，虽然理财业务在国外已有多年的发展，但在我国金融领域仍然属于新鲜事物，监管机制尚未完善，金融机构的风控水平有待提高。在主客观条件都尚未成熟的情况下，对中小银行理财公司设立的相关条件很难放松。对于这部分中小银行来说，它们可能面临不得新增规模而只能维持现有理财规模，甚至个别中小银行配置了较多高风险资产导致不得不离开这个市场的窘境。

三、中小银行理财业务未来转型之路

（一）中小银行不能完全放弃理财业务，未来理财业务是维系客户关系的重要环节

随着资管新规的全面落实，绝大多数中小银行将面临告别传统理财业务甚至退出理财业务的局面。然而目前我国人均GDP已经突破1万美元大关，随着收入水平的提高和生活质量的上升，居民财富管理需求迎来了几何级数增长。同时，微信、支付宝的普及降低了个人理财的门槛，使居民理财变得更加方便和快捷，对于越来越多的普通居民，购买中低风险理财产品成为除了银行储蓄外的不二选择。中小银行如果完全放弃理财业务，损失的不仅是这块"蛋糕"本身，很可能因为客户的流失对其他业务产生负面连锁反应，如丧失客户信任，导致客户在本行留存的存款、代销的基金等规模下降。因此，作为过去资管行业的重要组成部分，这些银行退出理财市场后如何转身将成为焦点问题。

（二）诸多压力之下，转型代销将成为大多数中小银行务实的选择

发展财富管理业务是中小银行退出理财业务之后可供选择的重要转型路径。

从美国等成熟市场经验看，财富管理市场已形成客户分层细分、多类专业机构参与的发展模式。一方面，类似摩根大通、纽银梅隆、道富等银行形成了自身资产管理子板块，尤其在投行条线形成"投行获取资产—资管形成产品—财富销售匹配需求"的模式闭环，并借助商业银行形成的客户口碑和网点优势实现渠道、服务维度上的联动。另一方面，中小银行借助自身特点，绑定精品型资产管理乃至财富管理机构，构建有生命力的财富生态。尤其是除了自身上架产品外，中小银行还会与独立投资顾问机构，优化客户体验。根据美国投资顾问协会（ICI）数据，2021年，在美国由投资顾问管理的资产规模突破120万亿美元，主要由近1.5万家投资顾问机构负责近6500万美国个人和机构客户，区域中小银行可以成为投顾机构的可靠合作方。

净值化时代，产品刚性兑付已被打破，财富管理业务门槛较高，转型财富管理并非一蹴而就，在已有的成熟渠道建设和稳定客源基础上，需要持续建立和优化销售体系。具体表现在：第一，需要树立买方思维，形成以客户为中心的服务理念；第二，需要大量的资源维持业务的开展，例如持续的数字化投入、足够的客户规模、与公司其他业务板块形成联动的能力等；第三，需要搭建专业财富人才体系建设，这将改变中小银行专业人才缺乏、业务定位模糊、战略定力不足等传统问题。

短时间内，对银行而言，银行理财产品的代销业务确定性高于公募基金销售业务。故先通过代销理财产品来参与理财市场则成为中小银行更加切实可行的选择。我国中小银行大多有深耕当地经营的特点，与客户的联系较为紧密，能更好地理解客户需求，为其提供更为优质的产品和服务，因此积累了大量忠实的客户，并获得客户的高度信任。因此，中小银行虽然缺乏良好的产品设计和主动管理能力，但是掌握着牢固的客户关系，可以选择和中大型银行理财公司等金融机构进行合作，为其代销各类资管产品，以较低的成本间接参与理财市场。

中小银行转型代销理财产品也面临万亿元级别的规模空间。半年报显示，2022年上半年，共有25家理财公司开拓了代销渠道，累计代销金额26.10万亿元。其中有3家理财公司的理财产品仅由母行代销，其余22家理财公司均打通了其他银行的代销渠道。整体来看，理财产品由母行代销金额占比呈现下降趋势。上半年理财公司合作代销机构数量逐步上升，除母行外，6月有199家机构代销了理财公司发行的理财产品，较年初多出83家，可以看出理财公司正不断拓展母行以外的代销渠道。

（三）财富转型之路的核心是代销渠道的建设，渠道畅通才能"捷足先登"

目前，对于中小银行而言，转型代销的关键是如何打造与理财公司对接的渠道。制约双方合作的除了主观上代理成本协商问题，还有客观上一系列的操作难题，例如中小银行与理财公司各自的数据口径和标准不一致、系统对接复杂低效、信息安全难以保障等。在基础设施层面，为解决数据对接问题，中小银行应重视参与理财产品中央数据交换平台运行。该交换平台作为中央平台为业务数据进行标准化处理，并实现理财机构之间的业务数据自动传输。通过降低逐一对接的高昂信息成本，减少中间环节，中央数据交换平台将有力促进理财机构代销渠道的拓展。目前已有多家银行和理财公司在中央数据交换平台上线或参与联调测试，中小银行更应该利用好该平台，尽快上线参与，提前布局，打通平台内部的代销渠道。

在销售体系层面，转型代销过程中，中小银行也要更加重视销售管理，搭建更为完善的销售框架。在公司内部要建立专业的销售团队，在内部以培训或线上交流等形式帮助销售人员充分理解产品。同时，对于合作理财公司，不仅要帮助其建立并规范理财产品的销售流程，还可以学习优秀国有银行、股份制银行和城商行理财子公司的渠道建设经验，充分利用代销合作机构的资源，积累业务经验，加强自身渠道建设和销售人员的素质培训。

具体完善销售体系要理解三方面：一是理解自身产品体系，即KYP（Know Your Product）。净值型产品转型后，刚性兑付已实际打破，未来无论是纯债为主的纯固收产品，还是配置权益的"固收+"产品,均会出现收益波动乃至回撤。但长期看,客户只有接受波动才能系统获得风险收益,这种情况下,要结合客户的"零钱""活钱""长钱"等属性,匹配合意的产品。二是加强客户分层,即KYC(Know Your Client)。客户年龄、财富积累、职业乃至身份的差异均会影响其配置理财的需求。比如很多正当年的专业人士已开始关注长久期的养老型理财产品,高净值客户关注海外资产配置和财富保全方案,而偏好线上渠道的长尾客户更喜欢了解现金管理类产品的收益情况。三是深化投资者教育,即EYC(Educate Your Client)。这应该是中小银行财富管理转型的终极模式,即在建立投资者信任基础上,锁定客户长期资金,实现财富保值增值的目的,让财富管理更长期、更具"温度"。目前国内头部银行、券商的私行部门,均建立了"1(理财经理)+1(总部财富人员)+N(解决方案部门)"的服务体系,增强数字化手段触达效果,摆脱过去基层财富经理单打独斗的局面。

未来,中小银行转型代销或将成为更普遍的业务模式。对于规模较小、理财产品净值化转型困难的中小银行,发展代销业务,充分利用区域网点优势,既能间接参与中国财富管理大市场,促进自身AUM规模提升,又能满足客户财富管理需求,拓展中间业务收入来源。林分两路,择一而行,我们认为中小银行转型财富产品代销将是银行与客户双赢的务实选择。

(作者单位:王剑,国信证券股份有限公司;段卓懿,中国人民大学财政金融学院)

参考文献

[1] 张翎.中小银行理财产品净值化转型现状、挑战与建议[J].债券,2020(12):65-69.

[2] 周月秋,藏波.资管2.0时代商业银行理财业务的转型与发展[J].金融论坛,2019,24(1).

[3] 李彬,高增银.对银行理财子公司发展方向的思考[J].时代金融,2020(36):54-56.

[4] 朱勇,王盛刚,丰伊妮.新机遇新发展新趋势——中国银行业资产管理报告[J].工程经济,2022,32(1):4-13.

[5] 王思颖.资管新规下商业银行私人银行代销业务面临的机遇、挑战和发展战略分析[J].清华金融评论,2018(8).

[6] 王剑,刘南希.银行理财子公司崛起下的资管新格局[J].中国银行业,2019(3):26-29,104.

[7] 朱芳草,王剑.资管新时期中小银行从理财到财富管理的转型与挑战[J].银行家,2022(1):100-102.

[8] 贾进,赵亚蕊.商业银行资产管理子公司的发展瓶颈、国际经验与未来发展建议[J].西南金融,2018(11):5-12.

地方城商行设立理财子公司对地方经济发展的意义

李秀娟

摘 要：本文以广州银行为例，从支持地方发展战略、服务实体经济、服务人民群众和吸引高端金融人才四个维度，论述了城商银行设立理财子公司的作用与意义。

关键词：城商银行 理财子公司 实体经济 共同富裕

2022年4月28日，广州市人民政府办公厅发布了《广州市建设粤港澳大湾区理财和资管中心实施方案》，提出将广州打造成为立足粤港澳大湾区、面向全球的跨境理财和资管中心的指导思想，并将支持符合条件的地方法人银行机构设立理财子公司作为一项重点工作[①]。

自2018年中国银保监会发布《商业银行理财子公司管理办法》以来，已有29家理财子公司获准筹建，其中包括宁波银行、杭州银行、徽商银行、江苏银行等7家城商行。浙江、湖南、陕西、贵州、福建、重庆、成都等省市纷纷出台支持当地法人银行设立理财子公司政策措施，在当地政府的支持下，西安银行、长沙银行、成都银行、贵阳银行等10家城商行也相继发布了拟设立理财子公司的公告。随着我国大资管行业的蓬勃发展，银行理财在支持地方发展战略、服务实体经济、服务人民群众和吸引高端金融人才中发挥着日益重要的作用。

一、银行理财是资管行业的主力军，是建设金融强省，引领金融高质量发展的重要抓手，为繁荣地方经济贡献重要力量

银行理财是市场上规模最大的资管产品类型，截至2021年末，银行理财规模达到29万亿元，全年累计募集资金122.19万亿元。与公募基金、信托、保险资管等资管产品相比，银行理财产品存续规模已连续三年居各类资管产品首位（见图1）。

我国大资管行业发展趋势强劲，数据显示，我国居民财富中房地产占比60.24%，金融资产占比只有36.2%，同成熟经济体金融资产占比70%之间还有较大的差距[①]。随着中央"房住不炒"相关政策的不断出台和落地，居民财富转向金融资产配置比例会日益增加，银行理财引导资金合法、依规、有序流入重点支持领域的作用更加凸显。银行理财将成为建设金融强省，引领金融高质量发展的重要抓手，在繁荣地方经济发展中发挥重要作用。

---

① 广州市人民政府办公厅，穗府办〔2022〕7号，https://www.gz.gov.cn/zwgk/fggw/sfbgtwj/content/post_8212989.html。

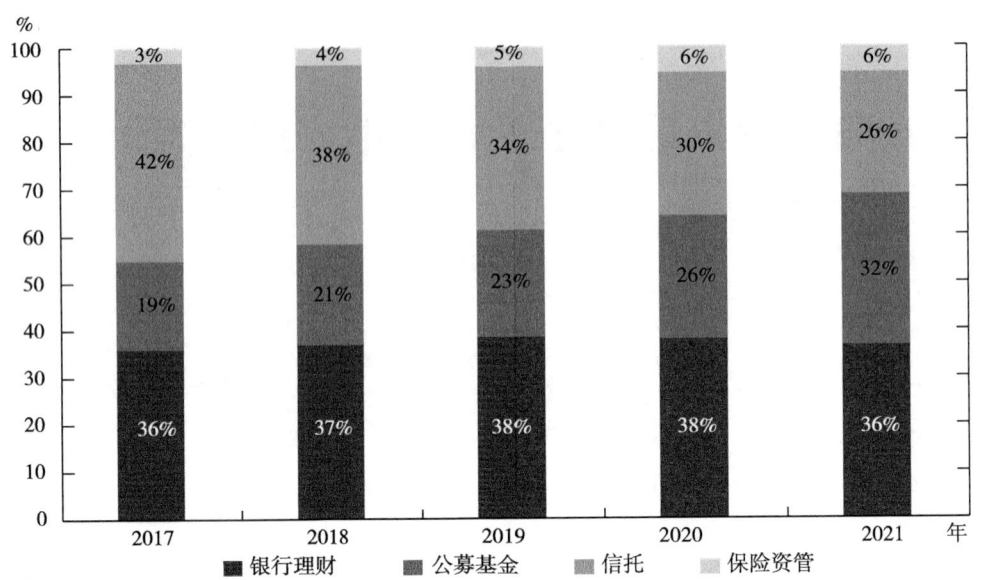

注：引自《中国银行业理财市场年度报告（2021年）》。

图1　银行理财、公募基金、信托、保险资管规模趋势（2017—2021年）

（资料来源：银行业理财登记托管中心等）

银行理财资金广泛投资于债券、非标准化债权和权益类资产，伴随金融供给侧改革深入，银行理财服务实体经济的效率和水平与日俱增，直接投向于国家支持的重点领域，是服务实体经济，支持绿色城市基础建设、清洁能源和绿色装备制造的重要力量。以广州银行红棉理财为例，截至2021年末，广州银行红棉理财当年累计募集资金超过1500亿元，投向于地方基础设施建设、制造业、中小企业等实体经济，有效引导较大规模社会闲置资金对接实体经济资金需求。

二、城商行理财与地方经济有更高的依存度，能够以丰富的金融创新手段支持实体企业，为地方经济发展提供稳定的资金来源

相较于基金、大型国有银行和股份制银行，城商行理财发展更倾向于同母行联动，共同服务于母行经营机构所在地的企业，在投资方向上更侧重于地方经济发展战略方向和地方重点支持的行业、企业。银行理财投资范围更广，可投资于标准化资产、非标准债权和非上市公司股权，可以为实体企业提供更加丰富的多元化金融工具，同地方经济发展深度依存。第一，助力地方经济转型战略的实施。例如，广州市为打造"世界显示之都"，积极引入富士康落户广州增城区，广州银行通过红棉理财以资本金出资50亿元，成功助力第10.5代显示器全生态产业园区落地，抢占新一代电子信息产业新高点。第二，支持地方重点企业研发升级。广州市重点国企广汽集团为提高自主研发能力定增150亿元，广州银行以红棉理财为定增项目提供资金15亿元，助力广汽集团抢滩新能源汽车市场，塑造自有品牌。第三，降低优质企业的融资成本，提高融资规模。以债券发行为例，城商行理财投资是当地企业债券发行的主

---

① 和讯网，和讯财经研究院，泰康人寿.长寿时代城市居民财富管理白皮书[R].2022.

要投资主体，基于对本地发债企业的授信合作，更愿意以较低的价格支持本地优质企业发债成功，对降低企业融资成本，提高融资规模具有重要价值。第四，支持地方企业金融创新。例如，2021年广州交通集团为盘活广河高速存量资产，募集再发展资金，探索发行全国首单公募REITS，广州银行红棉理财深度参与广河高速公募REITS战略配售，积极支持了地方企业的金融创新。城商行理财子公司与地方政府之间的天然的纽带关系，使城商行理财投资更契合地方经济发展战略，引导居民财富有序进入地方经济发展的核心领域，在助力实体经济转型升级、可持续发展和高精特专、普惠小微、共同富裕等领域承担更多的社会责任。以广州银行红棉理财为例，2021年末理财投资余额超过700亿元，主要投资于广东省重点建设和产业转型升级、支持当地企业债券发行、中小企业融资等领域。

三、城商行理财是丰富居民投资产品，服务当地人民群众，推动共同富裕，促进区域均衡发展的重要工具

城商行理财为当地居民提供稳健的财富保值、增值工具，让居民切实享受到地方经济增长带来的财富增值效益，分享地方经济增长红利。银行业理财登记托管中心数据显示，理财产品投资者中99.23%为个人投资者。资管新规发布以来，理财产品已累计为投资者创造收益3.61万亿元，其中2021年累计为投资者创造收益近1万亿元。

在共同富裕的时代背景下，普惠和养老上升为国家战略。相较于基金、私募等资管机构，城商行理财具有起点低、波动小的特点，通过专业化管理，为普通工薪阶层、养老人群甚至低收入群体提供零散资金增值、养老资金保值等手段，让财富管理进入到普通百姓家庭；城商行理财是增加广大居民的财产性收入，满足人民美好生活需要，推动共同富裕的重要方式。以广州银行红棉理财为例，红棉理财以"稳健、保值、增值"为特点，搭建了现金管理、固收、固收+、权益、封闭式等丰富的产品体系，满足湾区居民多元化财富增值的需求，2021年红棉理财累计为客户创造收益超过20亿元。

四、理财子公司作为重要的金融牌照，是金融体系中的重要组成部分，不仅是城商行能否继续开展理财业务的关键，也是提升地方金融实力的重要抓手

随着理财业务整改和转型的推进，未设立理财子公司的银行或将无法再新增理财业务。多省市政府将积极推动当地法人银行机构设立理财子公司提上日程，青岛银行理财子公司批准筹建是地方政府积极支持推动的成功案例。山东省政府借助在青岛市设立财富管理金融综合改革试验区的规划，积极为青岛银行申请理财子公司提供全方位支持，青银理财子公司于2020年2月批准筹建，2020年11月正式开业。在青银理财子公司设立过程中，青岛银行理财规模从2018年的784亿元，2019年提高到1009.70亿元，2021年6月青银理财规模就达到1567.19亿元，三年时间规模增长了一倍，跃居全国城商行第八位，成功迈入千亿元级理财子公司行列，成为青岛市经济发展的重要金融力量。

广州是粤港澳大湾区的核心城市，紧邻香港国际金融中心，背靠全国经济最强省份，建设全球跨境理财和资管中心有天然的区位和资源优势。支持广州地方法人机构设立理财子公司，一是提升广州作为中心城市的金融发展能级和核心竞争力，实现广东省"十四五"规划中建设多元化的金融市场体系的目标；二是有助于引导居民财富有序支持广州实体经济发展，随着粤港澳理财"跨境通"的推进，更有利于引入香港、澳门等居民和企业资金支持广州市乃至广东省的经济建设；三是有助于通过理财子公司发挥资金纽带作用，调动"广州、深圳双城联动"经济效能，带动珠三角，辐射粤东西北区域实体经济的发展；四是有助于服务广大人民群众，助力湾区居民财富保值增值，分享地方经济腾飞的红利。

（作者单位：广州银行）

参考文献

[1] 银行业理财登记托管中心.中国银行业理财市场年度报告（2021年）[R].2022.

[2] 马晨蒙.商业银行设立理财子公司的意义分析[J].商讯商业经济文荟，2019（7）.

[3] 王剑，刘南希.银行理财子公司崛起下的资管新格局[J].中国银行业，2019（3）：26-29.

关于商业银行如何搭建客户服务陪伴体系的思考

庆晓铮

摘　要：财富管理业务在我国日趋加强开展的今天，商业银行如何搭建适合现代化财富管理行业发展需要的客户服务陪伴体系至关重要。这既为客户提供了更完善的服务，提升了客户对于财富管理市场的认知，也为商业银行财富管理业务合规、健康地发展奠定了重要基础。

关键词：财富管理　客户陪伴　服务体系

在共同富裕的提出下，财富管理行业在我国更加深入的开展，其重要意义越发凸显。其行业未来的发展也呈现三大趋势，即普惠化、数字化、生态化。

在普惠化方面，个人养老金发展意见的出台、理财子公司的成立为财富管理下沉市场，服务更多居民提供了有力的政策支持。据人社部公布数据，截至2022年底，个人养老金参加人数1954万人，缴费人数613万人，总缴费金额142亿元[①]。在全国区域放开后，参缴人群和金额将会不断扩大。理财子公司将客户参与财富市场的金额进一步下降，起购门槛最低可至1分钱，这为居民开放了更大的窗口。

在数字化方面，随着居民参与财富管理市场人数的增加，商业银行及资管机构仅仅依靠人力来维护客户已经无法满足客户需要，这就要求银行通过数字化转型，搭建全渠道、全产品、全客群的数字化营销服务体系，便于提高客户的服务效率。

在生态化方面，由于居民对财富管理行业认识的不断深入，其业务关系也将在多家机构并存。商业银行及资管机构需要加强业态合作，构建以银行、证券、理财子公司、基金、保险、信托等为生态的专业化服务体系，以满足客户对财富管理的多维度需求。

一、客户服务陪伴体系的重要意义

2022年理财市场的"黑天鹅"事件不会改变客户以及商业银行对于财富管理需求的趋势，相反，如何能在波谲云诡的资本市场帮助客户实现财富管理的目标成为各家商业银行以及资管机构需要重新思考和面对的现实。

2022年中国的储蓄存款超过17.84万亿元，2023年1月新增高达6.2万亿元，创历史新高，形成了超额储蓄。[②]同时，根据《中国银行业理财市场年度报告（2022年）》，中国的理财产品余额较2022年下降1.35万亿元，同时据券商中国独家汇总的数据，2023年1月，11家规模

[①] 人力资源社会保障部养老保险司副司长亓涛，人社部2022年四季度新闻发布会，http://wx.china.com.cn/scene/content/article/live/12626.

[②] 2023年1月金融统计数据报告［R］.中国人民银行，http://www.pbc.gov.cn/diaochatongjisi/116219/116225/4790636/index.html.

前列的理财公司产品（仅以子公司管理口径计）管理规模单月下降约8300亿元，理财市场的余震仍在继续。①居民资金大幅从财富管理市场回流至更加安全可靠的存款产品市场，居民的风险偏好在资本市场的动荡中开始下沉。

在此特殊时期下，越来越多的机构开始由过去的销售体系转化为要建立客户服务陪伴体系。该体系的提出是摆在各家银行以及资管机构面前的新课题，既有和过去销售过程的相似之处，又有需要深入思考和重新梳理的地方。

二、客户服务陪伴体系的含义

客户服务陪伴体系，其核心就是以客户为中心、以市场为导向，围绕客户需求做文章。在产品、投研、市场、运营、风险、内控的多方面开展，做好客户陪伴工作，搭建一套适应客户及市场的陪伴服务体系是商业银行在财富管理行业提升竞争优势的重要路径，是重塑商业银行、客户以及资管机构之间信任的重要路径，是树立客户对于市场信心的解决方案，是持续提升商业银行财富管理业务知名度、知晓度以及美誉度的重要举措。

三、构建客户服务陪伴体系的主要措施

（一）打造人才建设体系

人才建设体系是客户服务陪伴体系的有力基础。

商业银行之所以是资管机构最乐于合作的机构，最主要的原因在于其渠道优势、客户优势以及账户优势，且商业银行与客户接触最为亲密，有着天然良好的信任基础。其长处在于客户关系，因此商业银行的人才队伍是最为珍贵的宝藏。但商业银行的人才短板在于专业度的不足，对复杂资本市场变化的解读和判断不足，不能有效地为客户提供合适的投资策略。

要想在市场立足，总行就要建立一支专而精的投研队伍，要能科学地分析市场，出具观点，形成策略输出；一支思路清晰的产品经理队伍，能精准地识别产品，研究产品，培训产品；一支适应数字化营销的运营队伍，能丰富活动，丰富营销策略，丰富营销方式；一支能承上启下的分行产品经理队伍，能理解导向，解读观点，做好一线的营销支撑；一支执行力出众的销售团队，能落地策略，吃透市场，形成自己的解读逻辑，重要的是能为客户提供专业而周到的服务。多层次的团队形成后台出观点、中台做推动、前台促落地的体系，才能有效地做好客户服务陪伴。

（二）打造财富生态体系

财富生态体系是客户服务陪伴体系的有机组成。

财富管理市场参与的主体越来越多元，打造开放的平台，以合作共赢的心态引入各家资管机构共同为客户提供服务是未来商业银行做好财富管理业务、做好客户陪伴服务的重要举措。一是集各家之所长，形成更加科学、更加客观的市场观点为客户投资提供决策依据；二是形成相互引流的机制，摒弃销售思维，提升服务思维，以服务促进销售结果的达成；三是加强投资市场的培育工作，通过各家机构的服务手段，为客户讲解市场逻辑、业务趋势、政策背景以及行业规范等，帮助客户更好地理解资本市场，做好风险防范，提升对市场的认知能力。

---

① 券商中国.防御性储蓄意愿大爆发，1月11家理财公司规模再减8300亿［EB/OL］. https://baijiahao.baidu.com/s?id=1758539688701572024&wfr=spider&for=pc.

(三)打造销售服务体系

销售服务体系是客户服务陪伴体系的核心竞争力,也是最能产生直接价值的环节。

将传统的销售服务体系提升为客户服务陪伴体系下的销售体系更需要突出银行的中台能力建设,以此来重构新形势下的售前、售中、售后阶段。

1. 售前阶段要翻译

金融产品对于老百姓依然是较为复杂的事物,能做好产品翻译,让客户清晰地知道产品的主要特征、风险属性和重要规则尤为重要。

一是总行要联合资管机构建立系统性的培训体系,通过线上线下多维度的培训形式,建立围绕产品、营销、市场、投研等多方面的培训课程,丰富视频、课件、集中授课等培训方法,提升总分支专业能力;二是总行要邀请资管机构做好路演工作,实现形神兼备,充分解答客户、员工可能出现的各种疑问,做足售前的准备工作;三是深入研究客户需求,通过定制化产品提升产品卖点和享誉度,扩大产品品牌影响力。最终实现立体、交叉、全方位的售前体系。

2. 售中阶段要简便

售中阶段要让客户体会到流程的简便,但对于风险点的提示要着重,便于让客户做好投资的选择。

一是以投顾心态而非销售心态为客户提供服务,通过为灌输资产配置的原理,让客户做好产品的配置选择,解决客户目标性、安全性、流动性、收益性需求;二是创新销售方法,将直播带货、线下推介、产品推介等融合起来,让客户充满新鲜感;三是丰富销售工具,将纸质材料、电子材料等制作得更加生动有趣,让客户更加易懂、更易成交;四是进一步优化销售环节,形成产品介绍的标准化、统一化,让客户购买任何产品都是几乎相同的交易链路,逐步形成线上化、内容化、数字化、生态化的售中体系。

3. 售后阶段要跟踪

好的销售服务体系是七分售后,三分售前及售中。售后的持续、及时能极大地提升客户体验,让客户真正体验到以客户为中心的理念。

一是做好产品净值播报,让客户清晰了解自身产品的收益情况;二是做好产品的定期报告,让客户清晰了解产品的底层资产情况,解决信息不对称而带来的恐慌效应;三是做好市场热点解读,为客户及时提供相关的咨询信息,让客户进一步了解自身的投资方向;四是做好观点分享,通过机构观点的分享,让客户结合自身的实际情况做好投资决策;五是邀请资管机构的具体管理人走向台前,通过其对自身投资策略的分享,面对面地与客户交流,为客户坚定产品的信心。切实成为及时、准确、高效、全面的售后体系。

(四)打造产品筛选体系

产品筛选体系是客户服务陪伴体系的关键。

产品是客户服务陪伴体系的武器,所有的陪伴均是从将合适的产品销售给合适的客户开始。充足的产品额度、丰富的产品类型、快速上线的产品效率是体现陪伴体系的又一重要竞争力。首先,要加强产品的筛选能力,建立一套筛选产品的标准,将优秀的产品、优质的管理人、优良的投资策略引入到银行的产品体系中;其次,要建立全品类产品战略,打造丰富的货架,为销售端营销提供强有力的保障;再次,产品的销售策略要主次分明,采用"核心+卫星"的模式明确自身的拳头产品,提升市场品牌度和认可度;最后,产品端要通过市场分析的判断，通过择时和择机适时推出市场需要的产品，引领市场销售的方向。

（五）打造运营服务体系

运营体系成熟是销售体系强有力的支撑。

销售过程中所需要的更多的材料、文案、法律以及数据方面都需要通过运营团队做好精心的设计与整合。要做好运营服务体系，首先要做好三大画像的数据支撑，即客户画像、产品画像以及管理人画像。客户画像要明确客户需求、风险偏好、行为偏好等；产品画像要明确产品特点、产品市场竞争力以及产品表现等具体内容；管理人画像要明确个人风格、投资偏好以及投资习惯等。其次，做好团队人员的细致分工，通过产品支持、营销拓展、投资研究、活动策划等不同工作内容进行人员的再分工，形成产销一体化，更好地支持销售工作。最后，做好客户数据分析，通过各家销售机构海量的交易数据，做好对客户交易行为习惯的数据分析，以构建模型的方式作为输出，为销售渠道提供销售支持，使营销更精准。

（六）打造系统支持体系

系统支持体系是体现客户陪伴服务体系的内生竞争优势。

数字化时代，科技能力的高低决定了一家公司能走多远，对于银行而言应把科技支持能力作为战略业务以加强重视程度。首先，要快速响应与资管机构之间的系统对接，做到双方之间的快速开发以及联调上线，为销售工作铺平道路；其次，要迅速解决日常中出现的生产问题，提升客户的体验；再次，要做好营销工具的支持开发，便于支持内部运营体系的使用，做好销售的服务支持；最后，要做好数据的分析挖掘，便于公司内部做好销售工作的分析，解决销售工作中遇到的瓶颈。

商业银行的客户服务陪伴体系一定要在产品、销售、渠道、投研、科技等方面形成一体化、系统化、特色化的发展格局，只有形成差异化的竞争，才能在市场上立于不败之地，甚至处于领跑地位。

（作者单位：中原银行）

《中国资管》征稿启事

《中国资管》由中国投资协会金融业资产管理专业委员会组织编写、中国金融出版社出版，旨在繁荣资产管理业务研究，推广资产管理领域研究成果，推动资产管理事业发展。主要栏目有资管行业探析、资管业务研究、资管机构研究、财富市场研究等。欢迎资产管理领域专家学者及市场从业人员踊跃投稿。

来稿要求：

一、来稿主题与内容应以金融资产管理行业的政策、业务、机构、市场、产品等方面的研究、实践及经验总结为主，要求观点明晰，论述充分，资料翔实、准确、系统，行文规范。文章应不涉及保密，署名无争议。

二、来稿字数不限，稿件格式准确，参考文献按照 GB/T 7714—2005 标准，采用脚注，每页重新编号，文章注释内容依次为作者、署名、卷册、出版社、出版年份、页码。来稿请附上作者简介及联系方式。

三、请勿一稿多投，投稿文章须为原创文章，未在公开出版物或互联网上发表，投稿即视为对稿件原创性作出承诺。

四、编辑部根据要求，有可能对来稿酌情删减修正。

五、来稿一经采用即付稿酬。

联系方式：

联系电话：010-63909881

投稿邮箱：3521902379@qq.com

通信地址：北京市西城区木樨地北里甲 11 号国宏大厦 A 座

邮政编码：100038